Dialog mit dem Unbewussten

Dr. Eduard Schellhammer

9. Ausgabe revisiert 2014.
Original: Seelische Innenwelt im Alltag
© Copyright. Dr. Eduard Schellhammer.
Alle Rechte vorbehalten.

ISBN-13: 978-1480185753
ISBN-10: 1480185752

www.EduardSchellahmmer.com

Inhaltsverzeichnis

Vorwort

Die Frage nach der Seele ist ein Thema, das den Menschen von heute mehr denn je beschäftigt. Technologie fasziniert. Ihr liegt aber ein materialistisch-rationalistisches Welt- und Menschenverständnis zugrunde, das keine Antwort auf die Innenwelt des Menschen geben kann. Jeder erfährt seine seelische Innenwelt. Viele erleben sie als lästig und unbedeutend. Andere suchen nach Klärung und Sinn.

Denn eines liegt gewiss fest: Zahlreiche psychosomatische Krankheiten und alle seelischen Störungen haben in der geistigen Innenwelt eine Entsprechung; oft liegen hierin die Ursachen. Doch diese zweite Wirklichkeit des Menschen ist nicht greifbar. Man kann hier weder zählen noch logisch und experimentell Erkenntnisse gewinnen.

Das Innerseelische ist mit naturwissenschaftlicher Denk- und Erfahrungsweise nur beschränkt fassbar und erklärbar. Wer bin ich? Was ist der Sinn meines Daseins? Was geht in mir vor? Warum leide ich? Was bedeutet diese Krise? Warum bin ich krank?

Solche Fragen lassen sich aus dem Verständnis der anderen Wirklichkeit des Menschen beantworten. Ein jeder kann diese erfahren und verstehen lernen. Es ist die Absicht dieses Buches, einen vielseitigen Zugang zu dieser seelischen Innenwelt zu eröffnen und jedem Menschen zu ermöglichen.

Einiges ist neu für die klassische Psychologie; vieles ist erweitert und unter neuen Gesichtspunkten betrachtet. Ich habe mich um eine konzentrierte Darstellung bemüht und gleichzeitig, wo immer möglich, die Wege der inneren Erfahrung einfach und systematisch zur praktischen Handhabung vorgestellt.

Die Kenntnis der Erscheinungsweisen des Seelischen ist eine Grundlage für Sinnfindung, für Gesundung und für psychisches Wohlbefinden. Solche Ziele zu erreichen ist herausfordernd und anstrengend.

Das eigene Unbewusste der Seele ist eine Entdeckungsreise nach innen wert. Ich bin zuversichtlich, dass ein jeder, der eine solche Reise wagt, auch Antworten auf diese Fragen erfahren wird. Wer die Anstrengungen auf sich nimmt, der findet am Ziel unter anderem seelische Freiheit.

Dieses Buch ist unter dem Titel „Seelische Innenwelt im Alltag" erstmals

1982 beim Lang Verlag Bern erschienen. Weitere Auflagen erfolgten durch den Oesch Verlag Zürich (4. Auflage 1987). In dieser Neuauflage mit neuem Titel sind nur einige sprachliche Änderungen vorgenommen worden.

Das Erforschen und Verstehen der eigenen unbewussten Innenwelt ist heute so wichtig wie nie zuvor. Die Zukunft jedes einzelnen Menschen und der gesamten Menschheit hängt von der Befreiung aus dem Unbewusstsein und dem richtigen Umgang mit dem Unbewussten ab. Denn die Potentiale für ein neues hoffnungsvolles Zeitalter liegen im Menschen selbst – und nicht in der Technik oder der Macht.

Eduard Schellhammer

1. Auf der Suche nach geistiger Orientierung und seelischer Erkenntnis

Die Erfahrung der seelischen Innenwelt ist ein Thema für alle Menschen

Die ursprüngliche Fragestellung der Psychologie betrifft das Thema der Seele. Was ist die Seele? Was ist ihr Verhältnis zum Körper? Was geschieht mit der Seele nach dem Tode? Seit eh und je fragt der Mensch nach seiner Seele. Viele behaupten, dass es keine Seele gibt. Andere erahnen oder erfühlen eine seelische Innenwelt. Religion, Esoterik und Philosophie befassen sich mit diesem Thema.

Die Psychologie hat sich zur Aufgabe gestellt, diese Fragen mit empirisch-rationalen Methoden zu erfassen. Sie spricht von der *Psyche*. Damit grenzt sie sich ab von allen metaphysischen Aussagen. Somit ist auch die Frage nach dem Sinn des Daseins kein Thema der Psychologie. Dennoch ist die Suche nach Lebenssinn und nach einer geistigen Orientierung im Alltag psychologisch sehr bedeutsam.

Doch die Psyche hat eine zweite, empirisch nicht erfassbare innere Wirklichkeit. Viele Menschen erfahren die seelische Innenwelt im Alltag als eine lebensbestimmende Realität. Mit dem metaphysischen Begriff „Seele" ist diese andere Wirklichkeit angesprochen. Diese wird durch das naturwissenschaftliche Denken in der Psychologie künstlich abgespalten und gelegentlich völlig negiert.

Dies hat zur Folge, dass viele seelische Gegebenheiten nur teilweise erfasst werden. Zu erwähnen sind hier unter anderem folgende Fragen: Hat der Mensch bereits vorgeburtliche eine seelische Realität? Wie ist es zu erklären, dass Erinnerungen an frühere Erlebnisse auch die dazugehörigen Gefühle wieder beleben? Was ist das für eine Intelligenz, die die Träume schafft? Was haben die Bilder, die man mit geschlossenen Augen sehen kann, für einen Sinn? Gibt es einen Seelenkörper? Wie geschieht es, dass das eigene Denken und Fühlen sich auf das körperliche Wohlbefinden auswirken? Ist alles Zufall, was sich im Alltag ereignet? Wie funktioniert Intuition?

Im Folgenden werden in knapp gehaltener Weise einige Probleme dieser naturwissenschaftlichen Psychologie skizziert. Es zeigt sich daraus, dass der positivistisch-philosophische Materialismus nur in beschränktem Masse Möglichkeiten bietet, die Seele und die seelische Innenwelt zu erfassen. Viele

Fragen im Alltag eines Menschen, die durchaus psychologische Gegebenheiten betreffen, werden von der Psychologie nicht beantwortet.

1.1. Psychologie und die Suche nach der Seele

Wer die Psychologie kennenlernen will, hat eine kaum mehr überschaubare Auswahl. Es gibt mehr als hundert verschiedene Psychologien. Sie alle bezeichnen eine Schule, eine theoretische Richtung oder eine psychologische Lehrkonzeption. Die Persönlichkeit und deren Entwicklung werden in rund fünfzig verschiedenartigen Psychologien erfasst.

Darüber hinaus bieten die Wissenschaften der Psychologie zahlreiche spezifische Fachgebiete an, die alle in je eigenen Begriffssystemen sich mit Aspekten der Psyche befassen. Zwischen den vielen Psychologien und Fachrichtungen sind sehr häufig Überschneidungen und Parallelen vorhanden. Die Lehrgebiete sind wenig einheitlich. Was zu einer Fachrichtung gehört, unterliegt oft einer willkürlichen Entscheidung. Es gibt nicht einfach die Lehre von der Psyche.

Die *psychologische Literatur* der letzten 80 Jahre lässt sich nicht mehr überblicken. Es gibt wohl mehr als hunderttausend Fachbücher über Psyche und Psychisches. Über manche Theorien gibt es wenig Einigkeit. Die Ergebnisse der Psychologie sind oft derart verschiedenartig und gegensätzlich, dass man mit Recht zweifelnd fragen kann: Was bietet die Psychologie an wahren *Erkenntnissen* über den Menschen? Was nützen die vielen Lehren dem Menschen in der Bewältigung des Alltags?

Die gesellschaftliche Lebensqualität und die Verhältnisse in der Politik sind trotz unerschöpflichen psychologischen Analysen kaum spürbar verbessert worden. Der Einzelne ist mehr denn je dem scheinbar unfassbaren Psychischen ausgeliefert.

Diese Verhältnisse sind ein Hinweis auf die enorme *Komplexität* des Psychischen im Menschen. Es zeigt sich aber auch, dass das mechanistische Denken in der Psychologie trotz kritischem Rationalismus vorwiegend Wissen aufsummiert. Integration und Ganzheit fehlen.

Darüber hinaus gibt es eine ganze Reihe von seelischen Gegebenheiten im Alltagsleben des Menschen, die sich durch keines der psychologischen Fachgebiete ganzheitlich erschliessen lassen. Hierzu gehören etwa Weisheit,

Sinnfindung, Seinserfahrung, Liebe und Hass, Tugend, Individuation, Todesgrenzerfahrungen sowie alle ethischen und Sinn-bezogenen Lebensaspekte. Dies sind elementare *Daseinsthemen*. Sie sind psychologisch. Sie sind für den Menschen ebenso wichtig wie die Frage des Weiterlebens nach dem Tode.

Die Psychologien haben mit ihren rationalen und empirischen Methoden nur teilweise Zugang zu diesen Realitäten. Insofern haben sie ein eingeschränktes Verständnis von Mensch und Seele. Auch existiert für viele Menschen die seelische Welt nicht. Sie wird ignoriert und verdrängt. Viele aber suchen diese <*andere*> *Wirklichkeit*. Der Zugang kann nur durch erweiterte Denk- und Erfahrungsweisen umfassend und integrativ gefunden werden.

1.2. Psychotherapie und die Entfaltung der Persönlichkeit

Unzählige Menschen in der heutigen Welt leiden seelisch, sind psychosomatisch krank oder haben grosse Schwierigkeiten. Wer psychotherapeutische Hilfe sucht, sieht sich vor einem Entscheidungsproblem. Denn das Angebot an Theorien und Techniken der Psychotherapie ist sehr vielfältig.

Es gibt mehr als dreissig verschiedene Konzepte der Psychotherapie. Die jeweilige theoretische Fundierung ist für den Einzelnen kaum kritisch überprüfbar. Die Techniken sind ganz verschiedenartig. Wer kann schon entscheiden, ob für ihn Hypnose, Traumdeutung, Rollenspiel, Meditation, Analyse oder spielerische Beschäftigung mit Materialien richtig ist?

Für viele Menschen ist es auch nicht klar, was die Psychotherapie an *Zielen* anzubieten vermag. Selbst in der Literatur gehen die Meinungen auseinander. Da ist zum Beispiel die Rede von Selbstfindung, Bewusstwerdung frühkindlicher Fixierungen, Urvertrauen, Selbstvertrauen, Erkennen der Triebwünsche, Persönlichkeitsentfaltung, Lebensfreude, Loslösung unbewusster Machtansprüche sowie Erfahrungen der eigenen Schattenseiten.

Doch solche Ziele sind nicht nur ein Thema der Psychotherapie. Es gibt Menschen, die sich selbst besser kennenlernen wollen, ohne psychisch krank zu sein. Sie suchen nach Möglichkeiten, mit der eigenen Innenwelt besser umgehen zu können. Sie wollen ihre *eigene Identität* finden und entfalten. Manche suchen den inneren Frieden, Harmonie und seelische Freiheit.

Viele wenden sich ab von Ideologien und Dogmen, weil diese so zahlreich sind wie die Menschen, die darüber lehren. Muss jeder, der solche Wege gehen will, eine Psychotherapie machen?

Ein Klient erwartet, dass eine Psychotherapie seine psychischen Störungen und psychosomatischen Leiden heilt. Doch die Techniken und Ziele sprechen aus sich selber: Es geht um eine *psychologische Erwachsenenbildung* besonderer Art. Sie soll letztlich zur Selbstfindung führen. Dabei wird erwartet, dass die verschiedenen psychischen und psychosomatischen Störungen sich weitgehend automatisch beheben. Der Weg der Heilung führt über die *Persönlichkeitsentfaltung*. Und diese wiederum setzt bei einigen Konzeptionen die Auseinandersetzung mit dem Unbewussten voraus.

Die Psychotherapie kann in ihren Methoden und Zielsetzung nicht unterschieden werden von einer psychologischen Lebensschule, die viele Menschen suchen. Die *Arbeitsweise* und die *Ziele* der Psychotherapie sind in diesem Sinne weder medizinisch noch wissenschaftlich.

Die *Menschenbilder* der einzelnen psychotherapeutischen Schulen sind ebenfalls sehr unterschiedlich. Man könnte ebensosehr eine anthropologische Grundlage von einem Pädagogen, Philosophen, Anthroposophen oder Mystiker der letzten Jahrhunderte wählen. Ähnliches zeigt sich auch ganz konkret in der therapeutischen Beziehung. Denn die Persönlichkeit des Therapeuten lässt sich nicht hinter den Methoden neutral zurückhalten. Jeder hat eine ihm eigene Einstellung zum Dasein, eigene Denkformen und eine eigene Charakterstruktur. Es gibt Orthodoxe und Reformer, Pragmatiker und Intellektuelle, Metaphysiker und politische Engagierte, Ledige und Familienväter.

Zudem kennt ein Therapeut sein eigenes Unbewusstes meist auch nur aus der Perspektive seiner eigenen Theorien und analytischen Erfahrung. *Wertfreiheit* in der therapeutischen Methode und in der psychologischen Hilfeleistung ist zum Beispiel in bezug auf die DU-Erfahrung kaum realisierbar.

Wissenschaftskriterien wie *Objektivität* und Wertfreiheit in der Psychotherapie verdecken die personalen, die anthropologischen und die ideologischen Grundlagen. Die verschiedenen Theorien und Methoden machen deutlich, dass das Geschehen in der Psychotherapie ganz unterschiedlich erfasst und gelenkt werden kann. Zudem können durch wissenschaftliche Arbeitsformen wesentliche Belange des Lebens nur beschränkt erfasst werden.
Das Gespräch ist mehr als bloss eine wissenschaftliche Methode. Es begegnen sich zwei Menschen. Die entsprechende innere Erfahrung lässt sich

nur teilweise durch positivistisch-materialistische *Denkweisen* erschliessen. Psychotherapie ohne spiritualistische Denkweise, ohne Meditation und ohne Kontemplation bedeutet eine Reduktion des menschlichen Seins.

Die aktuellen praktischen und theoretischen Verhältnisse in der Psychotherapie sind ein Ausdruck davon, dass diesbezüglich weder Einigkeit noch Klarheit besteht.

1.3. Seelische Schwierigkeiten und psychologische Lebensschule

Die Verschiedenartigkeit der Psychotherapien und therapeutischen Techniken lässt vermuten, dass auch eine Problematik beim Begriff <*psychische Krankheit*> besteht. Ein Grossteil der psychischen Krankheitsbilder wird im Rahmen verschiedener Neurosetheorien umschrieben.

Doch allein schon der Begriff <*Neurose*> wird derart unterschiedlich definiert, dass diese nicht einfach als Krankheit bezeichnet werden kann. Es gibt Definitionen, aus denen sich folgern lässt, dass gegen 90 Prozent der Menschen in irgendeiner Weise neurotisch – also psychisch krank – sind. Kranksein im psychologischen Sinne hat aber auch eine subjektive Komponente. Was der eigene als krank erlebt, ist für den andern noch keine Belastung.

Die seelischen Themen zum Beispiel bei Depression, Hysterie, Zwang, Phobie und Verwahrlosung weisen auf weitere Probleme hin. Liest man in der Literatur die zugrunde liegenden seelischen Gegebenheiten, so finden sich Themen wie Geltungsbedürfnis, archaische Triebe, destruktive Impulse, Triebverdrängung, Starrheit, Unechtheit, Machtansprüche, Affektlabilität, Rachebedürfnisse und Pedanterie.

Psychotherapie ist unter diesem Gesichtspunkt betrachtet nichts anderes als *Andragogik*. Sie ist seelische Erwachsenenbildung, die in einigen Konzeptionen tiefenpsychologische Sachverhalte (z.B. Widerstände und das Unbewusste) in die Arbeit miteinbezieht.

Viele Menschen fühlen sich durch das eigene Innenleben eingeengt. Wohl jeder hat gelegentlich einmal irgendeine psychische oder *psychosomatische Störung*: Magendruck, Beklemmung in der Brust, Nervosität, Angst, Schlafstörungen, Kopfschmerzen, Lebensmüdigkeit und vieles mehr.

Sind diese Menschen alle psychisch krank? Es wäre hier wohl wünschenswert, den Begriff <psychische Krankheit> auf die eigentlichen Geisteskrankheiten der Psychiatrie einzuschränken.

Die Gegebenheiten der seelischen Innenwelt bei psychischen Leiden verlangen nach einer psychologischen und menschlichen Lebensschule und weniger nach medizinischer oder wissenschaftlich-technischer Intervention.

Die Beurteilung von abweichendem Verhalten (Alkohol, Drogen, Perversion, Kriminalität etc.) orientiert sich in hohem Masse an den jeweiligen *gesellschaftlichen Normen.* Der entsprechende psychische Krankheitsbegriff untersteht dem historischen Wandel.

Lebensschwierigkeiten im Zusammenhang mit Schule, Familie, Freizeit, Beziehung, Wohnverhältnissen und mit vielem mehr sind oft begleitet von psychischen und psychosomatischen Reaktionen. Viele Menschen suchen in einer solchen Situation gelegentlich auch den Sozialarbeiter, den Erziehungsberater oder den Pfarrer auf.

Wer unter *Schwierigkeiten* leidet, in hohem Masse mit sich und dem Leben unzufrieden ist sowie nur mit grosser Mühe sich dem Gesellschaftsleben anpassen kann, der ist gewiss deswegen noch kein Patient für die Psychotherapie. Übermässiger Konsum von Alkohol, Tabak und Süssigkeiten deutet zwar meist auch auf seelischen Druck hin. Aber von einer psychischen Krankheit kann hier wohl kaum die Rede sein.

Ein Mensch mit psychopathischen Charakterzügen ist starr, uneinsichtig, wenig plastisch und reagiert seine inneren Spannungen an anderen Menschen ab. Der andere ist Objekt der eigenen Triebe und Wünsche. Ist er deswegen als <*psychisch krank*> zu bezeichnen? Die innerseelischen Zusammenhänge solcher Störungen und Leidenssituationen können tiefenpsychologisch erfasst werden. Meist führt erst die Auseinandersetzung mit dem eigenen Unbewussten zu Veränderungen. Psychotherapie bedeutet dabei *seelische Bildung* und Schulung/Lernen; sie ist eine bestimmte Form der unterstützenden Beratung.

Das seelische Leiden ist in allen Kulturen immer wieder in einem *metaphysischen Zusammenhang* gesehen worden. Der Mensch wird krank, weil er die Auseinandersetzung mit der geistigen Wirklichkeit, mit dem Religiösen und mit dem Göttlichen beiseite schiebt. Psychische Leiden stehen oft im Zusammenhang mit einem Mangel an Lebenssinn und mit dem Fehlen einer geistigen Orientierung. Längst nicht jede psychologische und psychotherapeutische Schule zieht diese Dimension in die Konzeption des

Krankheitsbegriffes und der Therapie mit ein.

1.4. Psychologische Schulen und geistige Orientierung

Entsprechend den vielen therapeutischen Methoden gibt es auch eine grosse Anzahl von Instituten und Lehrstätten. Allein in der Schweiz gibt es über 40 psychologische und psychotherapeutische Vereinigungen. Praktisch jede Theoriekonzeption hat ihre eigene Schule. Und fast jede neue Entwicklung in der Psychotherapie führt zur Gründung einer weiteren Institution.
Dies geschieht wohl nicht zuletzt deshalb, weil die etablierten Lehren von ihren Konzeptionen meist wenig abweichend und nur beschränkt Offenheit für neue Entwicklungen bekunden.

Jede Schule hat ihre *Ausbildungskonzeption*, ihre Lehrstoffe und ihre Aufnahmerichtlinien. Damit grenzen sie sich entschieden von den anderen ab. Über die Grundanforderungen zum Psychotherapeuten bzw. Psychoanalytiker gehen die Meinungen erheblich auseinander.

Die Gesamtkosten sind wahrscheinlich grösser als die teuerste Berufsausbildung. Solche Anforderungen haben auch ihre besondere Bedeutung im Zusammenhang mit der Anerkennung beim Staat und bei den Krankenkassen sowie als Konzept der Arbeitsbeschaffung.

Vergleicht man die Verhältnisse der psychologischen Institutionen mit denjenigen der christlichen Sekten und der Esoterik, so zeigen sich einige Parallelen. Jede dieser Gruppierungen hat ihre eigenen *Lehrmeinungen*. Insofern sind sie ideologisch und dogmatisch. Jede verspricht auf ihre Weise das Heil und zudem den besseren und richtigeren Weg. Alle haben ihre Lehrmeister.

Esoterische und kirchliche Institutionen sind wenig bereit, ihre Dogmen (Theorien) und ihre Praxis dem Wandel des Bewusstseins anzupassen. Dies führt dazu, dass es über 250 (350) christliche Kirchen gibt, die sich alle auf Christus und *Wahrheit* berufen. Ähnlich ist es in der Esoterik, wo während der letzten zwei Jahrhunderte eine kaum mehr überblickbare Zahl von neuen Gruppierungen entstanden ist. So gibt es denn auch hier eine Vielzahl von Lehren über die Seele und die seelische Entwicklung; etwa ebenso viele wie in der Psychologie und der Psychotherapie.

Diese Verhältnisse verdeutlichen, dass im Bereich der psychologischen Hilfeleistung viele praktische und theoretische *Gegensätze* bestehen. Es ist für den Einzelnen kaum möglich zu beurteilen, welche Schule die <richtige> Lehre und Praxis anbietet. Der Laie ist überfordert. Und wer sich etwas auskennt, kann mit Recht eine generelle kritische Distanz einnehmen.

Die Suche nach einer geistigen Orientierung ist nicht nur ein Thema für den Einzelnen; sie wird zum Thema der Psychologie und Psychotherapie, wenn Ideologie, Dogmatismus und Wissenschaftlichkeit die Praxis der psychologischen Hilfeleistung bestimmen.

1.5. Rationalität und spirituelles Denken

Der *Methodenstreit* in der Psychologie ist gross. Wissenschaftstheoretiker und Methodologen sind sich über Wahrheitskriterien und Methoden der Erkenntnisgewinnung uneins. Empirische Verfahren werden zunehmend in Frage gestellt. Geisteswissenschaftliche Methoden werden häufig abgelehnt. Wertfreiheit und Rationalismus werden oft als Illusion entlarvt. Durch die gängigen Methoden entsteht eine Entfremdung von dem Eigentlichen des menschlichen Lebens.

Wahrheitskriterien der Wissenschaft stehen in einseitigem Verhältnis zum Thema der <anderen> Wirklichkeit. Dies zeigt sich zum Beispiel bei der Evaluation (Effizienzkontrolle) der psychotherapeutischen Arbeit und psychologischen Hilfeleistung.

Psychotherapie bedeutet *seelische Erfahrungen* und *Entwicklung*, die ausgelöst und gestaltet werden in der Beziehung mit einem *Therapeuten*. Das Geschehen ist von vielen Faktoren abhängig. Zu nennen sind hier unter anderem: Fülle des unbewussten Materials, Grad der Widerstände, Umwelt der Person sowie die aktuellen Lebensverhältnisse.

Jeder Therapeut und Berater arbeitet mit bestimmten Theorien und Techniken. Seine Persönlichkeit gestaltet das Geschehen mit. Seine Wahrnehmung basiert wesentlich auch auf der eigenen Erfahrung mit dem Unbewussten. Die innerseelischen Verhältnisse des Beratenden bestimmen den Verlauf entscheidend mit. Im Gesamt dieser Faktoren erweist sich eine mechanistisch-kausale Erfolgskontrolle als recht schwierig und nur beschränkt realisierbar.

Psychotherapie bedeutet wesentlich auch Erfahrung der seelischen Innenwelt. Dies erfordert eine Ausrichtung der Erkenntnisgewinnung auf die Probleme des Lebens: sinnendes Betrachten, Innenschau und Verinnerlichung. Diese *spirituellen Erfahrungs- und Denkweisen* erschliessen alle seelischen Gegebenheiten. Sie ermöglichen zudem ein aktives *Umgestalten der Innenwelt*. Für den Einzelnen stellt sich dabei allerdings die praktische Frage, wie solche Methoden anzuwenden sind.

Eine Ergänzung zum rationalistischen Wahrheitsverständnis ist damit von der Sache her gefordert. Zweifelsohne liegen hier auch *Gefahren*: spekulativ-schwärmerische Metaphysik, esoterische Phantasien, Dogmatismus und Ideologie. Es wäre aber verfehlt, wenn man deswegen das meditative Prinzip und das spirituelle Denken als reines Sprachspiel ohne Realitätsgehalt bezeichnen würde.

1.6. Wege zur Erfahrung der seelischen Innenwelt

Die Verhältnisse in der Psychologie und Psychotherapie sind in knapp gehaltener Weise dargelegt. Die Probleme sind vielschichtig und umfassend. Wo sind *Lösungen* zu suchen? Die eine Lösungsebene sind der Methodenpluralismus und die institutionelle Erneuerungsbereitschaft. Die andere Ebene ist die erfahrbare Metaphysik von Seele und Seelenwelt. Damit ist eine Erweiterung der Denk- und Erfahrungsweisen gefordert. Dieses Buch ist ein Versuch in diesem Sinne. Die Erfahrungswege sind in einigen Stichworten skizziert.

1) Rückführungen in die Kindheit und in die vorgeburtliche Zeit eröffnen im Sinne der inneren Erfahrung neue *Aspekte der Seele*: das seelische Gedächtnis, die innerseelischen Funktionen sowie die Funktionsweise der Komplexe. Die Methode der Rückführung zeigt, dass alles, was ein Mensch im Leben vom Zeitpunkt der Zeugung an erfährt, immer vorhanden ist und das Leben aus dem Unbewussten wesentlich mitgestaltet. Jede Vergangenheit kann wieder bewusst gemacht und wiedererlebt werden.

2) Eine neue Systematik der Traumpsychologie führt zu elementaren Erkenntnissen. Es gibt in der Seele eine *absolute seelische Intelligenz* mit *andragogischer Funktionsweise*. Diese Intelligenz ermöglicht eine geistige Orientierung, die frei ist von Ideologie und Dogma. Damit werden die Träume zum weisen Lebensführer. Eine Analyse dieser seelischen (spirituellen) Intelligenz zeigt, dass der Mensch eine *innerseelische Wahrnehmungsfunktion* hat, die Verdrängtes, Zukünftiges und Dinge, die

ausserhalb der bewussten Reichweite liegen, erfassen kann. Der Umgang mit Träumen ermöglicht deshalb eine entscheidende *Lebensberatung*, die keine psychologische Theorie ersetzen kann.

3) Mit der absoluten seelischen Intelligenz und mit diesen seelischen Wahrnehmungsfunktionen kann in der Imagination gezielt gearbeitet werden. Mittels inneren Bildersehens kann man jedes *seelische Thema* erfassen und *verstehen* lernen. Imagination ist der direkte Weg zur Bearbeitung und Lösung jeder Art psychischer, psychosomatischer und lebenspraktischer Probleme. Die seelische Intelligenz erweist sich hier als ein zuverlässiger Lebensberater.

4) *Mediales Sehen* ist eine besondere Variante des Hellsehens und der Imagination. Das Verfahren eröffnet den *Zugang* zu jeder *Sinnwelt* eines jeden Menschen und jeder Institution. So wie man durch Imagination die eigenen unbewussten seelischen Verhältnisse erhellen kann, so kann man in gleicher Weise auch fremde seelische Gegebenheiten erschliessen.

a) Rückführungen, Träume, Imaginationen und mediales Sehen sind *geistige Erkenntnisweisen* zur Erfahrung der *anderen Wirklichkeit* im Menschen. Die Methoden sind spirituell. Dies ist gewiss *Metaphysik*. Es besteht aber ein enger Zusammenhang mit den kritisch-rationalen Erfahrungsweisen. Denn die Innenwelt kann unter anderem krank machen und psychische Störungen und psychosomatische Krankheiten bewirken. Sie bestimmt die Lebenswahrnehmung und die *Lebensgestaltung*. Ich werde versuchen, eine Verbindung zwischen *beiden Wirklichkeiten* herzustellen und die gegenseitige Wirkungsweise in verschiedenen konkreten Bereichen des Alltags darzustellen.

5) Die Analyse der *psychischen Energie* eröffnet für die Psychologie einige neue, empirisch erfahrbare Gegebenheiten. Die psychisch-energetische Realität erklärt viele Krankheiten und Leiden. Ihre Wirkungsweise führt zum Thema der *kosmischen Energie*, zur Frage nach dem *Seelenkörper* und zur Realität einer *energetischen Verbundenheit* zwischen Menschen. Intuition, Gedankenübertragung, Ahnungen, <innere Stimme> sowie Emotionen und Affekte lassen sich durch die Wirkungsweisen der psychischen und kosmischen Energie erweitert verstehen. Es bieten sich viele Möglichkeiten für die Psychotherapie und für die praktische Lebensgestaltung. Der Mensch produziert durch Denken und Fühlen geistige Energie. Hier eröffnen sich neue Perspektiven für das Verhältnis von Leib und Seele.

Das Spektrum dieser Themen ist vielseitig. Sie alle bieten *Zugangsmöglichkeiten* zur *seelischen Innenwelt.* Sie erhellen durch Seelenbilder die Verhältnisse der anderen Wirklichkeit. Gleichzeitig beinhalten diese seelischen Realitäten auch psychische Energie. Durch viele praktische Beispiele, Übungen und Experimente wird jedem der Zugang ermöglicht. Zahlreiche konkrete Hinweise und stichwortartige Auflistungen bieten einige *Orientierungshilfen* für die seelische Arbeit mit sich selbst und mit anderen.

Schliesslich sind noch einige arbeitstechnische Hinweise zu erwähnen. In sämtlichen Kapiteln verwende ich konkrete Beispiele aus meiner tiefenpsychologischen Arbeit. Zahlreiche Experimente habe ich im Rahmen verschiedener Seminare über Parapsychologie, Magie und Esoterik durchgeführt und evaluiert.

Sämtliche Angaben, die eine Identifizierung der besprochenen Personen ermöglichen würden, habe ich weggelassen oder sinnerhaltend geändert. (Auf Zitate und Literaturhinweise habe ich verzichtet. Das nach Themen gruppierte Literaturverzeichnis ermöglicht, das Material zu finden).

2. Die unbewusste Vergangenheit und das seelische Gedächtnis

Alles Erleben ab frühester Kindheit bleibt als lebensbestimmende Kraft im Menschen

2.1. Das Unbewusste im Alltag

In der Tiefenpsychologie haben die Begriffe <unbewusst>, <Unbewusstes> und <Unterbewusstsein> grundlegende Bedeutung. Will man erfahren, was das Unbewusste ist, so steht man vor einer unangenehmen Situation. Jeder, der darüber schreibt, hat eine eigene Vorstellung davon. Es gibt nahezu so viele *Begriffsbestimmungen* und *Definitionen*, wie es Leute gibt, die darüber geschrieben haben.

Generell wird gesagt, dass es sich hier um etwas ausserordentlich Wichtiges handle. Das Wort <Unterbewusstsein> wird verwendet wie etwa: <aus dem> oder <im> Unterbewusstsein. Der Wortgebrauch in der Alltagssprache ist gleich. Es hat sich die Gewohnheit ergeben, unter diesem Substantiv ein reales Objekt zu verstehen. Es wird davon geredet, als ob es eine solche Lokalität im Körper geben würde. Dabei handelt es sich doch bloss um eine Metapher. Denn der eigentliche Begriff heisst <unbewusst>, was in etwa besagt: dem Bewusstsein vorenthalten oder *bewusstseinsunfähig*.

Gemeint sind also Dinge, die dem Menschen nicht bewusst sind. Man weiss nichts davon. Die Aufmerksamkeit ist nicht darauf ausgerichtet. Die Dinge sind zuwenig hell, zu schwach oder aus anderen Gründen der Wahrnehmung vorenthalten. Dabei handelt es sich um Vorstellungen (Phantasien, Bilder, Gedanken), Antriebe, Emotionen und Erfahrungen aller Art. Was unbewusst ist, das ist eben das Unbewusste.

Unbewusst ist das *Insgesamt des Verdrängten* und Abgewehrten. Unbewusst sind auch *viele Einstellungen* zu Menschen und Sachen. Der Bezug zu den eigenen Normen und Wahrnehmungskategorien ist oft nicht vergegenwärtigt. Lebensmöglichkeiten entgehen dem Menschen in seiner eigenen Wahrnehmung. Sie bleiben unbewusst. Vergangene Erlebnisse werden vergessen und sind unbewusst doch gegenwärtig aktiv als lebendige Sinneinheiten.

Mit dem Begriff <unbewusst> ist auch das Thema der *Verdrängung* gekoppelt. Dies besagt, dass der Mensch die Fähigkeit hat, Erfahrung und Wissen aus dem Bewusstsein auszusondern. Was unangenehm, peinlich, unpassend und störend ist, wird einfach automatisch vergessen. Man will etwas nicht sehen und sieht es dann auch nicht mehr. Schmerzliche Gefühle will man nicht erleben. Triebregungen stören berufliche Karrierebestrebungen, idealistische Menschenbilder und Selbstwahrnehmungen.

Phantasien sind oft peinlichen Inhalts. Sie müssen versteckt werden. Gedanken sind oft mit Hassgefühlen, Rachebedürfnissen und Wiedergutmachungsansprüchen gekoppelt. Doch man will nicht so sein. Man will anders (besser) sein. Gedanken werden verdrängt. Wünsche aller Art sind oft unerfüllbar und manchmal *tabu*. Sie wirken störend auf das Selbstbild. Man schiebt sie beiseite. Doch sie wirken weiterhin als lebendige Kräfte im Unbewussten.

Auch viele frühkindliche Erfahrungen sind verdrängt: Lebensfeindliche und lieblose Umwelt bewirkt Ansprüche an Vater und Mutter, die im Laufe der Jahre durch viele andere Erfahrungen überlagert werden. Vielseitige Erlebnisse in der Schule, in Kirche und Berufssozialisation schaffen *innere Normen*. Man muss diesen und jenen *Ansprüchen* genügen. Kann ein Mensch dies nicht oder will er es nicht, so erfährt er Strafe durch Liebesentzug, Geringschätzung, verbale Kritik und Massnahmen aller Art.

Damit wird der Wunsch eines jeden Menschen nach Liebe, Anerkennung und Lebensfreiraum unterdrückt. Auf allerlei Umwegen sucht er dann danach und will unbewusst oft die schmerzlichen Erfahrungen rächen. Der Mensch entwickelt unbewusst Strategien zur Erreichung solcher Ziele. Oder er will den Ansprüchen der Umwelt genügen und schafft sich ein Alltagsprogramm, das Leben und seelische Freiheit unterdrückt. Seine Selbstwerdung ist blockiert. Die Bewusstwerdung widerstrebt einer solchen Lebenssituation. Die Lösung besteht dann häufig darin, dass das *Unbewusste* und die Seele generell geleugnet werden müssen.

Die leidige Sache dabei ist die, dass alles Verdrängte, d.h. das *Unbewusste*, als *energetisch-operative* Kraft da ist und in vielfältiger Weise *lebensbestimmend* wirkt. Der Mensch wird von diesen lebendigen Kräften getrieben, wird krank davon und macht oft andere krank. Menschen werden dadurch zu Lebensformen gedrängt, die ihnen gar nicht entsprechen. In diesem Sinne geschieht Fremdbestimmung von innen. Nicht ohne Grund wird gesagt, dass das Unbewusste etwas Unheimliches, Überwältigendes, Fremdartiges und gewaltig Aktives im Alltag des Menschen sei.

Es ist hier nicht beabsichtigt, den Begriff <Unterbewusstsein> neu zu bestimmen. Ich habe einige *Erscheinungsweisen* und Zusammenhänge beschrieben, die unabhängig von einer bestimmten Begriffsbestimmung für jeden Menschen erfahrbar sind. Das Thema führt zu einigen grundlegenden Fragen: Wo ist das verdrängte Material? Welcher Art sind diese Energien? Wie können diese verdrängten Themen wiederbewusst gemacht werden? Wie kann der Mensch sich von diesen *lebensbestimmenden Kräften* frei machen?

Rückführung ist eine Methode, die es ermöglicht, unbewusstes Lebensmaterial systematisch und gezielt zutage zu fördern. Durch gelenkte innere Wahrnehmung kann die gesamte *Vergangenheit* wieder bewusst gemacht werden. Mit dem Thema Rückführung in die frühe Kindheit und in die vorgeburtliche Zeit will ich auf diese Fragen eine erste Antwort geben. Träume und Imaginationen sind weitere Möglichkeiten, den Zugang zum *ausgesonderten Material* zu finden. Die damit verbundene psychische Energie ist die eigentliche lebensbestimmende Kraft. Die Suche nach Antworten auf diese Fragen führt zur geistigen Wirklichkeit im Menschen. Sie eröffnet den Weg zur Seele und zur Seelenwelt.

2.2. Rückführungen in die Kindheit und in die vorgeburtliche Zeit

Der Begriff <Rückführung> stammt aus der Reinkarnationsforschung und ist kein Fachwort der klassischen Psychologie.

In den letzten Jahren ist die Methode der Rückversetzung in frühere Leben durch *Hypnose* und *Meditation* vor allem in der *Parapsychologie* und praktischen *Esoterik* aktuell geworden.

Das Ergebnis beinhaltet zahlreiche *Hypothesen*, die für die allgemeine Psychologie und für die Tiefenpsychologie im Besonderen eine Herausforderung bedeuten.

Zahlreiche Bücher sind zu diesem Thema erschienen, und vielerorts finden öffentliche Veranstaltungen über Rückführung und *Reinkarnation* statt.

Rückversetzen bedeutet, dass man sich durch gezielte Lenkung zurückerinnert, Vergangenes als Erlebnis bildhaft innerlich wahrnimmt und die eigene Vergangenheit nochmals wiedererlebt. Die Haupthypothese der experimentellen Reinkarnationsforschung beinhaltet, dass der Mensch eine

Seele und ein seelisches Gedächtnis hat, dass sich die Seele mit der Zeugung an de Physis bindet und dass diese Seele schon früher auf dieser Welt sich inkarniert hat und nach dem Tode den Körper wieder verlässt...um später wieder zu kommen.

Die Frage nach der Seele und dem *seelischen Gedächtnis* stellt sich aber nicht nur in Bezug auf frühere Leben, sondern auch für die Zeitspanne der Schwangerschaft (Embryostadium) und ungefähr für die ersten zwei Jahre nach der Geburt. Viele Menschen können sich an einzelne Ereignisse und Gegebenheiten erinnern, die bis ins Alter von etwa 2 bis 3 Jahren zurückführen können.

Manche Menschen haben aber selbst aus der späteren Zeit (Schulzeit und Jugendjahre) bloss noch die eine oder andere vage Erinnerung. Ein aktuelles Ereignis oder ein Stichwort kann eine solche *Erinnerung wieder aufleben* lassen. Diese Art von Erinnerung passt durchaus noch in die Konzepte der klassischen Psychologie über Gedächtnis, Speicherung und Assoziation. Die verschiedenen psychischen Funktionen entwickeln sich mit der Körperentwicklung, mit der Erziehung sowie mit Bildung und Schulung.

Wie sieht es aber aus mit Erinnerungen aus der Zeit vor und kurz nach der Geburt? Spontan erinnert sich kaum ein Mensch an Gegebenheiten aus dieser Zeit. Zwar nimmt die Tiefenpsychologie an, dass die *Lebensverhältnisse der ersten Monate* und Jahre nach der Geburt das *psychische System formen*, Quelle vieler Krankheiten und im Allgemeinen für das ganze Leben bestimmend sind. Rückführungen in die früheste Kindheit und in die pränatale Phase lassen viele Lebensgegebenheiten aus dieser Zeit bildhaft bewusst werden und wiedererleben.

2.2.1. Methode der Rückführung

Die Methode der Rückführung ist ein *systematisches Sichzurückerinnern*, indem man die *Zeit* als Erinnerungsauslöser verwendet. Die meditative Ausrichtung auf eine bestimmte vergangene Zeitspanne weckt Erinnerungen aus dieser Zeit. Ich bezeichne diese Art der Erinnerung als <*imaginative Zeitassoziation*>.

Praktisch geht man zum Beispiel *so vor*: Zuerst soll die Versuchsperson sich entspannen und die Konzentration ganz nach innen wenden. Dann geht man mittels Imagination auf der Zeitachse des Lebens zurück wie auf einem Weg: <Sie wandern jetzt zurück durch ihr Leben, erst einige Monate, nun noch einige Jahre. Sie kommen in die Zeit der letzten Schultage. Sie sind im

Schulzimmer und sehen die Klassenkameraden und den Lehrer. Was sehen Sie? ...

...Nun gehen wir noch weiter zurück. Die Jahre der Volksschule vergehen. Sie werden jünger und jünger. Sie sind jetzt zwei Jahre alt. Irgendein Tag taucht auf. Erzählen Sie, was Sie sehen und erleben...Wir gehen noch weiter zurück. Es ist jetzt die Zeit kurz nach der Geburt. Was geschieht? ... Nun gehen wir nochmals einige Monate zurück. Sie sind ganz klein und im Mutterleib. Sie sehen, was die Mutter macht. Was sehen Sie?>

In dieser methodischen Weise kann man jedes Jahr und jede Zeitspanne vor und nach der Geburt, bis zum Moment der Zeugung abrufen und die Vergangenheit als bildhaftes Erlebnis auftauchen lassen. Ich möchte im Folgenden darüber einige repräsentative Beispiele vorstellen.

Nur kurz sei auf einige Schwierigkeiten und Probleme hingewiesen. Es gibt Menschen, die Schwierigkeiten haben, innere Bilder zu sehen, sich zu entspannen und zu konzentrieren. Gewisse Zeitspannen können während der ersten Rückführungen völlig blockiert sein; es ist keine Erinnerung möglich. In anderen Zeitspannen tauchen nur Gefühle auf.

Viele Menschen sehen innerlich nur die Bilder. Andere erleben sich im entsprechenden Alter. Sie sind gewissermassen mittendrin in der Vergangenheit, die dabei als Gegenwart erfahren wird. Zur eigentlichen Technik gehört deshalb auch die Berücksichtigung des Widerstandes sowie die Erfassung der Bedeutung der einzelnen Erlebnisse und der ausgelösten Gefühlsreaktionen.

2.2.2. Vergegenwärtigung der eigenen Vergangenheit

Im Folgenden werden zwei Beispiele vorgestellt. Sie sind zusammengefasst, und die Interventionen der lenkenden Person werden weggelassen.

Beispiel (Rü 1): Mann, 39jährig, vegetative Störungen, vor drei Jahren Magengeschwür, häufig depressive Grundstimmung.

<Gestern: Ich sehe, wie ich aufstehe. Ich mag nicht aufstehen. Der Wecker zeigt 06.23 Uhr. Mein Kopf brummt. Ich hole die Zeitung, trinke Kaffee und fühle mich gelangweilt. Ich mag nichts essen. Es ist kurz vor Mittag. Draussen regnet es. Wohin soll ich heute essen gehen? Ich bin am Essen mit meinem Arbeitskollegen. Es schmeckt mir nicht. Ich sehe alle Einzelheiten. Mein

Kollege sagt etwas. Ich höre gar nicht zu.

Vor einigen Wochen: Es ist Sonntag. Ich bin noch im Schlafanzug, obwohl es schon Mittag ist. Ich lese in einem Buch. Es ist langweilig. Niemand ist da. Jetzt bin ich im Bad und fühle heisses Wasser um mich. Es ist kurz vor Mitternacht. Ich bin im Bett und lese.

Vor einigen Jahren: Ich sehe die Werkstatt. Der Chef ist da. Er erklärt mir eine Arbeit. Ich höre gar nicht zu. Ich mag nicht. Draussen scheint die Sonne. Es ist Juni, nein, schon Juli. In einer Woche habe ich Ferien. Ich sehe meine alte Krawatte. Es ist ein Geburtstagsgeschenk meiner Mutter (lacht: Ich habe sie erst letzthin weggeworfen).

22. Geburtstag: Ich bin mit Bekannten zusammen und sehe meine Wohnung. Ich wusste gar nicht mehr, dass ich diese Möbel von meiner Grossmutter gehabt habe. Die Möbel sind hässlich. Vor einigen Wochen bin ich in diese Wohnung eingezogen. Eben erst habe ich meine neue Stelle begonnen. Ich weiss gar nicht, was ich will. Da liegt ein Paket meiner Mutter. In der Hand habe ich eine Karte von meinem Vater. Ob sie mich mal besuchen kommen? (Die Eltern sind geschieden. Mein Vater lebt im Ausland).

In der ersten Primarklasse: Ich bin erst einige Tage in der Schule und fühle mich ganz verlassen. Die Lehrerin wirkt komisch. Wir sind viele Kinder. Es riecht so eigenartig. Vor mir liegt ein Heft. An der Wandtafel sind Zeichnungen. Mich interessiert das alles gar nicht.

Zirka 4jährig: Ich spiele in der Stube, bin unter dem Tisch und baue einen Turm mit Holzklötzchen. Der Vater ist oft betrunken, so auch gestern Abend. Wenn er nur nicht mehr heimkommen würde. Er schreit so fürchterlich. Die Mutter ist auch weg. Sie arbeitet jeden Morgen. Es ist eine Ewigkeit, seit sie weg ist. Ich rede so vor mich hin. Wenn sie doch wieder da wäre. Ich möchte, dass sie mit mir spielt. Aber das tut sie nicht. Sie ist klein und dick. Sie isst dauernd, und wenn sie heimkommt, dann gibt sie mir auch immer zu essen. Doch ich mag nicht essen. Ich soll einen Bruder oder eine Schwester erhalten. Jetzt kommt sie heim. Ich schaue sie nicht an.

Zirka 2jährig: Ich spiele auf einer Matte in der Stube. Niemand redet mit mir. Mutter und Vater streiten sich in der Küche. Ich höre sie laut reden. Jetzt fühle ich einen Druck auf der Brust. Mir wird ganz eng.>

Beispiel (Rü 2): Mann, 54jährig, geschieden, Vizedirektor, Schlafstörungen, chronische Kopfschmerzen.

<Heute Morgen: Meine Freundin ist da. Ich sehe die Arbeit auf dem Wohnzimmertisch und habe Angstgefühle wegen der Finanzen. Ich trinke Kaffe und schaue die Finanzaufstellungen an. Es ist schön, dass mir die Freundin hilft. Ich frage mich, ob ich dies gedacht habe. Ich verspüre Magendruck.

Vor einem Jahr: Ich sehe mich am Pult in der früheren Firma. Die neuen Entwürfe liegen vor mir. Ich finde sie gar nicht gut. So geht das doch nicht. Das Telefon läutet. Ja, ich höre es läuten. Der Direktor hat eine Sitzung verschoben. Ich ahne Ungutes. Der Chef ist sehr zäh, militärisch und perfektionistisch.

Vor 5 Jahren: Ich bin in Spanien und trödle im Park des Hotels umher. Ich bin mit einem Freund und seiner Familie da. Sie baden gerade im Meer. Eigentlich mag ich meinen Freund gar nicht. Er schreit dauernd. Gestern hat er seinen Sohn wegen einer Lappalie geohrfeigt. Ich sehe den Jungen weinen.

Vor 10 Jahren: Ich bin soeben in diese Firma gekommen. Der Finanzdirektor schreit mich an. Ich sehe ihn. Er ist wütend. Ich habe Berechnungsfehler gemacht. Aber dies ist kein Grund zu einem solchen Ausbruch. Da steht auch meine Sekretärin. Sie trägt ein rotes Kleid und schaut verlegen auf den Boden. Ich kann mich gar nicht wehren.

Vor 20 Jahren: Ich bin in einer Fabrik und mache da ein Praktikum. Der Vorarbeiter schnauzt mich an. Er hält nicht viel von Studenten. Er hat dicke Finger, und sein Arbeitsanzug ist voll Wagenschmiere. Es ist laut hier. Ich sehe mich in meinem Arbeitsanzug; ich fühle mich komisch und hilflos.

Vor 25 Jahren: Ich bin in meinem Zimmer. Mein Vater ist eben erst heimgekommen. Er ist Offizier und trägt seine Uniform. Er ist mit meinen Arbeiten nicht zufrieden. Meine letzten Noten vor der Matura sind miserabel. Jetzt höre ich den Vater reden: <Ich zahle dir kein Geld für dein Studium, wenn du so arbeitest.> Er hat so böse Augen und ganz schmale Lippen. Die Mutter ist krank und liegt im Bett. Sie ist oft krank. Jetzt erinnere ich mich, dass sie oft Pillen geschluckt hat und häufig zum Arzt ging. Wir wussten nie, was sie hatte. Mein Zimmer ist klein. Ich solle wenigstens mein Bett in Ordnung bringen, sagt mein Vater.

12 Jahre alt: Ich bin in der Schule. Der Lehrer geht mit dem Lineal in der Hand hin und her. Ich sitze zuhinterst. Er hat uns eine Strafprüfung erteilt. Ich sehe meine Klassenkameraden. Da ist ja auch Thomas. Ich wusste gar nicht mehr, dass er in der gleichen Klasse war. Ich habe Angst vor diesem Lehrer. Er hat oft Wutausbrüche. Er nimmt es sehr genau.

Zirka 5jährig: Ich bin im Garten. Mein Vater hat mich geohrfeigt, weil ich etwas Kleingeld gestohlen habe. Die Mutter schweigt. Sie arbeitet gerade in der Küche. Sie hilft mir nie und hat selbst Angst vor dem Vater. Ich spiele im Sandkasten.

Zirka 2jährig: Ich liege im Kinderbett. Die Sonne scheint. Meine Mutter liegt auf dem Sofa. Ich glaube, sie weint. Ich möchte ihr helfen, aber das kann ich nicht. Wenn sie doch nur zu mir kommen würde. Sie erzählt mir selten etwas.>

Kommentar zu den Beispielen Rü 1 und Rü 2: Beide Personen waren nach den Rückführungen sehr überrascht über die vielen Einzelheiten und bemerkten: <Ja, jetzt erinnere ich mich wieder genau; so war es wirklich!> Auch die Gefühle und die Atmosphäre bei den jeweiligen Momenten waren beiden Personen wieder so vertraut, als ob es erst gestern gewesen wäre. Auffallend ist in beiden Beispielen *der rote Faden*: Alleinsein bei der Esten Person; autoritäre Vaterfiguren beim zweiten Beispiel. Die Erfahrung der frühen Kindheit (zirka zweijährig) konnte nicht deutlich als Erinnerung bestätigt werden.

Die einzelnen wiedererlebten Erinnerungen haben teilweise starke Gefühle und Körperreaktionen ausgelöst: Wut, Traurigkeit, Ohnmacht, Druck im Bauch und Kopfschmerzen. Diese Gefühle begleiten beide Personen noch heute. Die zwei Beispiele sind in bezug auf den roten Faden repräsentativ. Ein aktuell gegebenes Grundthema wiederholt sich meist in den Rückführungen durch alle Jahre bis in die früheste Kindheit, ja oft bis in die vorgeburtliche Zeit zurück.
Das Phänomen der Erinnerung durch inneres Schauen ist nichts Aussergewöhnliches. Von besonderer Bedeutung ist aber, dass es eine Methode gibt, die es ermöglicht, längst Vergessenes und vor allem seelische Belastendes aus jeder Zeit des Lebens systematisch wiedererlebbar zu machen. Im Folgenden sollen drei Beispiele über vorgeburtliche Rückführungen zu eigentlichen seelischen Besonderheiten führen.

2.2.3. Erlebnisse aus der vorgeburtlichen Zeit

Rückführungen in die frühe Kindheit lassen sich in gleicher Weise bis in die vorgeburtliche Zeit fortsetzen. Die folgenden drei Beispiele beginnen in der Darstellung pränatal mit dem zweiten Monat nach der Zeugung.

Beispiel (Rü 3): Frau, 25jährig, Sozialarbeiterin, will sich seelisch auseinandersetzen, keine besonderen Störungen.

<Vorgeburtlich 2. Monat: Ich bin winzig klein. Ich bin da. Es war Zeit. Ich musste kommen. Es ist warm und ruhig. Die Mutter schläft. Der Vater ist nicht da. Er arbeitet auswärts und ist oft weg. Ich fühle, dass Mutter deswegen traurig ist.

Vorgeburtlich 7. Monat: Die Mutter arbeitet in der Stube bei ihren Schwiegereltern. Sie putzt und macht einen sehr unglücklichen Eindruck. Ich empfinde Ärger und Wut auf sie. Ich denke: Warum wehrt sie sich nicht? Warum macht sie dies alles, wenn sie es so ungern tut? Mich ärgert, dass sie nur zeigt, wie unglücklich sie ist. Die Stube ist düster. Der Raum ist rechteckig mit der Türe an der schmalen Seite. Die Stube wird von der Küche her betreten. Ich fühle Wärme.

Geburt: Ich fühle Druck auf den Armen und höre meine Mutter schreien. Ich habe das Gefühl, nicht besonders willkommen zu sein. Wenn ich mich wehren könnte, dann wollte ich nicht bei meiner Mutter sein. Ich sehe das Bett, in dem die Mutter liegt. Ein Arzt, eine Hebamme und eine Schwester sind da. Ich sehe den ganzen Raum und alle Möbel. Jemand legt mich von rechts der Mutter ins Bett.

Wenige Tage alt: Meine Mutter legt mich in den Stubenwagen. Jemand schaut mich an. Es ist eine Tante. Sie macht eine lachende Mimik. Ich bin wütend, weil sie nicht aus Freude lacht, sondern weil man so tut an einem Stubenwagen.

Einige Wochen alt: Die Mutter wickelt mich. Sie hat ein Kissen auf den Stubentisch gelegt. Da wickelt sie mich immer. Wenn sie aufschaut, sieht sie aus dem Fenster. Sie ist jung und schön. Sie lacht mich an. Das mag ich gerne. Wenn sie jedoch mit mir plaudert, finde ich dies unangenehm, denn sie redet so kindisch zu mir. Sie kann doch sagen, was sie denkt.>

Beispiel (Rü 4): Frau, 40jährig, chronische Migräne, 3 Kinder.

<Vorgeburtlich 2. Monat: Ich bin so klein und habe noch gar keinen richtigen Körper. Ich fühle, dass meine Mutter mich nicht will. Es geht ihr nicht gut. Sie ist ständig bedrückt.

Vorgeburtlich 4. Monat: Ich fühle mich eingeschlossen. Die Mutter arbeitet im Schlafzimmer. Draussen scheint die Sonne. Es ist friedlich. Ich höre die Vögel pfeifen. Die Mutter nimmt aus einer Schublade ein Tüchlein. Da sind drei Schubladen und darüber gelb angeschriebene Büchsen. Meine Mutter freut sich nicht auf mein Kommen. Aber ich will leben. Ich weiss, dass ich lange an diesem Ort leben werde, fast mein ganzes Leben lang.

Vorgeburtlich 8. Monat: Es ist sehr eng, und doch habe ich genug Platz. Meine Mutter strickt etwas für mich. Sie trägt ein dunkles Kleid mit weissen Punkten drauf. Der Vater ist soeben heimgekommen. Er trinkt etwas und geht dann seine Post öffnen. Die Mutter redet selten mit mir. Dies schmerzt mich sehr.

Wenige Stunden vor der Geburt: Ich muss mich drehen. Die Beine sind eingeklemmt. Alles ist so nass. Ich komme jetzt. Meine Mutter zittert. Ich bin draussen und fühle mich schwer. Alle tragen einen Mundschutz und sind beschäftigt. Ich habe Mühe mit Atmen. Ich will nicht atmen. Die Mutter freut sich jetzt.>

Beispiel (Rü 5): Mann, 30jährig, depressiv, vegetative Störungen, alleinstehend, Büroangestellter.

<Vorgeburtlich 2. Monat: Ich bin traurig, ganz klein und will zurück. Die Mutter will mich nicht. Es stört alle, dass ich komme.

Vorgeburtlich Anfang 3. Monat: Es zieht meine Därme zusammen. Ich habe Schmerzen im Magen. Ich muss fast erbrechen und fühle mich elend. Meine Mutter hat etwas eingenommen. Sie will mich loshaben. Jetzt kriege ich einen ganz wirren Kopf. Sie eilt Treppen auf und ab. Ich soll sterben; doch jetzt will ich leben.

Vorgeburtlich 5. Monat: Die Mutter ist verärgert und unzufrieden. Niemand hilft ihr. Sie will mich gar nicht. Sie wollte mich abtreiben. Es ist ihr nicht gelungen. Nun wachse ich. Die Mutter arbeitet in der Küche. Ich will leben. Ich will nicht zurück.

Vorgeburtlich 7. Monat: Ich bin schon gross. Alles ist eng und sehr heiss. Ja, mir ist ganz heiss. Die Mutter liegt im Bett. Sie ist krank. Jetzt sehe ich den Vater in seinem Auto. Er ist auf dem Heimweg. Er ist müde und bedrückt.

Vorgeburtlich 9. Monat: Ich habe kaum mehr Platz. Ich muss bald raus.

Geburt: Ich friere. Es ist hell. Ich will zurück an die Wärme. Die Hebamme hält mich. Ich will keine Milch von der Mutter und stelle mich schlafend. Jetzt ist auch der Vater da. Er murrt etwas. Jetzt nimmt er mich zu sich. Er freut sich.

Drei Monate alt: Ich bin allein. Es ist hell. Ich langweile mich. Warum redet niemand mit mir? Ich sehe irgendwohin aus dem Fenster auf einen Kirchturm.>

Kommentar zu den Beispielen Rü 3, Rü 4 und Rü 5: Alle drei Personen konnten die Ergebnisse mit ihren Eltern besprechen. Die Mütter waren sehr erstaunt über die konkreten Einzelheiten und konnten bestätigen, dass dieselben damals gegeben waren. Die Mutter des 30jährigen Mannes gestand, im 3. Monat einen Abtreibungsversuch unternommen zu haben. Im 7. Schwangerschaftsmonat war sie an einem schweren Fieber erkrankt. Auch die Einstellungen der beiden andern Mütter zur Schwangerschaft fanden sich bestätigt. In allen drei Fällen war dies den Klienten unbekannt. Die Rückführungserlebnisse waren für alle drei Personen gefühlsmässig sehr intensiv und die Auseinandersetzung damit aussergewöhnlich befreiend.

Diese drei Beispiele machen deutlich, dass der Mensch auch vorgeburtlich ein *ICH-Bewusstsein* mit verschiedenen seelischen Funktionen hat: Wahrnehmung, Gedächtnis, Empfindung und Beurteilung. Es ist im Übrigen während eines Rückführungsverlaufs zwischen dem Alter von zirka zwei Jahren und der vorgeburtlichen Zeit keine Schwelle feststellbar.

Das Erinnern verläuft kontinuierlich bis zum Moment der Zeugung. Häufig stellt sich zuerst ein Gefühl oder eine Körperreaktion ein. Dann tauchen vage Eindrücke auf. Schliesslich zeigen sich deutliche Bilder. Manchmal taucht zuerst ein Bild auf, das man aus einem Photoalbum kennt. Nach einiger Zeit wird dieses Bild lebendig, und die entsprechenden Lebensgegebenheiten erhalten zunehmend bildhafte Gestalt.
Im Allgemeinen gelingt eine vorgeburtliche Rückführung bei 7 von 10 Personen bereits beim ersten Versuch. Wegen der Bedeutung der seelischen Inhalte ist es jedoch von Vorteil, wenn man solche Rückführungen sukzessive durchführt. Allein schon die Vergegenwärtigung von Ereignissen, die bloss einige Jahre zurück liegen, erfordert einige Zeit an *Verarbeitung*. Das Bildmaterial aus Rückführungen ist nie symbolisch. Die Erfahrungen entsprechen ganz der gewesenen Realität.

Gelegentlich wird bei den Rückführungsergebnissen argumentiert, dass es sich um reine Phantasie handle, insbesondere beim vorgeburtlichen Material. Gewiss kann man in jedes bildhafte Erleben ein Phantasiebild eingeben (induzieren). Ein solches fügt sich leicht in jedes bildhafte Erlebnismaterial. Weiter wird oft gesagt, dass die vorgeburtliche Körpererlebnisse rein suggestiv zustande kommen würden. Es sei selbstverständlich, dass es da warm und ab 8. Monat auch eng sei.

Generell lässt sich darauf sagen, dass eine systematische Auswertung von hundert oder tausend Rückführungsberichten darüber Klärung bringen kann. Hier ist eine nützliche Verbindung zwischen innerer Erfahrung und sozialwissenschaftlicher Methode zur kritischen und systematischen Überprüfung möglich. Der Inhalt der Erfahrung kann hinsichtlich Wahrheitsgehalt und psychisch-somatischen Wirkungen empirisch überprüft werden.

Schliesslich verwende ich zur Beschreibung und hypothetischen Erklärung Begriffe wie *<vorgeburtliches Bewusstsein>* und *<seelische Funktionen>*. Ich verwende diese Begriffe in der alltagssprachlichen Bedeutung und lehne mich nicht an irgendeine hirnphysiologische oder wahrnehmungspsychologische Theorie. Zweifelsohne ist hier noch viel begriffliche und systematische Arbeit erforderlich.

Die Begriffe sind zudem metaphysisch und bezeichnen Sachverhalte der Seele. Ich sage also nicht, was das *seelische Gedächtnis* ist, sondern nur, dass es so etwas wie ein seelisches Gedächtnis gibt. Für etwas seelisch Erfahrbares verwende ich einen Begriff, gewissermassen ein Etikett.

Die hier vorliegenden Ergebnisse sind in bezug auf die Frage nach der Seele und ihrer Funktionsweisen bedeutsam. Im Folgenden Kapitel stelle ich dazu einige *Hypothesen* auf. Sie basieren auf vielen Erfahrungen und Auswertungen von Rückführungsmaterial.

2.3. Das seelische Gedächtnis und seine Wirkungsweisen

2.3.1. Innerseelische Funktionen und die Belebung der eigenen Vergangenheit

Die Ergebnisse von Rückführungen in die frühe Kindheit und in die vorgeburtliche Zeit lassen verschiedene seelische Besonderheiten erkennen.

Als erstes gibt es offensichtlich einen *Speicher* im Menschen, der wahrgenommene und erlebte Geschehnisse aus dem Leben vom Moment der Zeugung an aufnimmt. Ich bezeichne diesen Speicher mit dem Begriff *<das seelische Gedächtnis>*. Es zeigt sich aus Rückführungen, dass selbst die unwichtigsten Details, belanglose Sachverhalte und Gegebenheiten aus jeder Zeit des Lebens sich in diesem Gedächtnis ablagern.

Ob alles im Leben Wahrgenommene darin enthalten ist, kann hier aus Gründen der Aussagenlogik nicht entschieden werden. Mit Sicherheit aber steht fest, dass sehr viele *bedeutsame Erlebnisse* vom Beginn des Lebens an sich in diesem Gedächtnis befinden. Dabei sind nicht einfach die Informationen gespeichert, sondern gleichzeitig auch die dazugehörigen *Sinneserfahrungen* (Sehen, Hören, Fühlen, Schmecken, Riechen) und Körperreaktionen.

Sieht man einmal ab von den individuellen Schwierigkeiten und den wiederholten Rückführungen, so kann man weiter sagen, dass prinzipiell jeder Mensch in jede Zeit seines Lebens zurückgeführt werden kann.

Zweitens hat das *bildhafte Wiedererleben* einige *charakteristische* Eigenschaften. Das Wiedererleben geschieht uns quasi als Zuschauer: In der Rückführung sieht man sich z.b. als Baby und die Umstände, wie sie damals gegeben waren. Oder man ist ganz in dieser Zeit und erlebt sie z.b. als Fünfjähriger gegenwärtig. In beiden Fällen sind die *Gefühle* und *Körperreaktionen* so, wie sie damals gerade waren. War man mit Fieber im Bett, so fühlt man in der Rückführung zunehmend heiss. War man wütend, voller Ohnmachtsgefühle und in Tränen, so wird man wieder wütend und erlebt dieselbe Ohnmacht.

Waren zum Beispiel vor 28 Jahren das Weihnachtsessen und die Stimmung voller Freude und Genuss, so erlebt man dasselbe mit allen Sinnen noch einmal. Häufig kommt es vor, dass weder klar umrissene Bilder noch informative Erinnerungen auftauchen. Anstelle dessen machen sich Gefühle aller Art (z.B. Traurigkeit, Druck im Kopf, Herzstechen) bemerkbar.

Die konkreten dazugehörigen *Erinnerungsbilder* stellen sich dann häufig nach Bearbeitung dieser Reaktionen in späteren Rückführungen ein. Dies bedeutet, dass das Wiedererleben gleichzeitig mit einem *energetischen Aspekt* verbunden ist. Das bildhafte innere Erleben und die allgemeine Hinwendung zu einer bestimmten Lebensphase lösen gleichzeitig Energien aus, die auf den Körper und die Gemütsverfassung wirken. In diesem Sinne ist das *seelische Gedächtnis* auch *Energieträger*.

Drittens zeigt sich vor allem aus Rückführungen in die früheste Kindheit und in die vorgeburtliche Zeit, dass verschiedene seelische Funktionen relativ körperunabhängig gegeben sein müssen. Es kann die Annahme formuliert werden: Der Mensch hat auch vorgeburtlich und unabhängig von der nachgeburtlichen Körperentwicklung ein ICH-Bewusstsein, die Fähigkeit der Wahrnehmung sowie die Möglichkeit der Empfindung und Beurteilung.

Diese *seelischen Gegebenheiten* lassen sich nicht in ein allgemeinpsychologisches und medizinisches Verständnis von Psyche und Körperfunktionen einordnen. Aus diesen Gründen bezeichne ich diese Eigenschaften als *metaphysisch* und *seelisch*.

Es drängt sich dabei die Frage auf, was der *Träger* und die physischen Grundlagen dieser Funktionen sein könnten. Denn die Sinnesorgane sind noch nicht hinreichend entwickelt und ermöglichen keine Erklärung.

In Anlehnung an die verschiedenen esoterischen Theorien führe ich dazu den Begriff <*Astralkörper*> ein. Dieser besagt, dass der Mensch nebst dem physischen Körper einen feinstofflichen Körper hat, der mit diesen seelischen (parapsychischen) Funktionen ausgestattet ist.

Wie dieser Astralkörper experimentell nachgewiesen werden kann, werde ich im Kapitel 5.5 skizzieren.

Zum technischen Aspekt der Rückführung lässt sich viertens festhalten, dass der Zeit bzw. einem bestimmten *Zeitpunkt* die Bedeutung eines *Auslösers* zukommt. Dies geschieht ja auch häufig im Alltag: Redet jemand von den letztjährigen Ferien, so weckt dies meist eigene Ferienerinnerungen; spricht jemand von seiner frühen Kindheit, z.B. vom ersten Schultag, so tauchen plötzlich bildhafte Erinnerungen und Gefühle aus dem eigenen ersten Schultag auf, an die man vielleicht seit 20 Jahren nicht mehr gedacht hat. Diese Alltagserfahrung wird in der Rückführung technisch angewendet.

Schliesslich ist fünftens noch auf einen *inhaltlichen Aspekt* hinzuweisen. Die vorgeburtliche Zeit beinhaltet immer wieder die gleichen Themen: Aufgenommensein bzw. Angenommensein von der Mutter; die *Beziehung* der *Mutter* zum *Kind* (z.B. ob und was die Mutter mit dem Kind im Bauch spricht); das Fühlen, Denken und Handeln der Mutter; die allgemeine Atmosphäre in der Elternbeziehung und in der Familie.

Als weiters Thema taucht nach der Geburt bis ins Alter von etwa drei Jahren die Art und Echtheit der *Umgangsformen* der Eltern und weiterer Personen im Umkreis auf. Es scheint, als ob dem Kleinkind nichts vorgemacht werden könnte. Es sieht hinter jede Fassade und Maske.

Ein weiteres Thema ist: Das Kind will als eigenständige und vollwertige Individualität angenommen werden, auch wenn es noch nicht sprechen kann und noch nicht mit Kulturgütern belastet ist.

Diese ersten *Daseinsthematiken* haben auch eine eigene *Dynamik*. Das Kind entwickelt Reaktionsmuster und Arrangements, die sich bei relativ konstanten Verhältnissen verfestigen.

Dies zeigt sich darin, dass bei ersten Rückführungen mit zufällig gewählten Zeitmomenten (etwa alle drei Jahre einen Tag als Zeitassoziation) sich *Grundthemen* herauskristallisieren, die in der vor- und nachgeburtlichen Zeit ihre Entstehungsquellen und ihre Parallelen haben.

Erste Daseinsthematiken und entsprechende Reaktionsmuster des Kindes entwickeln sich zu einer lebensbestimmenden energetischen *Grunddynamik*.

2.3.2. Die meditative Anwendung von Rückführungen

Für die praktische Anwendung von Rückführungen bis in die vorgeburtliche Zeit stellen sich vor allem zwei Fragen: Was ist der *Sinn* einer solchen bildhaft erlebten Erinnerung? Wie kann der Einzelne damit etwas Sinnvolles tun? Zur ersten Frage ist zu sagen, dass viele Erfahrungen im Leben eines Menschen als *unverarbeitete Themen* sich im *Unbewussten lagern* und von da her wesentlich die *Lebensgestaltung mitbestimmen*. Das bildhafte Wiedererleben ermöglicht ein direktes Durcharbeiten und Sich-Befreien von solchen lebendigen seelischen Themen.

Die zweite Frage führt zur Praxis der Psychotherapie und Meditation. Es ist zweifelsohne für manche Menschen leichter, Rückführungen in der Zusammenarbeit mit einem Berater zu erfahren. Speziell für die früheste Kindheit und für die vorgeburtliche Zeit erweist sich eine *gelenkte Rückführung* als vorteilhaft. Bei grossen seelischen Belastungen ist eine solche Zusammenarbeit sogar erforderlich. Viele aber können durchaus für sich allein im Rahmen einer Meditation eine Rückversetzung durchführen. Dazu seien einige *praktische Hinweise* gegeben:

- Es erweist sich als günstig, anfangs eine solche meditative Übung nur etwa 15 Minuten lang zu machen.
- Pro Rückversetzung sollen anfangs nur kürzere Zeitspannen geweckt werden: zuerst die letzten zwei Jahre; in einer zweiten Übung weitere zwei Jahre; und in einer dritten Meditation vielleicht bis 7 Jahre zurück etc.
- Man beginne zuerst mit einer kurzen Entspannung. Darauf sagt man zu sich selber: <Ich will jetzt innerlich ein Ereignis sehen, das etwa einen Monat zurückliegt.> Dann kann man Monat um Monat zurückgehen und die Geschehnisse bildhaft auftauchen lassen.

- Je nach der Bedeutung einer Erinnerung kann man dabei verweilen und in der Bildwelt arbeiten (vgl. Kap. 4.2.6.).
- Nach den Meditationen soll man das Ergebnis aufschreiben.
- Wer mit dem inneren Bildersehen Mühe hat, der übe zuerst mit Vorteil einige Imaginationen, wie sie im Kapitel 4 dargelegt werden.
- Generell gilt bei solchen Meditationen wie bei vielen Dingen, die man lernen will: Mit zunehmender Übung gelingen die Rückversetzungen leichter. Gelegentlich ist am Anfang etwas Geduld nötig.

Ein Durcharbeiten der eigenen Vergangenheit mittels Rückführungen benötigt viel Zeit und erstreckt sich über viele Monate. Manchmal ist es ein Gewinn, wenn man einige Zeitspannen mehrmals wiederholt. Das *Ziel* ist ein höheres Ausmass an *seelischer Freiheit*. Der Aufwand lohnt sich, wenn man bedenkt, dass Denken, Fühlen, Wahrnehmen, Verhalten und Lebensereignisse aller Art wesentlich von den vielen überlagerten und verdrängten Erlebnissen bestimmt werden. Die innere Erfahrung dieser seelischen Gegebenheiten ermöglicht eine *fundamentale Erkenntnis* über sich selbst.

2.4. Lebenserfahrungen als Inhalte der seelischen Innenwelt

2.4.1. Aspekte der unbewussten Seelenthemen

In der Jungschen Psychologie hat die Komplexlehre besondere Bedeutung. Die folgenden Ausführungen über das Phänomen <Komplex> sind teilweise eine Zusammenfassung dieser Theorie. Ich habe sie zu einer eigenen Systematik mit folgenden Aspekten zusammengestellt:

a) die Erscheinungsweisen der Komplexe im Alltag und im Experiment
b) die Wirkungen der Komplexe
c) die Eigenschaften der Komplexe
d) die Bewusstseinseinstellung gegenüber Komplexphänomenen
e) die Inhalte der Komplexe
f) die Ursachen von Komplexen
g) der Komplex als psychische Einheit
h) Erkennen und Umgang mit Komplexen

Mit der Darstellung der Komplexlehre beabsichtige ich, einen Vergleich zur These über das *seelische Gedächtnis* herzustellen. Denn es ergeben sich gewisse Überschneidungen und Parallelen, die eine Differenzierung und Erweiterung der Erscheinungsweisen des Unbewussten ermöglichen.

a) Die *Erscheinungsweisen der Komplexe* im Alltag und im Experiment: Es gibt verschiedene Alltagsphänomene, die zeigen, dass etwas Unbewusstes zum äusserlich Wahrnehmbaren vorhanden sein muss. Das Unbewusste manifestiert sich in Form von Störungen und Unverhältnismässigkeiten aller Art. Eine Person stottert in einem bestimmten Moment. Versprechen, Verhören und Nichtverstehen verraten, dass da noch etwas vorhanden ist. Mimistische Reaktionen und gestische Begleiterscheinungen zeigen innerseelische Regungen.

Auch fremdsprachige Reaktionen (d.h. jemand verwendet plötzlich ohne Grund ein Wort aus einer anderen Sprache) sind nicht ohne Bedeutung. Häufig haben Menschen in bestimmten Situationen ganz unverhältnismässige Gefühlsreaktionen: eine Tasse, die zu Boden fällt, löst einen Ehekrach aus; jemand erzählt von einem Ereignis, und man beginnt, ohne äusseren Grund traurig zu werden; eine fremde Person wird einem vorgestellt, und man verspürt einen Druck im Bauch.

Die Annahme ist naheliegend, dass auch hier etwas Innerseelisches angesprochen worden ist: ein sogenannter Komplex.

Weiter zeigt sich in verschiedenen Experimenten, dass ein *Komplex* eine *reale innere Gegebenheit* ist. Das *Assoziationsexperiment* erhellt verschiedene Komplexmerkmale: Der Versuchsleiter nimmt eine Liste von hundert frei gewählten Wörtern. Die Versuchsperson muss zu jedem Wort ein weiteres hinzufügen. Im Experiment wird gemessen, wie lange es dauert, bis die Wortreaktion kommt (Reaktionszeit). Das Assoziationswort löst mimisch-gestische Begleiterscheinungen aus. Kommentare zu den einzelnen Wörtern sind nicht zufällig. Verhören, Nichtverstehen, häufige Wortwiederholungen und Exklamationen der Person auf ein vom Versuchsleiter gesprochenes Wort sind Hinweise auf Komplexe.

Das Ergebnis bedeutet theoretisch, dass Assoziationen zu irgendeinem Wort oder Sachverhalt nicht zufällig und nicht willkürlich sind. Dies gilt ja auch bei der Traumdeutung, wo die freie Assoziation den Sinnzusammenhang herstellt.

Das sogenannte psychogalvanische Experiment ist ein weiterer Zugang zu den *Komplexen*. Mit Hilfe des *Hautwiderstandgerätes* werden die kleinsten

Emotionen festgestellt, die ein Wort auslöst. Angesprochene Komplexe bewirken auch Reaktionen bei der Herztätigkeit, bei der Atmung, bei der Muskelspannung und Körperwärme.

b) Die *Wirkungen der Komplexe*: Sie sind sehr vielfältig. Die Wahrnehmung, der Wille und das Gedächtnis können gestört werden. Im Denken und Handeln zeigen sich auf einmal scheinbar unbegründete Einschränkungen und Fixierungen (Zwangsdenken; Phobien; Unfähigkeit, etwas Beabsichtigtes zu tun). Jemand ist in einem Moment <einfach nicht sich selber>. Aus ebenso unerklärlichen Gründen ist man plötzlich verspannt, hat Schmerzen und bildet sich Krankheiten (einhergehend mit Symptomen aller Art) ein.

Jemand hört Stimmen, sieht Bilder oder Geister, die unter anderem das bewusste ICH assimilieren können (neurotische Dissoziation, Besessenheit). Krankhafte Emotivität, Machtlosigkeit des ICHs, Halluzinationen und Wahnideen sind weitere mögliche Auswirkungen von Komplexen.

c) Die *Eigenschaften der Komplexe* sind ebenso vielfältig: Sie haben eine *starke Energie*, eine beachtliche lebendige Autonomie gegenüber dem Bewusstsein und die Tendenz, dieses zu beeinflussen. Man kann mit den *Komplexkräften* nur schlecht umgehen. Sie sind wie unbelehrbar, verhalten sich koboldartig und sind unvereinbar mit der gewohnheitsmässigen Bewusstseinslage. Die Energiewirkungen werden leicht ausgelöst und sind doch kaum zu handhaben. Man ist ausgeliefert. Komplexe haben eine *Eigendynamik*, die mit Willensanstrengung kaum zu lenken ist.

d) Die *Bewusstseinseinstellung* gegenüber *Komplexphänomenen*: Die Reaktionen und Einstellungen sind entsprechend den Eigenschaften. Die Wirkungen werden als lästig, unangenehm, widerlich und oft auch als gefährlich erlebt. Der Komplex ist ein *Unruheherd* und ein Zwietrachtsstifter im Alltag, den es möglichst zu verstecken gilt.

e) Die *Inhalte der Komplexe* sind so vielfältig wie das Leben überhaupt: Konflikte, Erschütterungen, Probleme aller Art, Wünsche, Befürchtungen, Verpflichtungen, Notwendigkeiten, Ängste, moralische Konflikte und Einsichten, mit denen man nicht fertig wird. Komplexe sind somit *thematische Einheiten im Unbewussten*, deren Quellen aus dem Leben stammen.

f) Die *Ursachen* sind entsprechend den Inhalten: Die Komplexe entstehen aus Verdrängen und Blockierung. Was nicht verarbeitet werden kann, entwickelt sich zu einem *unbewussten Seelenthema*. Besonders intensive Erlebnisse wie emotionaler Schock, schwerer moralischer Konflikt, Leidenserfahrungen und ähnliches mehr konstellieren sich zu einem Komplex.

g) Der *Komplex als psychische Einheit:* Er ist wie eine innere Teilpersönlichkeit (je nach <Grösse>). Es handelt sich um affektbetonte Vorstellungsbilder. In besonders schweren Fällen werden sie als Dämonen, Geister, fremde Seelen und andere personifizierte psychische Inhalte erlebt. Komplexe haben eine *psychische Sonderexistenz* und werden deshalb auch als abgesprengte Teilpsyche oder als psychisches Fragment bezeichnet.

h) *Verschiedene Methoden* ermöglichen ein *Erkennen und Umgehen* mit den *Komplexen:* Experimente wie in a) beschrieben; assoziatives Befragen; assoziative Traumdeutung (Träume sind unter anderem symbolischer Ausdruck von Komplexen); Erfassen der resultierenden Verhaltensmuster und Abwehrstrukturen; Assoziationen bei Symptomen und Fehlhandlungen; projektive Tests; kreatives Malen und Rollenspiel.

Der Überblick über die einzelnen Aspekte der Komplextheorie macht deutlich, dass Überschneidungen und Ähnlichkeiten mit dem seelischen Gedächtnis bestehen. Das Phänomen Komplex ermöglicht, das Funktionieren und die Inhalte dieses Gedächtnisses erweitert zu erfassen.

2.4.2. Die eigene Vergangenheit als lebensbestimmende Kraft

Ereignisse im Alltag wirken wie einzelne Wörter im Experiment. Sie lösen *Emotionen und Störungen* aller Art *aus.* Sie wecken *Erinnerungen* und *Sinnzusammenhänge.* Anstelle eines Wortes wird bei der Rückführung die Zeit als assoziativer Auslöser gewählt. In gleicher Weise kann man aber in einer Rückführung auch Sinnthemen verwenden, etwa in der folgenden Art: <Sie sehen Ihren Chef. Er schimpft mit Ihnen wie gestern. Wir gehen nun zurück, Jahr um Jahr, und lassen alle Erlebnisse auftauchen, die für Sie die gleiche Bedeutung gehabt haben.>

Bei einer derart gestalteten Rückführung tauchen fast immer zahlreiche ähnliche Erlebnisse auf. Vorwürfe eines früheren Chefs werden lebendig. Ein längst vergessenes schlechtes Schulzeugnis wird wieder gegenwärtig. Der Pfarrer aus der Jugendzeit steht mahnend auf der Kanzel.

Ein *Thema* verdichtet sich zu einer energetischen *Sinneinheit,* d.h. zu einem *Komplex.* Es taucht zum Beispiel eine Situation auf, wo eine Person sich ganz allein und verlassen fühlt. Hier kann man in der Rückführung weitere ähnliche Situationen durch alle Jahre hindurch abrufen. Es zeigt sich dabei, dass ein *Komplexthema* eine *Lebenslinie* hat. Ein solcher Komplex kann in einer

Rückführung erweitert werden, indem man fragt: <Was tun Sie jetzt>?

Die Person sagt dann zum Beispiel: <Ich ziehe mich zurück und isoliere mich.> Sie sieht eine vergangene Lebenssituation, wo sie sich in einem Raum zurückzieht und sich vornimmt, mit niemandem mehr zu sprechen. Diese Isolation führt dann zu einem neuen Thema. Die Person sehnt sich zum Beispiel nach einem liebenden Menschen oder nach einem Partner. Ein weiterer Komplex formt sich, der auch wieder eine Lebenslinie entwickelt. Nehmen wir bei diesem Beispiel weiter an, dass eine Mutter ihre Tochter männer- und körperfeindlich erzogen hat, so zeigen sich bei weiterem Zurückversetzen ein dritter und vierter Komplex: Sehnsucht nach dem Vater und verdrängte sexuelle Bedürfnisse.

Aus einem Komplex wird somit eine ganze *Komplexkette*. Lebensereignisse können einen Komplex erweitern und verstärken. Sie lassen einen neuen Komplex entstehen. Auch das eigene Denken, Fühlen, Urteilen und Wünschen wird zum Inhalt des Seelengedächtnisses und verdichtete sich je nach Verdrängungsintensität zu einem aktiven Komplex oder Komplexfragment.

Ich folgere daraus, dass die Inhalte im seelischen Gedächtnis sich nach zwei Kriterien gruppieren: einerseits nach der Lebenslinie, d.h. nach Sinnthemen in zeitlicher Abfolge, und anderseits nach Sinnketten, d.h. nach Zusammenhängen zwischen einzelnen Sinnthemen. Komplexe beinhalten Lebensthemen, und diese sind im seelischen Gedächtnis nach diesen Kriterien gespeichert.

Bei den Rückführungen habe ich auf den energetischen Aspekt der einzelnen Erinnerungseinheiten hingewiesen. Gespeicherte *Lebensgegebenheiten* sind nicht nur Information, sondern gleichzeitig auch eine *energetisch-operative Kraft*. Es hat sich gezeigt, dass diese Kraft durch bewusstes Wiedererleben im ursprünglich erfahrenen Sinne wirksam wird.

Die Hinweise zu den Erscheinungsformen eines Komplexes machen deutlich, dass das Leben voll ist von *Auslösern*. Eine Begegnung, eine Fernsehsendung, ein Zeitungsartikel, Lebensumstände aller Art, Kleider, Möbel, Photos, Erfahrungen in der Freizeit und am Arbeitsplatz bieten wiederholt Elemente zu Sinneinheiten an, die innerseelische in einem Komplex einen energetischen Widerhall auslösen.

Informationseinheiten im Gedächtnis werden zu lebendigen Sinneinheiten. Die Komplexenergie ist dauernd aktiv oder chronisch aktiviert, weil in der Aussenwelt Entsprechungen als Auslöser wirken. Dies bedeutet kurz gefasst:

Lebensgegebenheiten wirken als Auslöser, indem sie Komplexenergien in Bewegung setzen. Die Komplextheorie besagt weiter, dass die einzelnen *Komplexe* auch unabhängig von Auslösern *lebendige Einheiten* sind. Sie wirken entsprechend dem Sinnthema gewissermassen dauernd. Im Zusammenhang mit dem seelischen Gedächtnis bedeutet dies: Ein *unverarbeitetes Lebensthema* aus der Vergangenheit beinhaltet immer auch eine *aktive psychische Energie*. Diese *Kräfte wirken auf* die *Körperfunktionen* und auf das *Lebensgefühl*.

Ein *Verdrängen* und *Vergessen* der eigenen *Vergangenheit* kann nicht verhindern, dass das *seelische Sinnthema* aus dem *Unbewussten* weiterhin *energetisch aktiv* ist. Je grösser ein Komplex und je vielseitiger die Komplexthemen sind, um so stärker wirken diese Energien auf die Lebensgestaltung. Hierin liegt die *lebensbestimmende Kraft des seelischen Gedächtnisses* und damit der ersten Daseinsthematiken.

Die meisten Menschen kennen diese Gegebenheit aus eigener Erfahrung. Man gerät immer wieder an *ähnliche Partner*. An jeder neuen Arbeitsstelle *wiederholen* sich bestimmte *Konfliktthemen* mit dem Chef. Die Beziehung zu Kollegen führt immer wieder zu ähnlichen *Problemkonstellationen*. Dies verdeutlicht, dass die *innerseelische Komplexdynamik* eine *lenkende Instanz* ist. Komplexe beeinflussen Wahrnehmung, Verhalten, Partnerwahl und Entscheidungen aller Art. Umgekehrt verstärken diese daraus entstandenen Lebenssituationen die Komplexverhältnisse.

Die Komplexlinie wird fortgesetzt, und die Komplexkette verfestigt sich. Die Begegnung zwischen Menschen bedeutet immer auch Konfrontation der Komplexenergiefelder. Je stärker eine Komplexenergie beim einen und je schwächer die ICH-Struktur beim andern ist, um so intensiver wird die Beeinflussung. Der eine wird gewissermassen vom andern angesteckt. Dies geschieht meist, ohne dass man sich dessen bewusst wird.

Die *Auslöser* in der Aussenwelt und die *Energieverhältnisse* der Komplexketten und –lebenslinien *verstärken sich gegenseitig*. Es ist ihre *wechselwirkende Dynamik*, die die Lebensgestaltung und die Grenzen der seelischen Entwicklung bestimmt.

In diesem Zusammenhang kann man noch erwähnen, dass die *Komplexe Energien binden*, die dann *für* die *Lebensgestaltung nicht* mehr zur *Verfügung* stehen. Chronische Müdigkeit und Unlust sind Äusserungen davon. Oder man mag längst fällige Dinge gar nicht tun. Ein *Komplex hat* zudem die *Tendenz*, sich in einem *Teufelskreis* zu *fixieren*.

Die *Komplexenergie drängt zu Wiederholungshandlungen.* Damit wird der Komplex bestätigt und verfestigt, was in der Folge noch intensiver zu Wiederholung und Bestätigung des Gegebenen führt. Dem gegenüber steht das *Grundbedürfnis* des Menschen nach *Entfaltung,* Entwicklung, Individualität und freiem Leben. Es entsteht ein neues *energetisches Spannungsfeld.* Wird die Komplexdynamik zu stark, so behindert dies die Ausgestaltung dieses Grundbedürfnisses, das unter anderem von der Kraft der bewussten psychischen Funktionen abhängt. Im Kapitel 6 werde ich aufzeigen, das Denken, Fühlen, Urteilen, bewusste Bilder (Phantasien) und Wohlwollen in gleicher Weise Energieverhältnisse (paranormal wirksame Energie) produzieren.

Damit ergibt sich eine weitere *Energiequelle.* Die bewussten psychischen Funktionen werden je nach innerseelischen Energieverhältnissen gelenkt und eingeschränkt. Dies äussert sich dann in seelischem Kranksein, z.B. in Tics, Zwängen, Ängsten, Phobien, Depressionen, Lethargie, Verhaltensstörungen, im Extremfall in Psychose und Schizophrenie, wo die Macht der energetischen Verhältnisse das Bewusstsein in unkontrollierbarer Weise überschwemmt.

Es zeigt sich dabei weiter, dass auch die Körperfunktionen von diesen Energieverhältnissen beeinflusst werden. Die psychosomatischen Störungen werden durch dieselbe energetische Dynamik (mit zunehmender Spannung der Komplexenergie) ausgelöst. Im körperlichen Kranksein sind Komplexthemen erfahrbar.

Der thematische Anfang der Komplexlinien verdeutlicht im Zusammenhang mit den Rückführungen, dass das Neugeborene real Anteil nimmt an der primären Umgebung. Es kann unterschiedlich zwischen ICH und Nicht-ICH. Bereits vorgeburtlich existiert für das Kind die Aussenwelt real. Es gibt für das Neugeborene nicht nur körperliche Empfindung, primäre Bedürfnisse und Körperkontakt. Dies hat zweifelsohne einige Bedeutung für die Gestaltung der *Beziehung zum Kleinkind.*

Ebenso lassen sich inzestuöse Bindungen durch Rückführungsergebnisse erweitert betrachten. Dabei zeigt sich, dass die enorme *Energie der Mutterbindung* im Unbewussten primär weder sexuell noch auf eine Mutterdominanz bezogen ist. Die Ursprünge der Komplexe – und damit der psychischen Störungen – entstehen durch Deprivation (Mangel an Liebe, Wärme, Schutz, Kommunikation etc.) sowie durch die Unechtheit der Eltern.

Die Ergebnisse der Rückführungen zeigen, dass das Kleinkind nicht nur das äussere und reale Sein der Eltern wahrnimmt. Es sieht durch die innere

Wahrnehmung hinter jede Fassade. Das Kleinkind erkennt auch das Unbewusste der Eltern. Je grösser die Unechtheit ist, um so mehr bewirkt dies Unsicherheit, Angst, Ohnmacht und Wut. Dies schafft energetisch Spannung und bindet durch die unerfüllten Ansprüche. Die ICH-Bezogenheit wird dadurch erhöht. Gleichzeitig wird die Beziehung zur Objektwelt eingeschränkt oder unter diesem Seinsthema wahrgenommen. Die Auflösung der Deprivation und Unechtheit wird zum bestimmenden Leitmotiv von Denken, Fühlen, Phantasieren und Verhalten. Inzestuöse Bestrebungen sind dabei eine Strategie, sei es zur Erreichung solcher Ziele, sei es zur Bestrafung der Eltern.

Gelingt die Erfüllung der primären Bedürfnisse nicht, so entstehen *Fehlentwicklungen* wie Machtvorstellungen, überhöhte Selbstliebe, gestörte Objektbeziehungen, totales Liebesbedürfnis, extreme Idealbilder und anderes mehr. Das ursprüngliche Leitmotiv wird verstärkt. Die anfänglichen *Strategieversuche* bleiben als treibende Kraft erhalten. Denn das Unbewusste unterscheidet nicht zwischen Vergangenheit und Gegenwart.

Die Ergebnisse der Rückführungen in die frühe Kindheit und in die vorgeburtliche Zeit verdeutlichen, dass die naturwissenschaftliche Denkweise der Psychologie und Psychoanalyse durch *introspektive Erfahrungsmöglichkeiten* wesentlich erweitert werden kann. Das psychische Sein des Menschen enthält durch die Realität der vorgeburtlichen seelischen Gegebenheiten einige neue Betrachtungsgrundlagen. Damit sind einige *Perspektiven* skizziert, die jedem ermöglichen, sein Leben besser zu verstehen und Schwierigkeiten gezielt von ihren Ursachen her anzugehen.

3. Die Welt der Träume als geistige Orientierung im Dasein

Träume sind Ausdruck einer seelischen Intelligenz, die als weiser Berater und Lebensführer nutzbar ist

3.1. Wirkungsweisen der Traumwelt

Die *Literatur* über Traumtheorie ist kaum mehr überblickbar. Es gibt weit mehr als 1000 Fachbücher über Träume, Theorie der Träume, Umgang mit Träumen und über Symbolik. Man könnte annehmen, dass es zur Traumpsychologie keine ungeklärten Fragen mehr gibt.

Gelegentlich hört man Leute sagen: <Träume sind Schäume>, oder direkter: <Träume sind nichts als unsinniges Zeug.> Bei den meisten Menschen unserer Zeit spielen Träume keine wesentliche Rolle und werden auch nicht ernst genommen. Dies stimmt nachdenklich, wenn man die *Bedeutung der Träume* in allen Kulturen und Zeiten sowie in der heutigen Wissenschaft und Praxis (Psychoanalyse, Psychotherapie) solchen abwehrenden Äusserungen gegenüberstellt.

Die Träume haben bei allen Kulturen, Völkern und Ländern in den letzten Jahrhunderten und Jahrtausenden eine hohe Bedeutung gehabt. Dazu nur einige Stichworte: Im Alten Testament, in den vedischen, lamaistischen und tantrischen Kulturen, bei den Chinesen, Indern und Ägyptern, bei den Chaldäern, Pythagoräern, Gnostikern und Römern, im Mittelalter und in der Neuzeit, immer haben sich Philosophen, Priester, Religionsgründer, Literaten, Schamanen, Zauberer, Könige und Propheten mit den Träumen auseinandergesetzt. Sie lehrten und praktizierten:

-   Träume sind Quelle zur *Heilung* von Körper und Seele; sie sind ärztliche Ratgeber.
-   Träume künden *Schicksalsereignisse* an und geben Rat bei aller Art von Entscheidungen; sie sind Warner vor Unheil.
-   Träume sind *göttlichen Ursprungs*; sie sind Stimme und Ruf Gottes; sie sind Offenbarungen der Götter und Dämonen.

- Träume sind Lebensführer im Prozess der Selbstwerdung (Individuation).
- Traumwelt ist die *Welt des eigentlichen Lebens*, des Jenseits, des Ortes der Geister.
- Aber auch: Träume sind bei *falscher Auslegung* eine *grosse Gefahr.*

Um die Jahrhundertwende erhob Freud den Anspruch, eine Traumpsychologie auf der Grundlage der naturwissenschaftlichen Methode entwickelt zu haben. In der Folge verwies er die Traumlehren aller früheren Jahrhunderte in den vorwissenschaftlichen Raum, wo Ideologie, Aberglauben und Scharlatanerie vorherrschen.

Damit wären die Traumlehren aller Jahrhunderte – zu Recht oder zu Unrecht? – erledigt. Es entstanden darauf die verschiedensten analytischen Schulen, bekannt unter den Namen Psychoanalyse, Neopsychoanalyse, analytische Psychologie, Triebpsychologie, Schicksalsanalyse, Daseinsanalyse, Individualpsychologie und andere mehr. Jede dieser Schulen entwickelte ihre eigene Traumtheorie und Traumpraxis mit dem Anspruch auf *Wissenschaftlichkeit* und *Wahrheit.*

Gemeinsam ist allen, dass der Traum einen Sinn beinhaltet, dass er eine wichtige psychische Funktion ist, dass der Traum für die Psychoanalyse konstitutiv ist und therapeutisch einen Gewinn darstellt. In vielen andern Belangen sind die *Traumtheorien verschiedenartig* und teilweise *unvereinbar.*

Die gegenseitige *Kritik* der einzelnen Schulen ist dabei enorm. Sie geht soweit, dass die eine Schule das Traumverständnis der andern vollständig als subjektivistisch und falsch bezeichnet und ihre praktische Handhabung (Traumdeutung) in der Analyse als therapeutisch weniger wirksam qualifiziert. Es wird dabei etwa den andern Schulen vorgeworfen, ihre Deutungsverfahren seien therapeutisch schädlich.

Verschiedene neuere Untersuchungen der letzten Jahre folgern, dass die Situation der tiefenpsychologischen *Traumdeutungskunst* katastrophal sei. Sie kommen zum resignierten Schluss, dass alle Literatur seit 1900 über Träume nichts als eine Vielfalt von *Spekulationen* beinhalte. Es wird dabei der Psychoanalyse generell die Wissenschaftlichkeit abgesprochen. Solche Gegebenheiten veranlassen bei aller Renommiertheit der psychoanalytischen Schulen zu einer *kritischen Distanzierung* und *Überprüfung.*

Weiter gibt es in der wissenschaftlichen Literatur Thesen, die behaupten, dass Träume nur *hirnphysiologische Produkte* mit rein energetischer Wirkung seien. Daneben gibt es eine Reihe von psychologischen Fachgebieten und psychotherapeutischen Schulen, die sich mit Träumen gar nicht oder nur am

Rande befassen. Hierzu gehören kognitive Therapie, Verhaltenstherapie, humanistische Psychologie, Psychopathologie, Transaktionsanalyse, Charakteranalyse, Psychiatrie, klinische Psychologie, psychologische Erwachsenenbildung und andere mehr.

Gegenüber den meisten psychoanalytischen Schulen, die die Traumdeutung für die Analyse bzw. Therapie als grundlegend erachten, geht zum Beispiel die Gestalttherapie eigene Wege: <In der Gestalttherapie deuten wir Träume nicht.>

Ist damit die Traumdeutung überflüssig? Die Psychopathologie behandelt sämtliche psychischen Funktionen und ihre Störungen. Die Psychiatrie beansprucht für sich die Lehre der psychischen Krankheiten. In beiden Fachgebieten werden Träume nicht bearbeitet. Bedeutet dies, dass Träume keine psychische Funktion oder bloss eine unbedeutende psychische Realität sind? Was hat die Traumdeutung in der Psychotherapie für einen Stellenwert, wenn es therapeutische Konzepte gibt, die ganz ohne *Traumdeutung* auskommen oder diese als Anhängsel betreiben? Sind die Träume für die Therapie so unwichtig?

Diese und weitere Fragen drängen sich auf, denn die Traumlehren der letzten Jahrzehnte beinhalten in ihrem Kern gewichtige Aussagen und erheben den Anspruch auf Möglichkeiten, die für die geistige Orientierung im Dasein fundamental sind.

Im Folgenden will ich in knapp gefasster Form eine inhaltliche Übersicht über die verschiedenen Aspekte der Traumpsychologie vorstellen. Diese Darstellung ist aber nicht eine Zusammenfassung im üblichen Sinne, sondern enthält im Wesentlichen eine kritische Herausarbeitung grundlegender Fragen und Aspekte, die für den praktischen Umgang mit den Träumen bedeutsam sind.

Es wird in folgender Abfolge vorgegangen:

1) Traumfunktionen und Traumarbeit
2) Arten von Träumen: Traumtypen und Trauminhalte
3) Methoden der Traumdeutung und Traumerfassung

3.1.1. Die Funktionen der Träume

Die formalen Aspekte der *Traumtheorien* sind durch folgende Begriffe angesprochen:

a) *Die Funktionen:* reduktiv, kompensatorisch und prospektiv-final.

b) *Die Traumarbeit:* Verdichtung, Verschiebung, Übertragung und Vermischung als Formen der Zensurarbeit.

c) *Die energetische Wirkung* auf Körperfunktionen und Lebensgefühle.

d) *Die Subjekt- und Objektstufe:* der Aussagebereich der Träume.

Diese *Begriffe* werden im Folgenden in geraffter Form erklärt und mit einigen Beispielen illustriert. Es ergeben sich daraus einige allgemeine Charakteristiken zum Wesen der Träume.

a) Der Begriff <*kompensatorisch*> bedeutet, dass der Traum Ausgleich schafft, indem Unbedachtes, Gehemmtes, Blockiertes und Einseitiges aufgezeigt wird.

<*Reduktiv*> heisst: Überschätzungen und Unterbewertungen werden korrigiert, indem der Traum auf das, was hinter der Fassade und Maske an Menschlichkeit auch noch ist, aufmerksam macht.

<*Prospektiv-final*> meint, dass der Traum aufzeigt, was an Entwicklung und Zukünftigem im Leben des Träumenden noch möglich ist. Anhand eines Beispiels sollen in der Folge diese drei Begriffe konkret betrachtet werden.

Beispiel (T 1): Ein Fabrikant klagt über Magenbeschwerden (<Klumpen im Bauch>) und vegetative Störungen, die ihn seit Jahren plagen. Er ist im Leben erfolgreich und steht allen Freunden immer gleich mit Rat und Tat zur Seite. Bei einer Gelegenheit sage ich ihm, er solle doch einmal vor dem Einschlafen um einen Traum bitten, der die Ursachen seiner Störungen aufzeigt. Hier sein Traum, den er prompt erhielt.

<Ich bin in einem alten Haus. Es ist eine Bretterbude. Viele Leute sind da. Sie reden alle auf mich ein, nachdem ich ihnen meinen Bauch gezeigt habe. Ich solle doch einen Schnaps trinken, diese alten Klamotten anziehen (sie geben mir alte Kleider), meine Frau sei halt so; warum es nicht einmal mit einer Prostituierten versuchen? Sie sind alle sehr lautstark und aufdringlich. Ich fühle mich klein, schwach und hilflos. Sie geben mir eine ungeniessbare Suppe zu essen. Dabei fühle ich Schmerzen im Bauch. Ein Arzt kommt und

will mich operieren. Eine dicke, grossbusige, halbnackte Frau versucht es zu verhindern und streichelt mich lästig. Sie sagt, ich sei ein liebes Büebli. Dann sehe ich, wie mir eine dicke Nabelschnur abgeschnitten wird. Jetzt bin ich auf einem Weg. Ich will nach Amerika. In der Ferne sehe ich ein Schiff, das auf mich wartet.>

Kommentar: In diesem Traum sind verschiedene Traumfunktionen und mehrere inhaltliche Aspekte angesprochen. Auffallend ist zuerst die prompte Antwort, die der Träumende auf sein Problem erhalten hat. Die traumschaffende Intelligenz hat seine Frage und Bitte aufgenommen und ihn eine umfassende Antwort gegeben. Diese Intelligenz bietet *Kooperation* an. Dabei verwendet der Traum verschiedene Arten, die gegenwärtige Realität des Träumenden zu widerspiegeln. Er stellt der kraftvollen Persönlichkeit als Kontrast das hilflose und schwache Kind gegenüber.

Dieser Lebensgegensatz mag auf seine eigene Hilfsbedürftigkeit hinweisen. Die Art, wie die Freunde mit ihm umgehen, ist wohl eine Umkehrung seiner eigenen Hilfsbereitschaft und lässt daneben auch auf Abgrenzungsschwierigkeiten schliessen. Weiter verweist der Traum auf verschiedene Ursachen seiner psychosomatischen Störungen hin:

Die Nabelschnur ist Ausdruck seiner unbewussten Mutterbindung; die Prostituierte kann als Hinweis auf sexuelle Schwierigkeiten gedeutet werden; die dicke Frau verweist ebenfalls auf eine libidobesetzte Mutterthematik hin.

Es wird in diesem Traum sehr viel an Menschlichkeit und seelisch Unentwickeltem aufgezeigt. Demgegenüber wird auch ein *Lösungsweg* eröffnet. Die Reise nach Amerika bedeutet für den Träumenden <Reise in die Freiheit>. Die ungeniessbare Suppe kann dabei gedeutet werden als ein Hinweis auf allerlei Unangenehmes und Peinliches, mit dem er sich auseinandersetzen muss. Andeutungsweise sind hier auch sein Alkoholkonsum und das Verhältnis zu seiner Ehefrau angesprochen.

Die Lösung der lästigen Magenbeschwerden dieses Fabrikanten erfordert eine umfassende und ganzheitliche seelische Arbeit. Das Symptom ist ein Ausdruck der komplexen seelischen Verhältnisse.

Der Traum erfasst die verschiedenen Aspekte des seelischen Innenlebens und der realen Lebenssituation. Die Gesundung erfolgt durch die Erfahrung und Umgestaltung des eigenen Unbewussten sowie durch die Veränderung einiger lebenspraktischer Gegebenheiten.

Diese sehr knapp gehaltene Kommentierung soll auf folgende

Charakteristiken des Traumwesens hinweisen:

- Die reduktive, die kompensatorische und die prospektive Funktion sind formal gesehen Arten der Widerspiegelung und Betrachtung der Realität. Sie sind verschiedene Ausdrucksformen der *Situationsanalyse*. Ich bezeichne diese in der Folge mit <Resonanzformen>.

- Von den *Resonanzformen* ist der eigentliche Inhalt des Traumes abzuheben. Träume beschreiben und bewerten das Innen- und Aussenleben eines Menschen. Dabei kann davon ausgegangen werden, dass die Informationen im Traum immer richtig sind. Dies wird von keiner Traumtheorie bezweifelt.

- Die *traumschaffende Kraft* bietet *Kooperation* an. Sie informiert, bewertet und zeigt Lösungswege auf. Der Träumende kann sich mit dem Inhalt auseinandersetzen und auf diese Weise seine seelische Realität erkennen. Daraus lässt sich schliessen, dass die Traumabsicht generell andragogisch ist, was unter anderem bedeutet: erzieherisch, lebensführend, entwicklungsgestaltend und beratend.

- Aus dem Traum lässt sich weiter folgern, dass es im Seelischen eine Intelligenz geben muss, die die Traumwelt gestaltet. Ich verwende dazu in der Folge den Begriff <*(absolute) seelische Intelligenz*>, den ich hiermit in die Theorie der Träume einführe.

b) Weitere Begriffe zu den *Funktionen der Träume* sind Verschiebung, Verdichtung, Übertragung und Vermischung. Verschiebung bedeutet, dass Unwichtiges in den Mittelpunkt gestellt wird und Wichtiges als nebensächlich erscheint. Und: Eine Person oder Sache wird durch eine andere dargestellt.

Bei der Verdichtung werden verschiedene Merkmale verschiedener Personen (oder Sachen) auf eine Person (oder Sache) konzentriert. Oder ein Traumthema wird auf ein Wort, eine Zahl oder einen Buchstaben reduziert.

Wenn Merkmale einer Person auf eine andere übertragen werden, so spricht man auch von Übertragung. Wenn eine Person im Traum eine ganz andere ist, so spricht man oft von Vermischung (Mischperson).

Diese Formen der *Entstellung* gilt es bei der Traumdeutung zu entflechten, wenn man den Sinn erkennen will. In diesem Zusammenhang ist in der Traumtheorie die Rede von der *Traumzensur*. Nach dieser Theorie wird der Trauminhalt verdeckt wiedergegeben, um das Bewusstsein auf unbewusste Triebansprüche und Wunschvorstellungen (indirekt) aufmerksam zu machen. Es gilt, mittels freier *Assoziationen* die eigentliche Bedeutung herauszuarbeiten.

Es stellt sich hier die Frage, warum die traumschaffende Kraft solche Verfahren der Darstellung und Informationsvermittlung verwendet. Die *Grundidee der Traumzensur* gibt uns eine Antwort. Bestimmte Moralvorstellungen, Ideale, Einstellungen und Haltungen verhindern oft die bewusste Begegnung zum Beispiel mit unbewussten Triebansprüchen, mit Inzestmotiven sowie mit Selbst- und Fremdbildern.

Eine Konfrontation mit dem Unbewussten wird durch verschiedene Widerstände behindert. Dies ist gleich wie bei den wohlbekannten Alltagserfahrungen, z.B.: Wenn jemand über eine bestimmte Person oder Sache eine festgefahrene Meinung hat, dann kann man mit rationaler Argumentation meist wenig ausrichten.

Offenheit zur *Veränderung* wird verhindert durch Angst vor Neuem, durch Peinlichkeit vor der eigenen Illusion, durch verurteilende *Über-ICH-Strukturen,* durch Trägheit und Bequemlichkeit, durch den Gewinn der alten Einstellung sowie durch unbewusste Fixierungen (z.B. an Vaterideal, Wiedergutmachungsansprüche, Hass- und Rachebedürfnisse). Wenn nun die traumschaffende Intelligenz etwas in Frage stellen will und Neues dem Bewusstsein anbieten möchte, dann muss auch sie mit Widerständen rechnen.

Verschiebung und Verdichtung sind somit Resonanzformen, die eine besondere Herausforderung bedeuten. Man muss bereit sein, die Mühe und Anstrengung der *Entflechtung* auf sich zu nehmen, sonst erfährt man den Sinn nicht. Zensur heisst nicht, wie viele Experten behaupten, dass hier eine kritische Instanz (<Pressezensur>) dem Bewusstsein etwas vorenthalten will (z.B. schützen vor dem Erkennen eigener Triebansprüche), sondern ganz im Gegenteil: Diese Form der entstellten Mitteilung will das Interesse und die Auseinandersetzung wecken, verlangt aber zugleich vorerst einmal eine *Überwindung des Widerstandes* durch mühselige Zerlegungsarbeit. Dies illustriert folgender Traum:

Beispiel (T 2): Frau H., 28 jährig, steht vor der Entscheidung, ob sie ihren Freund heiraten soll. Sie hat sich eben erst einen neuen Pass ausstellen lassen und musste dafür Fr. 27.- bezahlen. Da träumte sie:

< Ich bin am Bahnhof und löse eine Fahrkarte, was mich 27.85 kostet. Ich finde dies enorm viel für die kurze Strecke, die ich fahren will. Dann fahre ich zwei Stationen und komme an einen Ort, der aussieht wie der Bahnhof am Elternwohnort, zugleich wie der Petersplatz in Rom. Das Elternhaus (das real gleich hinter dem Bahnhof steht) ist gar nicht da. Zielstrebig gehe ich gegen die Mitte des Platzes. Es kommt mir eine Frau entgegen. Sie sieht aus wie

meine Mutter, trägt die Kleider einer ehemaligen Freundin und spricht in fremdländischer Sprache mit mir. Ich schicke sie weg, weil sie mich behindern will, und gehe weiter.>

Kommentar: Der Freund wohnt in Hausnummer 85, etwa 2 km vom Wohnort der Frau entfernt. Die Freundin hat sich nach kurzer Ehe scheiden lassen und Frau H. wiederholt von Männern abgeraten. Die Mutter telefoniert ihr öfter und klagt über Eheprobleme. Rom ist für Frau H. das Zentrum der abendländischen Kultur, für die sie sich seit langem sehr interessiert. In den Fahrkosten, im Fahrweg und in der Platzdarstellung (Hinweis zum Elternhaus), sind verschiedene Elemente ineinander verflochten. Heiraten würde den Kauf eines neuen Passes bedeuten, was Fr. 27.- kostet. Die Fahrstrecke führt zum Wohnort des Freundes (2 Stationen = 2 km). Der Platz beinhaltet das Ziel der Reise: Zentrum der Kultur (verheiratet sein?) und Ort des (neuen) Heimes…offensichtlich Heirat.

Das Entscheidungsproblem wird klar dargestellt in der Frau, die Frau H. behindern will, in die Mitte des Platzes zu gehen. Die klagende Mutter und die Einstellung der Freundin sind wohl ihre eigenen, unbewussten Bedenken und Einstellungen.

Die *Verschiebung* und *Verdichtung* sind hier noch relativ einfach zu entflechten. Verschiedene Elemente widerspiegeln in neuer Form die reale Situation. Was allgemein als Traumarbeit bezeichnet wird, ist vorerst einmal nichts anderes als eine besondere Form des Traumes (Resonanzform), die reale Entscheidungssituation zu betrachten.

Der Traum informiert darüber, indem er auf eine Einstellung aufmerksam macht und zugleich auch die positive Seite des Vorhandenen darstellt: Frau H. kauft die Fahrkarte, fährt, geht in die Mitte des Platzes und weist die sie behindernde Frau weg. Man könnte hier auch sagen, dass es dem inneren Sein dieser Frau entspricht, den Freund zu heiraten.

Auffallend sind hier die sogenannten Tagesreste: Franken 27.-, Hausnummer 85. 2 km, Kleider der Freundin etc. Die traumschaffende Intelligenz nimmt Lebenselemente, die sinntragend sind für die Darstellung und Klärung einer seelischen Gegebenheit. Der Sinn der einzelnen Elemente aus dem realen Leben lässt sich zu einem Ganzen zusammenfügen und ergibt die eigentliche *Problemsituation*. *Tagesreste als Sinnträger* im erwähnten Sinne sind eine Form von Symbol und *Symbolgestaltung,* im Folgenden mit <Traumsprache> bezeichnet. Dazu gehören auch fremdländisch Reden, das Platzzentrum und Reisen als weitere Sprachelemente (Sinnträger) des Traumes.

Damit ist die eigentliche Traumdeutung angesprochen, die hier mit dem Erfassen der *Resonanzformen* beginnt. Erst dies ermöglicht das Erkennen des Sinnes des einzelnen Elemente und damit des *Traumsinns* als neues Ganzes.

Die seelische Intelligenz bietet auffordernde Perspektiven. Sie verlangt nach *Sinnsuche* der *Tagesrestelemente* und verweist auch auf die *Lösung* hin. In diesem Sinne ist diese seelische Intelligenz andragogisch.

Zur *Verschiebung* sei noch ein kritischer Hinweis gegeben. In der *Freudschen Traumdeutung* werden sehr oft die verschiedensten Gegenstände, Tiere und Räumlichkeiten als Bilder mit sexuellem Inhalt gedeutet. Ein Mantel wird zu einem Kondom, eine Maus zu Geschlechtsteilen (weil behaart), ein Raumeingang zu einer Vagina, ein Lineal zum Penis etc. Solche Verschiebungen mag es hin und wieder geben.

Man muss sich dabei die Frage stellen, warum die traumschaffende Intelligenz gerade ein solches Traumbild wählt. Denn ebensogut wären als Sexualmotiv auch andere Bilder denkbar wie etwa Ballon, Hemd, Bleistift, Bär oder Hund, Bleistiftspitzer und viele mehr. Es ist naheliegend, anzunehmen, dass zumindest gleichzeitig auch der Mantel und die Maus an sich etwas aussagen möchten. Es drängt sich deshalb folgende These auf:

Der *latente Trauminhalt* (also der Sinn des Bildes) kann nicht vollständig vom Phänomen (die direkte Bedeutung des Bildes; manifester Trauminhalt) losgelöst werden. Die Traumdeutung wird sonst tatsächlich zur reinen Spekulation, die im Falle der Sexualität immer Vorhandenes erreicht, da der Mensch ja meist in diesem Themenbereich Schwierigkeiten hat oder diese mehr oder weniger unbewusst lebt.

c) Besondere Beachtung ist auch der *energetischen Funktion* der Träume zu widmen. Träume bewirken oft eine Veränderung der Gefühls- und Körpersituation. Man fühlt sich niedergeschlagen oder voller Kraft und Lebensfreude. Träume lösen Angst aus, wecken das Gefühl der Peinlichkeit oder bewirken, dass auf einmal komplexe Verspannungen und ein <Klumpen im Bauch> sich lösen.

Beispiel (T 3): Ein eigener Traum: Ich frage mich nach mehrjähriger tiefenpsychologischer Arbeit, wann ich endlich mein Ziel, ein neuer Mensch zu sein, erreicht habe. Ich erhoffte mir durch einen Traum eine Antwort, die ich auch bald erhalten habe.

< Ich sitze auf einem quadratischen Steinboden. An jeder Ecke des Quadrates steht eine hohe Säule. Oben ist je wieder eine quadratische Fläche,

auf der sich eine weisse Kugel befindet. Alles ist vollständige Harmonie. Ich fühle mich völlig im Gleichgewicht. Dann erwache ich mit dem Gefühl grosser Freude und Kraft. Ich weiss, dass jetzt ein neues Leben beginnt. Ich fühle mich körperlich entspannt und frei wie noch nie.>

Kommentar: Die *Wirkungen* dieses Traumes sind vielseitig. Das Erlebnis ist für den Träumenden überwältigend. Die Wirkung auf den Körper und das allgemeine Lebensgefühl ist aussergewöhnlich. Offensichtlich hat das Symbol (Quadrat, Säulen, Kugel) eine Kraft von besonderer Bedeutung. Die Bilder stammen nicht aus dem persönlichen Gedächtnismaterial. Das Quadrat, die Zahl 4, die Säule, die 4x4=16 Kugeln sind Urbilder mit einem Sinn, der sich nicht durch praktische Lebenserfahrung erschliessen lässt.

Was immer diese Elemente einzeln und als Ganzes bedeuten, dieses Traumerlebnis hat durch das Symbol eine Wirkung. Ich bezeichne dies als *operative Kraft des Symbols.*

Das Erlebnis ist ein Zugang zum Verständnis des Symbols. Die Kenntnis der Esoterik gibt weitere Hinweise darüber. Der Traum hat auf die Frage eine Antwort gegeben, die vor allem im Erlebnis zu erfassen ist. Die Absicht der operativen Kraft des Traumes im Allgemeinen und des Symbols im Besonderen bezeichne ich ebenfalls als *andragogisch.*

Weitgehend ungeklärt und unbearbeitet ist in den Traumtheorien das Verhältnis zwischen *Energiegestaltung* und *Symbolik* des Traumgeschehens. Denn wie ist es möglich, dass Symbole und Symbolhandlungen im Traum Energie freisetzen, binden und gestalten? Wie ist es möglich, dass bestimmte Symbole und Symbolhandlungen je nach ihrem Sinne eine entsprechende, ganz bestimmte Energiewirkung auslösen?

d) Weiter ist die Rede von *Objekt- und Subjektstufe.* Man träumt von einem Bekannten, der im Traum mit bestimmten charakterlichen Merkmalen oder Verhaltensweisen vorkommt. Objektiv würde hier bedeuten, dass der Bekannte diese Eigenschaften besitzt. Der Traum stellt einen Teilbereich der Beziehung des Träumenden zu dieser Person dar. Dabei geht es häufig um eine Korrektur der Einstellungen gegenüber dieser Person.

Derselbe Traum stellt aus der Sicht der *Subjektstufe* eigene seelische Anteile dar. Teile der eigenen Persönlichkeit sind auf eine im Traum (fremde) Person projiziert.

Damit sind Fragen und Probleme aufgeworfen, die noch heute wenig geklärt sind. Auf der Subjektstufe: Warum hat der Bekannte im Traum diese

Eigenschaften? Warum ist gerade er Sinnträger für ein Thema, das den Träumer angeht? Und auf der Objektstufe: Wenn es sich im Traum um eine Person handelt, die der Träumende (nicht) kennt, woher hat dann der Traum die Informationen über diesen Bekannten? Welches ist das Verhältnis von *Sinnträger* (Person) und *Sinninhalt* (Merkmale)?

Der *Sinnträger* ist gewiss nicht beliebig austauschbar, sonst wäre ja vielleicht irgendeine fremde Person im Traum. Damit liegt die Annahme nahe, dass eine bestimmte Person nur dann Träger eines bestimmten Sinns (Merkmal, Verhaltensweise) sein kann, wenn diese zumindest im Unbewussten (z.b. als Schatten) solche Merkmale hat.

Damit wird die Unterscheidung zwischen Objekt- und Subjektstufe fragwürdig. Denkbar wäre aber auch, dass der <vollständige Gegensatz> zwischen dem realen Bekannten und der Traumfigur auf eine besondere Einstellungsthematik des Träumers hinweisen will. Dies wäre eine spezielle Form der *Widerspiegelung*.

Oder es kann sich um einen Traum mit aussersinnlicher Wahrnehmung handeln: Herr G. träumt zum Beispiel, sein Kollege habe ein neues Auto gekauft. Er hat keinen Grund, dies zu erwarten, und am Nachmittag steht sein Kollege mit einem neuen Auto vor seinem Haus.

Hier kann man sich fragen, warum G. überhaupt träumt, dass sein Kollege ein Auto gekauft hat. Wenn es – wie in diesem Beispiel – real geschieht, dann dürfte der Traum doch wohl eine bestimmte Absicht (zum Beispiel einen Vergleich) mit der Information verbunden haben.

Eine weitere Variante bietet der folgende Traum: Herr W. träumt, sein alter Chef komme ihn besuchen. Doch real kommt er dann gar nicht. Eine assoziative Deutung ergibt hier vielleicht: Der Chef ist real oder verdeckt eine rigide, autoritäre Person. Und der Träumende muss rückblickend auf den vorausgegangenen Tag feststellen, dass die Verhaltenseigenschaften des Chefs als *eigener Schatten im Seelenhaus* (z.B. im Geschäft als Vorgesetzter) zu Besuch war.

Diese Hinweise verdeutlichen, dass die Objektstufendeutung immer auch einen subjektiven Bezug erfassen muss. Damit weisen die Begriffe <Objekt- und Subjektstufe> auf verschiedene Darstellungsweisen und Traumfunktionen hin. Weitere Traumbeispiele ermöglichen eine Klärung dieses Problems:

Beispiel (T 4): Eigener Traum: Ich will eine psychoanalytische Ausbildung beginnen. Trotz einer Reihe von sachlichen Bedenken bin ich fest entschlossen, und am Tage vor meiner Anmeldung träume ich:

< Ich komme mit meinen 12 Pferden zum Haus dieser Institution. Die Tore sind geschlossen. Ich werde hineingelassen. Hinter mir wird wieder geschlossen. Dann muss ich meine Pferde abgeben. Viele Studenten, die aussehen wie Kindergartenschüler, mähen Gras, das aber nicht für ihre Pferde bestimmt ist. Diese bekommen nur altes Heu und sind in dunkle Ställe eingeschlossen. Dann komme ich zur Anmeldung. Viele jungen- und mädchenhafte Gestalten wollen sich anmelden. Ich stehe in einer langen Reihe und warte. Im Haus sind keine Fenster. Aus allen Schulungsräumen tönt fürchterlich falsche Musik. Neben der Sekretärin liegt ein Riesenhaufen Makulatur. Jeder erhält davon, soviel er will. Ich sollte dafür sehr viel Geld abliefern und reklamiere. Die Sekretärin sagt, ich solle schweigen oder gehen. Plötzlich stehe ich wieder draussen. Es ist Nacht, ums Haus ist Urwald, Dickicht und Sumpf. Mit Müh und Not finde ich einen Weg zurück.>

Kommentar: Dieser Traum ist herausfordernd; handelt es sich doch um das sehr angesehene C.G.Jung Institut. Zudem war ich fest entschlossen, diese Ausbildung zu beginnen. Es stellen sich für die Traumdeutung einige Fragen. Sind die falsche Musik, die Ställe, das Heu, die grosse Menge Makulatur, das Dickicht und der Sumpf eine kritische Beurteilung dessen, was in diesem Institut wirklich geschieht? Also etwa: Die falsche Musik und die Makulatur entsprechen dem, was da an Lehre angeboten wird. Das Abgeschlossensein von der Welt zeigt die Entfremdung von Welt und Leben. Die Geschichte mit dem Heu und den Pferden ist ein Hinweis, wie mit den Kräften der Studenten umgegangen wird (auch in finanzieller Hinsicht). Die jungen- und mädchenhaften Gestalten machen deutlich, wer da studiert.
Bei einer Deutung auf der *Objektstufe* muss man diese Fragen mit Ja beantworten. Damit wäre der Traum auch eine *Warnung* und will mich von meinem Vorhaben deutlich abhalten. Es wird mir gezeigt, was mich dort erwartet. Das Problem der Objektstufe bedeutet:

Hat die *seelische Intelligenz* Zugang zu *Beurteilungsmöglichkeiten*, die nicht aus der bewussten Wahrnehmung stammen? Und wie ist es möglich, dass der Traum eine derart deutliche Beurteilung anbringen kann, wo doch das Wissen des Träumenden (ich) über diese Institution alles andere beinhaltet als die gegebene Darstellung?

Der traumschaffenden Intelligenz muss im Zusammenhang mit der Objektstufendeutung eine *aussersinnliche Wahrnehmungsfähigkeit* zugesprochen werden. Eine solche These wird gerne als unwahrscheinlich weggelegt. Man könnte ja auch sagen, ich habe eine halbbewusste Wahrnehmung im Sinne der

Traumkritik gehabt. In diesem Fall würde der Traum meine Bedenken aufzeigen. Doch der Traum enthält mehr. Meine Bedenken werden nicht etwa korrigiert, sondern wesentlich verstärkt. Der Traum bestätigt meine kritische Einstellung, ergänzt diese durch weitere Aspekte und zeigt, was ich zu tun habe. Ich gehe im Traum weg von dieser Institution. Dies steht krass im Gegensatz zu meinen beruflichen Plänen.

Im ersten Beispiel habe ich festgehalten, dass die Informationen in einem Traum immer richtig sind. Hier ist nun zu ergänzen, dass die Beurteilung über fremde Gegebenheiten ebenfalls immer richtig ist. Es besteht kein Grund, anzunehmen, dass der Traum andere Menschen und fremde Institutionen in einer Weise darstellt, wie sie gar nicht sein können. Der Traum kann gewiss eine eigene falsche Einstellung kritisch beleuchten. Doch in diesem Fall wäre beim hier vorgegebenen Beispiel zu erwarten, dass die Institution zumindest in einigen Aspekten positiv erscheinen würde.

Mit einem weiteren *Traumbeispiel (T 5)* möchte ich das Problem der *Objektstufendeutung* ausweiten: Frau D. hat einen sehr reichen Onkel, der in Kirchen-, Kultur- und Philosophiekreisen eine namhafte Persönlichkeit ist. Infolge mehrjährigen Auslandaufenthalts hat sie ihren Onkel lange nicht gesehen und freute sich an der freundschaftlichen Beziehung, die sich nach ihrer Rückkehr entwickelt hat. Sie führte sehr interessante Gespräche mit ihm, und der Aufenthalt in seiner aussergewöhnlichen grosszügigen Villa faszinierte sie. Nach einem Besuch träumte sie:

< Ich gehe zum Haus meines Onkels zu Besuch (wie gestern). Der Park ist eine grosse Steinwüste. Kein Gras, keine Bäume, nichts wächst da. Im Haus ist alles dunkel, düster und kalt. Viel Abfall und Schmutz liegen da herum. An Stelle der antiken Möbel stehen überall alte Ramschmöbel. Die Familienmitglieder tragen schmutzige und zerrissenen Kleider. Ich friere und denke, da muss ich weg.>

Kommentar: Der Gegensatz zur äusserlich erlebten Situation ist gross. Der Traum korrigiert die bewusste Wahrnehmung. Nach mehreren Meditationen über diesen Traum erfasste Frau D., dass der Traum zeigt, was hinter der Fassade ihres Onkels an seelischer Wirklichkeit vorhanden ist. Sie konnte diese aber nicht erkennen, nicht zuletzt weil das Ansehen und das Äussere eine stark faszinierende Kraft hatten. Der Traum informiert über die seelischen Verhältnisse, wie sie wirklich sind. Ich bezeichne diese Fähigkeit der seelischen Intelligenz als *Wahrnehmung der seelischen Sinnwirklichkeit in der Aussenwelt.*

In diesem Zusammenhang will ich noch auf die Fähigkeit der *Voraussage* durch den Traum eingehen. Dazu sei ein eigenes Beispiel vorgestellt *(T 6):* Ich suchte ein Haus zu mieten, wollte dieses in der Gemeinde Z und hatte eine genaue Vorstellung vom Mietzins. Es war Februar, da träumte ich:

<Ich stehe vor einem Haus in Z. Jemand sagt, ich könne es im Mai dann sehen und im Juni würde ich den Vertrag haben. Es koste x Franken und Ende Juni würde ich einziehen können.>

In der Folge kündigte ich die Wohnung und suchte bis im Mai vergeblich weiter. Da fand ich ein Inserat in der Zeitung, konnte das Haus in Z (!) anschauen, den Vertrag im Juni unterschreiben und Ende Juni einziehen. Die Miete kostete so viel, wie im Traum angekündigt.

Kommentar: Mit der Bemerkung <Zufall> könnte man diese Gegebenheit beiseite schieben. Doch dies ist unbefriedigend. Denn auch in der Literatur werden voraussagende Träume als reale Tatsache diskutiert. Vielmehr ist daraus zu folgern, dass die traumschaffende Intelligenz auch *zukünftige Ereignisse voraussehen* kann. Die Frage, ob es ein Schicksal gibt, hat damit eine reale Legitimation. Es ist naheliegend, die *andragogische Funktion* der Träume noch erweitert zu deuten: Träume sind gelegentlich auch schicksalsgestaltend.

Eine weitere seelische Wahrnehmungsfähigkeit zeigt der *telepathische Traum.* Dazu ein *Beispiel (T 7):* Die Bekannten von Herrn O. gehen für fünf Wochen auf eine Fernostreise. Am Montag reisen sie ab. Am Donnerstag der darauffolgenden Woche träumt O.:

<Ich grüsse meine Bekannten auf dem Flughafen. Sie sind zurückgekommen. Es ist Nacht im Traum, vielleicht etwa 23 Uhr.>

Am nächsten Tag erhält O. einen Anruf von seinem Bekannten. Sie seien wegen verschiedener Umstände zurückgekommen. Einige Tage darauf ergibt es sich wie zufällig, dass die beiden Herren zusammen ein dringendes, wichtiges Geschäft erledigen müssen.

Kommentar: Bei diesem Beispiel informiert der Traum über ein gegenwärtiges Ereignis, das der Träumende nicht wissen kann. Die seelische Intelligenz hat somit auch Zugangsmöglichkeiten zu gegenwärtigen Ereignissen, die nicht aus der Wahrnehmung des Träumenden stammen können.

Dieser Sachverhalt ist für die Deutung auf der Objektstufe wesentlich. Denn genauso wie der Traum innerseelische Gegebenheiten aufzeigt, die von der Person nicht wahrgenommen werden können, zeigt er reale Wirklichkeit, das ausserhalb der Wahrnehmungsreichweite liegt. Ich bezeichne dies mit

<*ausserseelische Erkenntnisfähigkeit*> der seelischen Intelligenz.

Schliesslich sei noch ein letzter Aspekt der Traumarbeit dargelegt. Gar oft erinnert man sich nur noch an *Traumfragmente*. Meist wird dann gesagt, dass man den Traum vergessen habe oder dass man Widerstände habe, sich mit Träumen auseinanderzusetzen. Doch man kann sich fragen, ob solche bruchstückhaften Träume auch einen bestimmten Sinn und eine nützliche Funktion haben.

Oft berichten Klienten etwa wie folgt *(T 8)*:

<Ich habe geträumt, aber ich weiss nichts mehr... nur noch ein bedrückendes Gefühl ... etwas hat mich ganz wirr gemacht.> - Oder: <Ich weiss nur noch vage ... etwas mit einer Wohnung ... viele Menschen ... auch das Geschäft war irgendwie ein Thema ... aber ich habe keine Ahnung mehr.>

Kommentar: Nur wenige *Ansatzpunkte* sind gegeben. Kann und soll man damit etwas anfangen? Was ist mit dem Geschäft und den vielen Menschen? Nur allzu leicht werden hier die Gedanken spekulativ. Doch einige Ansatzpunkte sind gegeben: Gefühle; Stichworte wie Menschen, Geschäft, Wohnung. Man kann hier ansetzen und darüber einige allgemeine Fragen stellen. Die Situation hat *auffordernden Charakter.*

Man muss suchen, fragen überlegen, nachdenken. Der *Sinn* muss *erarbeitet* werden. Ist vielleicht gerade dies die Absicht des Traumes? Handelt es sich hier gar nicht um ein Vergessen oder Verdrängen, sondern um eine gezielte Absicht der traumschaffenden Intelligenz? <Suche! Frage! Denke nach! Befasse Dich damit! Erst dann gebe ich dir klarere Informationen.> Eine solche Absicht würde der allgemeinen *andragogischen Funktion* des Traumes entsprechen.

3.1.2. Vom Inhalt des Traumgeschehens

In den verschiedenen Traumtheorien ist immer wieder die Rede von Traumarten und *Traumtypen*: Flugträume, Tierträume, Nacktheitsträume, Träume von Zahlen, Prüfungen, Tod, Zähnen und viele weitere mehr. Typen und Arten sind formale Begriffe der Klassifikation, die besagen, dass verschiedene Träume ein gemeinsames Element haben. Solchen ist gemeinsam z.B. das Fliegen, das Sterben, das Reisen, die Prüfung, Ereignisse mit Zähnen etc. Die konkrete Traumgeschichte ist jedoch bei jedem Traum meist unterschiedlich. Man kann hier im Allgemeinen also bloss von einem charakteristischen Traumereignis sprechen.

Schaut man in den diversen Traumlexika nach, so gewinnt man da und dort den Eindruck, als ob solchen Träumen immer die gleiche allgemeine Bedeutung zukommen würde. Oft aber könnte man vor den verschiedenen Traumsymbollexika resignieren, wenn man feststellen muss, dass etwa zu Thema <Fliegen> oder <Zähne> ganz unterschiedliche Bedeutungen angegeben werden. Gewiss liegt solchen Traumphänomenen eine *allgemeine Charakteristik (Thematik)* zugrunde, die überindividuell eine Bedeutung hat. Der Lebenszusammenhang ist jedoch bei jedem Menschen anders, so dass die Deutungsarbeit immer auch den Miteinbezug des persönlichen Kontextes erfordert. Dies zeigt, dass eine Traumdeutung auf rein lexikalischer Basis meist auf Irrwege führen muss.

Viele Träume mit bestimmten *Charakteristiken* lassen sich inhaltlich nicht klassifizieren. Es gibt wichtige und weniger wichtige Träume. Manche Träume sprechen kleine Alltagsereignisse an. Gegebenheiten, Einstellungen, Beurteilungen, Denken, Fühlen und Handeln vom Vortag widerspiegeln sich in solchen kleinen Alltagsträumen. Andere wiederum befassen sich mit bedeutenden Geschehnissen aus dem Alltag wie zum Beispiel beruflichen und privaten Entscheidungen mit längerfristigen Auswirkungen. Weiter gibt es Träume die warnende Bedeutung haben.

Ein *Beispiel* soll die praktische Bedeutung solcher Träume aufzeigen *(T 9):* Ein Geschäftsmann will mit einem Bekannten sein Geschäft auf partnerschaftlicher Teilhaberschaft weiterführen. Die Verträge sind bereits abgeschlossen, da träumt er: < Ich komme in mein Fabrikgebäude. Alles ist durcheinander und zertrümmert. Mein neuer Partner packt alle wertvollen Dinge in einen Camion. Er hat ein riesiges Untier bei sich. In Schweiss gebadet erwache ich. Ich bin voller Angst.>

Kommentar. Tags darauf hat der Geschäftsmann Erkundigungen über seinen Bekannten und Partner eingeholt und musste dabei feststellen, dass dieser enorm verschuldet und gar nicht in der Lage war, der finanziellen Beteiligung nachzukommen. Mit beachtlichem Geldverlust konnte der Herr den Vertrag auflösen. Dieser Traum ist ein eindeutiger *Warntraum.* Die bewusste Wahrnehmung wird korrigiert. Der Partner entpuppt sich als Dieb in der Nacht und als Zerstörer des Betriebes. Der Traum ist durch seinen Inhalt und durch das Erlebnis lebensführend, beratend und in diesem Sinne andragogisch. Vom Inhalt her lässt sich die Absicht des Traumes erfassen.

Weiter gibt es Träume, die auf seelisch-körperliche Störungen Bezug nehmen oder sonstwie auf allgemeine Lebensschwierigkeiten analysierend und

Lösungen aufzeigend eingehen. Hierzu gehört das Traumbeispiel T 1 über die vegetativen Störungen. Ich bezeichne solche Träume als *diagnostische Träume*. Besondere Bedeutung haben die sogenannten *Individuationsträume*. In solchen Träumen wird die Vergangenheit aufgearbeitet. Die Grundthemen des Lebens werden erhellt (z.B. Beruf, Heirat), und die Entwicklung der Zukunft wird aus der werdenden Individualität vorbereitet. In diesen Träumen geht es um die Entwicklung der Persönlichkeit, um die Selbsterkenntnis generell.

Ein *eigenes Beispiel (T 10):* soll dies konkretisieren: Ich fragte mich nach mehrjähriger psychoanalytischer Arbeit, wann ich endlich am Ziel meiner Bemühungen sei. Die seelischen Auseinandersetzungen schienen mir bald endlos zu sein. Da träumte ich:

<Ich bin auf einer langen Expedition. Wir sind eine Gruppe von 12 Leuten. Ich bin völlig erschöpft. Wir kommen zu einem Dorf und retablieren. Da steht eine Tafel: 12 km bis Rom. Wir dürfen nur noch mitnehmen, was wirklich nötig ist. Viele Dinge lasse ich zurück. Daneben ist ein Krankenhaus mit vielen kranken Menschen. Sie kommen zu mir, umarmen mich und ermutigen mich.>

12 Tage später träumte ich: <Ich kämpfe mich durch Dickicht auf einen Hügel. Da steht eine Kirche. In der Kirche wird ein Fest vorbereitet. Ein hoher kirchlicher Würdenträger bereitet Insignien vor: ein Kreuz, ein Zepter, eine Kugel. Ich weiss, dass ich dies alles erhalten werde.>

Kommentar: Nur auf einige Gegebenheiten will ich hinweisen. Die Expedition bezieht sich auf meine mehrjährigen Bemühungen, die innere Freiheit zu finden und meine Individualität zu erarbeiten. Dazu gehört offensichtlich auch, dass ich fast alles zurücklassen muss. Der erste Traum hat eine Fortsetzung, die mir auf den Tag genau angekündigt wird. Ich komme an mein Ziel und werde mit Insignien belohnt, die für mein Leben eine vielseitige Bedeutung haben werden. Die entwicklungsgestaltende Funktion der seelischen Intelligenz wird hier besonders deutlich. Auf weitere Einzelheiten will ich nicht eingehen. Es ist dem Leser überlassen, die tiefere symbolische Thematik zu erfassen.

Viele Menschen, die eine seelische Entwicklungsarbeit systematisch durchführen, erleben oft Träume, die sich auf diesen Prozess als Ganzes beziehen. Man geht im Traum auf eine Reise. Alle paar Monate ist man an einem Bahnhof. Man erlebt sich auf einem Schiff, das ein Meer überquert. Man nimmt Abschied von alten Bekannten. Viele erleben in Träumen die eigene Beerdigung. Der alte Mensch oder eine Schattenseite wird begraben.

Im realen Leben schleichen sich dann trotzdem oft alte Gewohnheiten wieder ein. Man sucht die alte Welt wieder auf, vermisst bestimmte Geselligkeiten oder sehnt sich ein altes Ereignis wieder herbei. Dann tauchen gelegentlich Träume auf, wo man im Schlamm steckt, auf Glatteis fährt oder sonstwie im Dunkeln nach Orientierung sucht. Solche Träume verdeutlichen, dass es den sogenannten *Individuationsprozess* gibt und dass dieser von der seelischen Intelligenz wachsam begleitet und gelenkt wird.

Aus dieser Übersicht der Traumwelt wird deutlich, dass den Träumen ein bestimmter Sinn zugrunde liegt, der in irgendeiner Weise Bezug auf den Träumer und sein Leben nimmt. Der *Sinn des Traumes* hat also seine Quelle, d.h. seinen Inhalt aus dem Leben der träumenden Person. Mit Traumquelle werden oft auch innere und äussere Sinnreize bezeichnet. Äussere Ereignisse während des Schlafs und körperliche Reize, wie etwa Frieren oder Druck auf den Beinen, werden zu Traumthemen umgewandelt. Man friert im Schlaf aus irgendeinem realen Grund, und im Traum ist man in Sibirien. Oder man wird von einer Last fast erdrückt, und beim Erwachen stellt man fest, dass die Katze auf der Decke liegt. Reizquellenmaterial der verschiedensten Art wird somit umgewandelt und als sinntragendes Element in einer Traumgeschichte verwendet.

Es wäre jedoch verfehlt, mit dieser Tatsache das Phänomen Traum auf reine Reiz-Reaktionstheorie ohne besonderen Sinn reduzieren zu wollen.

Was nun die eigentlichen Inhalte der Träume betrifft, gehen die Meinungen der analytischen Schulen wiederum stark auseinander. Eine knapp gehaltene Auflistung der verschiedenen Inhalte ergibt folgendes: verdrängte Wünsche, unentwickelte Gefühls- und Triebelemente, Kindheitserlebnisse, Schuldgefühle, Strafen, Inzestmotive, Sexuelles allgemein, Machtansprüche, Furcht vor Blossstellung, Selbstkritik, Phantasien aller Art, Infantiles etc. Über diese einzelnen Lebensthemen gibt es in der Psychologie und Tiefenpsychologie auch eine nicht mehr überschaubare Menge an *Theorien*.

Es gibt über 50 verschiedene Persönlichkeitstheorien. Zahlreiche Theorien über das Lernen, das Verhalten, die Motivation, die frühkindliche Entwicklung, die Erziehung in Familie und Schule bereichern in fast unerschöpflicher Weise die Möglichkeiten für Verständnis und Erklärung menschlichen Daseins und menschlicher Entwicklung. Je nach Standpunkt und Wissensvoraussetzungen des Therapeuten, Analytikers und Beraters werden die Träume entsprechend anders oder mit andern Akzenten gedeutet.

Die Traumdeutung hängt damit wesentlich auch von den Theorien über die Inhalte und Einstellungen zum Leben ab. Sie lässt sich nicht nur aus dem

Verständnis der *Traumfunktionen* und *Traumabsichten* bewerkstelligen. Jede psychoanalytische Schule hat ihr eigenes Verständnis (Vorstellungen und Theorien) über diese verschiedenen Inhalte, meist in gezielter und kritisch beurteilender Abgrenzung von den andern. In diesem Zusammenhang ergeben sich einige Fragen:

a) Zum *Trauminhalt*: Nach welchen Kriterien wählt die traumschaffende Intelligenz Lebensthemen aus? Welche Inhalte sind wie wichtig für die seelische Entwicklung? Was bezwecken diese Trauminhalte für das Leben? Lässt sich aus den Inhalten eine allgemeine Absicht der seelischen Intelligenz erkennen?

b) Zum *Wahrheitsgehalt*: Wie ist es möglich, dass die Informationen in einem Traum immer richtig sind? Nach welchen Werten orientiert sich die seelische Intelligenz bei der Gestaltung des Traumgeschehens?

c) Zur *Traumlehre*: Gibt es eine Möglichkeit, eine systematische Traumtheorie zu entwerfen, die sich einerseits an den Phänomenen des Traumes (d.h. am Erscheinungsbild) und anderseits an den Inhalten im eigentlichen Sinn orientiert?

d) Zur *Handhabung der Träume*: Welches sind die Wissensvoraussetzungen über Psychisches, um die Inhalte der Träume richtig zu erfassen? Mit welchen Methoden lassen sich diese Inhalte erkennen?

Die Besprechung der bisherigen Beispiele bietet die Grundlage für eine Klärung dieser Fragen. Ich werde im Kapitel 3.2 die Antworten systematisch skizzieren.

Ich möchte nun noch auf einen ganz speziellen *Traumtypus* hinweisen. Recht selten gibt es Träume mit sogenannten *Spukphänomenen* als Begleiterscheinung. So berichtete mir einmal ein Kursteilnehmer folgenden Traum *(T 11)*:

<Ich erwach im Traum und sehe, wie sich die Schlafzimmertüre ganz öffnet. Meine Mutter kommt herein und sagt: <Ich will Abschied nehmen von dir, ich muss jetzt gehen. Wir sehen uns dann später wieder.> Dann erwache ich und sehe immer noch meine Mutter dastehen. Ich rufe sie, Sie geht weg. Die Schlafzimmertüre ist ganz offen, obwohl ich sie am Abend wie immer geschlossen habe. Etwas später läutet das Telefon. Mein Bruder telefoniert mir und teilt mir mit, dass die Mutter diese Nacht gestorben ist.>

Kommentar: Der Traum informiert über ein Ereignis, das nicht voraussehbar war. Das sogenannte *Spukphänomen* (die Geistererscheinung) ist nicht mehr

Traumbild. Ist es eine Wahnvorstellung, eine Halluzination oder ein eigentliches grenzpsychologisches Phänomen? Was bedeutet die Aussage der Mutter <Wir werden uns später wiedersehen>? Ist dies ein ernstzunehmender Hinweis auf eine postmortale Realität?

Auch zu dieser Art Träume mit transzendentalem Charakter gibt es zahlreiche Fragen, die in der klassischen wissenschaftlichen Psychologie weitgehend unbearbeitet sind.

Schliesslich will ich noch ein besonderes Problem ansprechen. Soll ein *Berater* (Analytiker, Therapeut) seinen *Klienten* immer ihre *Träume deuten?* Auf das Thema Widerstand habe ich bereits hingewiesen. Es ist zwecklos, auf einen Traumsinn hinzuweisen, wenn der Klient diesen nicht aufnehmen will oder kann. Oft kommt es auch vor, dass Leute ihre Träume zur Aufrechterhaltung alter Einstellungen deuten. Auch hier gilt, dass erst der Widerstand und dann der Inhalt kommt.

Dazu ein kurzes Beispiel: Eine Frau, seit einem Jahr geschieden, träumt wiederholt von der Scheidung. Der Richter spricht im Traum die Scheidung nicht aus und schickt die Frau zum Exmann zurück. Soll man in einem solchen Fall darauf hinweisen, dass es wohl ein Gewinn sein könnte, sich noch einmal mit dem Mann und der Ehe auseinanderzusetzen? Vielleicht ist die Frau gefühlsmässig derart belastet, dass sie mit Verstärkung der Widerstände reagieren würde.

Ähnlich ist es bei folgender Situation. Viele Klienten haben zu Beginn der seelischen Entwicklungsarbeit Träume, die die ganze seelische Komplexität, die Widerstände, die Lösungsmuster und die Dauer der Arbeit aufzeigen. Solche Träume zu deuten würden den Klienten wohl meist überfordern. Sie sind jedoch für den Berater ein grosser Gewinn. Generell will ich damit sagen, dass die Traumdeutung für den Berater immer auch in den Zusammenhang mit den Widerständen gestellt werden muss.

Diese Probleme weisen auch auf einige Schwierigkeiten bei der *selbständigen Traumdeutung* hin. Denn im Allgemeinen besteht die Tendenz, die eigenen Träume im Interesse der Aufrechterhaltung vorhandener Einstellungen und Wahrnehmungen zu deuten. Damit bin ich beim Problem der Traumdeutung:

3.1.3. Möglichkeiten der Traumdeutung

Parallel zu den Traumfunktionen und Traumtypen haben verschiedene tiefenpsychologische Schulen auch ihre eigene Traumdeutung entwickelt. Die zentralen Begriffe sollen im Folgenden kurz ausgeführt und kritisch betrachtet werden.

Zuerst ist das *freie Assoziieren* zu erwähnen. Der Träumer soll zu seinem Traum alles sagen, was ihm dazu einfällt. Dabei wird davon ausgegangen, dass ihm nur solches Material einfallen soll, das zum Traum einen Bezug hat. Dies beinhaltet zwei Aspekte. Einerseits wird angenommen, dass das anfallende Assoziationsmaterial zum Traum einen Bezug hat, der das Verstehen des latenten Trauminhaltes ermöglicht.

Anderseits liegt hier eine implizite *Annahme* vor, die meint, dass eine *innerseelische Selektionierung* stattfindet. Nur solche Gedanken, Gefühle und Erinnerungen fallen der Person ein, die eben ein einem Bezug zum Traum stehen. Das damit zusätzlich gefundene Material ermöglicht, Verschiebungen und Verdichtungen zurechtzurücken, um den *latenten Traumgedanken* zu erkennen.

Dieser Vorgang der Assoziationsbildung im Einzelnen sieht beim Beispiel T 2 etwa so aus: 27.- kostet ein neuer Pass. Die Heirat hätte eine Änderung der Angaben im Pass zur Folge. Der Freund wohnt in Hausnummer 85. Die Fahrt zum Freund kostet etwas. Die zwei Stationen haben mit dem Weg zum Freund zu tun. Die Freundin ist geschieden und warnt dauernd vor den <bösen> Männern. Die Mutter klagt dauernd über ihre eigenen Eheprobleme. Ähnlich sind die Einstellungen der träumenden Person. Denn sie sagt darauf: <Ich mag gar nicht daran denken, was eine Ehe mir für Probleme bringen wird.>

Diese *Assoziationen* geben den einzelnen Traumelementen je einen bestimmten Sinn, wobei in diesem Fall alles Traummaterial aus dem persönlichen Lebensinventar stammt.

Der Informationsgehalt eines einzelnen Traumelementes ergibt sich aus der Bedeutung dieses Elementes beim konkreten Lebenskontext.

Manchmal löst ein Traumthema *komplexe Erinnerungen* aus. So gab zum Beispiel im Traum T 1 (über die vegetativen Störungen) das Verhalten der Bekannten im Traum Anlass zu Reflexionen über die vielen Erfahrungen, die der Geschäftsmann mit seinen Kollegen oft gemacht hat: <Immer habe ich allen geholfen, und wenn ich dann einmal Hilfe brauchte, war keiner da.>

Wie ein *roter Faden* knüpfte sich Erinnerung an Erinnerung bis zurück in die Schulzeit, wo er auch immer den schwachen Kameraden zur Seite stand. Ein ganzes Lebensthema (komplexe Sinneinheit) rollt sich damit wie von selbst auf.

Ein *Tagesrest* im Traum ist eine Variante des Bezugs zum *Lebenskontext*. Der Sinn des Traumelementes lässt sich aus einem konkreten Alltagsereignis erfassen.

Dazu ein kurzes Beispiel: Herr U. ruft seine Mutter an. Sie plaudert über allerlei Dinge. An diesem Ereignis ist nichts Besonderes. In der Nacht träumt er dann, dass er jemanden anrufe. Die Leitung ist dauernd gestört. Wer am andern Ende ist, weiss der Träumer nicht. Das einzige, was er dann an Assoziationen vorzubringen vermag, ist, dass er eben am Vortag mit der Mutter telefoniert hat. Damit sind zwei Möglichkeiten gegeben. Der Traum will zum gestrigen Telefongespräch mit der Mutter etwas sagen, oder er will generell anregen, das Thema der Mutterbeziehung kritisch zu beleuchten.

Der Lebenskontext eines Tagesrests gibt dem Traumelement in erster Linie das Sinnthema (hier: Mutterbeziehung) und kann zweitens auch noch zum bestimmten Ereignis (hier: das gestrige Telefongespräch mit der Mutter) eine Aussage machen: Die Verbindung mit der Mutter ist gestört.

Es gibt nun Träume und Traumelemente, die keinen solchen Lebensbezug herstellen lassen. Aus den aufgeführten Träumen gehört hierzu: die grossbusige Frau; das Quadrat mit den Säulen und weissen Kugeln; die Insignien Kugel, Zepter und Kreuz; die Expedition; die Kirche auf dem Hügel etc.

Die Methode der *Amplifikation* ermöglicht hier Sinnerhellung. Elemente aus der *Mythologie* (auch aus Märchen, Folklore und Alchemie) können den Trauminhalt erweitern und damit ein Verstehen ermöglichen. Diese Methode beinhaltet jedoch eine theoretische Annahme: Mythologie, Märchen, Alchemie und Folklore widerspiegeln seelische und *menschliche Grundthemen*, die in allgemeinen *Symbolen* und entsprechend bildhafter Ausgestaltung sich manifestieren. Weiter geht man hier von der These aus, dass dieses mythologische Material Traumbildcharakter hat und eben deshalb sich in Traumlücken einfügen lässt.

Dies ist nichts anderes als eine Theorie über die Seele und die *seelische Entwicklung*, eingepackt in mythologisches Gewand oder alchemistische Symbolik. Die *Amplifikation* als Methode der Traumdeutung unterscheidet sich letztlich nur durch den Umweg über das mythologische Material von andern Deutungsbezügen. Ich denke hier an die Individualpsychologie, die die Theorie der Minderwertigkeit und Machtkompensation zur Deutung beizieht. Ähnlich ist es bei der Schicksalsanalyse, wo die Ahnentheorie Sinnerhellung ermöglichen soll, oder bei der Freudschen Traumdeutung, wo Trieb- und Wunschtheorien als fundamentaler Sinnbezug gelten.

Weitere Träume, die weder zu vergangenen Tagesereignissen noch zu früheren Lebensgegebenheiten einen direkten Bezug herstellen lassen, sind Gleichnisse und Träume mit reiner Kontrastresonanz. Das Traumgeschehen als Ganzes stellt ein Sinnthema dar. Das Bildmaterial stammt aus dem allgemeinen Lebensinventar. Häufig werden in solchen Träumen *Lebensweisheiten* angesprochen. Manchmal widerspiegeln sie das geistige Niveau von eigenen Gedanken, Gefühlen und Verhaltensweisen. Gelegentlich zeigen die Träume, was geschieht, wenn man sich selbst vernachlässigt.

Die Traumdeutung geschieht dann ähnlich wie bei einem literarischen Werk, z.B. bei einem Gedicht oder bei dem Bildwerk eines Kunstmalers. Der spontanen Traumdeutung liegen hier *geisteswissenschaftliche Methoden* zur *Sinnerfassung* zugrunde. Dazu gehören unter anderem Intuition, Nacherleben, verstehendes Einfühlen, Ausdruckserfassung, phänomenologisches Erfassen etc. Diese Methoden stehen dem naturwissenschaftlichen, funktional-kausalen Verständnis diametral gegenüber. Beides hat jedoch an seinem Platz eine bedeutende Möglichkeit.

Denn Sinnerfassung des seelischen Daseins lässt sich nicht nur und oft gar nicht mit naturwissenschaftlicher Denkweise einfangen.

Die einzelnen Traumlehren orientieren sich an verschiedenen psychologischen Bezugssystemen. Triebe wie Macht, Sexualität oder Besitz seien die traumgestaltenden Kräfte. Doch es ist zu unterscheiden zwischen dem konkret vorhandenen Trauminhalt und der finalen Funktion der traumschaffenden Intelligenz.

Zum ersten gehören die Theorie über *menschliche Grundtriebe*, frühkindliche Entwicklung, unbewusste Komplexe, anthropologische Vorstellungen und vieles mehr. Alle psychischen Gegebenheiten des Daseins können sich in Träumen widerspiegeln. Diese Inhalte sind klar abzugrenzen von der Theorie über das Wesen und die *Funktion des Traumes*.

Zum zweiten lautet die eigentliche traumpsychologische Fragestellung: Was ist das für eine *Intelligenz*, die *die Träume schafft*? In diesem Zusammenhang ergeben sich einige weitere Fragen: Mit welcher Absicht gestaltet die seelische Intelligenz die Träume? Welches ist die *Struktur der Traumsprache*? Nach welchen *Bedingungen* wird das Traumgeschehen gestaltet?

Das Fehlen dieser Unterscheidung führt zu vielseitigen verwirrenden Traum-Deutungstheorien.

Bei den *Resonanzformen* habe ich dargelegt, dass diese vom Inhalt der Träume losgelöst werden müssen, um eine Traumlehre zu entwickeln. Anderseits ist das Verhältnis zwischen formalen *Traumcharakteristiken* und *tiefenpsychologischer Theorie* gewiss sehr bedeutsam. Denn die Kenntnis von Inzestmotiv und frühkindlicher Entwicklung zum Beispiel ist Voraussetzung für das Erfassen der Widerspiegelung im Traum.

Zudem werden verschiedene seelische Grundthemen in ganz bestimmten Formen und Beziehungen dargestellt: Eine rigide männliche Persönlichkeitsstruktur hat gewissermassen als Polarität immer auch ein schwaches Kind in der eigenen Seelenwelt; ein Demonstrant der Alternativszene im Traum bedeutet, dass gleichzeitig auch eine verurteilende Über-ICH-Instanz der bürgerlichen Welt in der eigenen Seele vorhanden ist: Überschwemmungen, Erdbeben, Kriege (?) und Verbrechen sind Traumszenen, die zum Ausdruck bringen, dass man durch Einstellungen und Lebensführung von sich selbst gefahrenvoll entfernt ist.

Mit der Entwicklung der *Traumpsychologie* zu Beginn dieses Jahrhunderts ist in der Psychoanalyse das Prinzip der Finalität ausgeschlossen worden. Im Interesse einer naturwissenschaftlichen Theoriebildung ist der eigentliche Kern des Traumwesens ignoriert worden. Dies bedeutet eine entscheidende Reduktion. Die darauf ausgerichtete Traumdeutung kann das Phänomen der seelischen Intelligenz, die andragogischen Funktionen und die Individuation als ein von innen gelenkter Entwicklungsprozess nicht erfassen.
Eine weitere *Technik der Traumdeutung* ist das sogenannte *Fragesystem*. Eine Reihe von Fragen werden herangeführt wie etwa: Wo? Wie? Was? Wozu? Warum? Vergleiche? Frühere Träume? Traumstruktur? Traumablauf? Erinnerungen? Ich bezeichne dieses Befragen eines Traumes als *hermeneutische Traumarbeit*. Die *freie Assoziation* entspricht dem Typus der offenen Fragestellung.

Zweifelsohne gibt es oft auch Träume, die weder für den Träumer noch für den deutenden Berater zu erhellen sind. Dies bedeutet natürlich nicht, dass solche Träume keinen Sinn beinhalten, sondern eben bloss, dass der Sinn verborgen bleibt. Es wäre hier auch verfehlt zu sagen, dass der Traum somit ohne Zweck sei.

Im Zusammenhang mit der energetischen Funktion habe ich dargelegt, dass der seelischen Intelligenz eine ordnende, anspannende oder lösende Funktion zukommt. Innerseelische Gegebenheiten (Seelenbilder um Unbewussten als energetische Sinneinheit) werden neu strukturiert. Diesem Aspekt ist bei der Traumdeutung Beachtung zu schenken.

Träume sind nicht nur und nicht immer da, um gedeutet zu werden. Sie sind auch eine eigenständige psychische Funktion mit dem Zweck ordnender, ausgleichender, lösender und anspannender Regulation der Gegebenheiten im Unbewussten.

Allerdings gibt es Techniken, die bei solchen Träumen oft einen verstehenden Zugang ermöglichen. Dazu gehören: Meditation, Rollenspiel und Malen. Diese Verfahren erweitern einen Traum. Sie geben neue Bilder und neue Sinneinheiten frei. Sie führen zu einer Traumfortsetzung, die den Traumsinn erhellen kann. Sie ermöglichen, das Traumgefühl nochmals wiederzuerleben und bewusst zu erfassen.

Bei einzelnen Traumbeispielen habe ich festgehalten, dass sich eine Art *Rückkoppelungssystem* entwickelt, wenn man die seelische Entwicklung an Traumbildern orientiert. Die *seelische Intelligenz* wird zu einer *kooperativen Instanz*, je mehr man das Gespräch mit dieser Intelligenz sucht. Bei der Traumdeutung ist dieser Sachverhalt zu berücksichtigen. Denn es entwickelt sich eine Art Wechselspiel zwischen Traumgeschehen und aktiver Traumdeutung.

Die Begriffe <*kreativ träumen*> und <*Trauminkubation*> (Anrufen eines bestimmten Traumthemas) beziehen sich auf diese besonderen Möglichkeiten der gezielten Arbeit mit Träumen.

3.2. Orientierungshilfen für den Umgang mit Träumen

Die kritische Auseinandersetzung mit den Traumfunktionen, den Traumtypen und den Techniken der Traumdeutung hat gezeigt, dass zahlreiche Probleme und Fragen ungeklärt sind. Es liegen wenig Bestrebungen vor, diesen scheinbar unvereinbaren Theorien eine gemeinsame Grundlage zu geben.

Das *Traumverständnis* der einzelnen Schulen ist unterschiedlich. Adler, Binswanger, Boss, Freud, Jung, Szondi und andere mehr haben je verschiedene Traumauffassungen vertreten. Die psychoanalytische Lehre vom Wesen und von der Funktion der Träume ist mehrheitlich *trieborientiert*. Dies beinhaltet einerseits, dass die Triebe als Schöpfer und Motoren der Träume gelten. Anderseits wird dabei angenommen, dass Träume das Ergebnis eines

Triebkonfliktes seien. Die folgenden Ausführungen bedeuten eine Erweiterung und Korrektur dieser psychoanalytischen Auffassung.

In den folgenden Abschnitten werden einige Perspektiven aus den bisher ausgeführten Überlegungen entwickelt. Diese können als eine neue *Grundstruktur* für die tiefenpsychologische Traumlehre gelten. Die verschiedenen Aspekte der Traumtheorien werden als ergänzende Teile gegenseitig integriert. Daraus ergibt sich ein neues Verständnis vom Wesen der Träume.

Das Hauptinteresse ist jedoch praktischer Art. Eine systematische Zusammenstellung der verschiedenen traumtheoretischen Elemente soll jedem einzelnen ermöglichen, seine Träume in Anlehnung an die umfassenden Übersichten gezielt zu bearbeiten.

Die einzelnen Aspekte sind nach folgenden Themen zusammengestellt:

3.2.1. Resonanzformen
3.2.2. Traumsprache
3.2.3. Trauminhalt
3.2.4. Energetisch-operative Kraft
3.2.5. Absolute seelische Intelligenz
3.2.6. Techniken der Traumdeutung

Diese Perspektiven haben sich aus der Bearbeitung der verschiedenen *Traumpsychologien* ergeben. Zweifelsohne ist es denkbar, dass das Wissensmaterial über Träume auch unter anderen Gesichtspunkten zusammengestellt werden könnte.

Die hier vorliegende *Strukturierung* ist deshalb in gewissem Sinne subjektiv und kann durchaus als vorläufig bezeichnet werden. Die Strukturierung hat sich nicht aus einer logischen Beweisführung ergeben. Sie ist das Ergebnis einer Interpretation der theoretischen Aspekte. Dabei sind die absolute seelische Intelligenz und die Resonanzformen Grundlagen für eine Beurteilung des Wesens vom Traum.

Der Umgang mit den eigenen Träumen ist ohne Beratung gelegentlich recht schwierig. *Theoretische Überlegungen* und konkrete Beispiele bieten zwar eine hilfreiche Grundlage. Dennoch dürfte es für viele Menschen nur beschränkt möglich sein, von Anfang an allein ihre Träume richtig zu deuten. Im Allgemeinen erweist es sich als vorteilhaft, wenn man die Träume aufschreibt; möglichst sogleich nach dem Erwachen. Je mehr man mit den eigenen Träumen arbeitet, um so deutlicher kann man die eigene *seelische Intelligenz* erfahren. Sie erweist sich als ein zuverlässiger Lebensberater und weiser Lebensführer.

Doch die Welt der Träume ist so vielseitig und umfassend wie die reale Welt. Diese kennenzulernen, erfordert viel Zeit und Geduld. Die folgenden Ausführungen zu den Perspektiven können nicht alles umfassen und erheben deshalb auch nicht den Anspruch, vollständig zu sein. Die stichwortartig zusammengefassten Übersichten sind Orientierungshilfen für die praktische Arbeit.

3.2.1. Resonanzformen: Widerspiegelung der Realität im Traum

Das Traumgeschehen widerspiegelt auf vielfältige Weise die Innen- und Aussenwelt des Träumers. Diese Arten der Widerspiegelung bezeichne ich mit dem Begriff <*Resonanzformen*>. Es sind dies vor allem folgende Resonanzformen:

- *Real direkt*: Der Traum zeigt, wie etwas sich real verhält: So ist es. Das bist du. So ist Herr oder Frau K. Diese Sache verhält sich derart. Dies ist die Lösung der Sache.
- *Gleichnishaft – vergleichend*: Der Traum stellt Verwandtschaftliches vor. Erweist auf Affinitäten hin. Gleichnisse (Allegorien, Metaphern etc.) bedeuten: Ähnlich wie bei X ist es bei dir.
- *Kausal – erklärend*: Ursachen und bedingende Zusammenhänge werden aufgezeigt. Das gleichzeitige Auftreten zweier Sachen bedeutet oft, dass das eine (meist als nicht dazugehörig erlebt) als Ursache für das andere gilt.
- *Reduktiv*: Der Traum korrigiert Überschätzungen. Unbeachtete menschliche Bedingtheiten und Schwächen werden aufgezeigt. Der Traum führt zu dem, was hinter der Fassade und Maske des Bewusstseins ist. Einstellungen werden entwertet, zersetzt und aufgelöst.
- *Kompensatorisch*: Der Traum wirkt ausgleichend im Sinne <wo zuviel, wird weniger>, <wo zuwenig, da wird mehr>. Unbeachtetes und Vernachlässigtes, Entwertetes und Blockiertes werden aufgezeigt.
- *Prospektiv – final*: Möglichkeiten der Entwicklung Lösungsvarianten und Zukunftsereignisse werden entworfen. Aber auch im negativen Sinne sagt der Traum: <Wenn du so weiterfährst, dann geschieht...> (P.S. Die Begriffe reduktiv, kompensatorisch und prospektiv – final werden hier enger gefasst als in der Jungschen Psychologie, wo sie gleichzeitig als Ausdruck für die Zweck-Funktion des Traumes gelten.)
- *Entstellt*: Verschiedene Merkmale werden zu einem verdichtet oder

verschoben. Aus Nebensächlichem soll das Bedeutsame erkannt werden. Die Umkehrung des Inhaltes in eine andere Form, die Verschiebung von psychischen Intensitäten und Werten sowie anderes mehr sind Varianten der Entstellung, die es zu entflechten gilt.

- *Voraussagend*: Der Traum berichtet über zukünftige Ereignisse, die auftreten werden, ohne dass der Träumer darüber etwas wissen könnte.
- *Kontradiktorisch*: Absurdes als Widerspruch, anachronistische Verbindungen und unmögliche Möglichkeiten verlangen nach Veränderungen und unmögliche Möglichkeiten verlangen nachVeränderung des Blickwinkels. Sie weisen oft auf eine Unvereinbarkeit zwischen der unbewussten Einstellung und der bewussten Lebensführung hin.
- *Polar-kontrastierend*: Der Traum bietet Kontraste und Gegensatzdarstellungen an. Er zeigt Komplementäres und Polares nach den Grundsätzen: Meidet man Licht, so ist man im Dunkeln; verwirft man das Gute, Wertvolle und Neue, so kommt das Schlechte, Minderwertige, Alte und Böse; ist man nicht selber Herr im eigenen Haus, so kommt ein fremder Herr.
- *Retrospektiv*: Vergangene Ereignisse werden durchgearbeitet und neu geordnet. Gegenwärtiges wird mit Vergangenem verbunden, weil ein innerer Zusammenhang besteht.
- *Amoralisch*: Ethisch-moralische Grenzenlosigkeit und Stumpfsinnigkeit (kein Mitleid, Verbrechen etc.) sowie die Aufhebung der moralischen Eigenmächtigkeit weisen häufig auf die seelische Qualität von unbewussten Einstellungen sowie von Gedanken und Verhaltensweisen hin.
- *Hellsehend und telepathisch*: Der Traum gibt Informationen, die der Träumende nicht kennen kann.
- *Ordnend und deutend*: Der Traum ordnet die realen Gegebenheiten aufgrund eines inneren Zusammenhanges neu.
- *Fragmentarisch*: Bruchstückhafte Erinnerungen und zurückbleibende Gefühle fordern nach vermehrter Ausrichtung auf ein bestimmtes Thema.

Die Resonanzformen sind sehr vielfältig. Die traumschaffende Intelligenz kann die Realität des Träumers so verschiedenartig darstellen, wie es z.B. in der Literatur, Malerei und Wissenschaft auch geschieht.

Als erstes sind die kausalen und finalen Betrachtungsformen hervorzuheben. *Ursachen* in Gegenwart und Vergangenheit, funktionelle *Zusammenhänge*, Auswirkungen und *Entwicklungsmöglichkeiten* aus dem Gegenwärtigen werden aufgezeigt.

Zweitens sind reduktive, komplementäre und polare Resonanzformen in gewissem Sinne *kontrastierende Darstellungsweisen.* Man muss nach dem Entsprechenden und nach dem Ergänzenden oder Gegenüberliegenden Ausschau halten und sich eben mit dem befassen.

Drittens erfordern *Entstellungen* sowie fragmentarische, kontradiktorische und *amoralische Darstellungen* besondere Aufmerksamkeit. Durch einfühlendes Betrachten sind die Elemente zu erkennen, zu entflechten, zu ergänzen, neu zu gewichten und richtigzustellen.

Viertens sind hellsehende, telepathische und voraussagende Träume ebenfalls besondere Arten des Blickwinkels. Es wird auf Dinge hingewiesen, die *ausserhalb der wahrnehmbaren Reichweite* liegen.

Schliesslich sind fünftens, die real-direkten und ordnend-deutenden Träume bezüglich der *Wahrnehmungsperspektive* die einfachste Art. Die Dinge sind so zu betrachten, wie sie gezeigt, geordnet und im Traum selber gedeutet werden.

Erst das Erkennen der Resonanzformen ermöglicht die Herstellung des Bezugs zur Realität. Dies ist Voraussetzung für die Deutung und Sinnerfassung eines Traumes. Die Resonanzformen fordern durch ihre Art nach Erweiterung, Veränderung und Korrektur des Blickwinkels. Man muss anders schauen, den Blickpunkt ändern, neue Betrachtungsweisen sich aneignen wollen. Diese Arbeit ist anstrengend und verlangt bewusstes Wollen und Bemühen. Damit geht die *Überwindung des Widerstandes* einher.

Wer das Leben nicht neu sehen und anders betrachten will, wer sich für Zusammenhänge und Ursachen nicht interessiert, wer aus Kontrasten sich nicht erkennen will, der kann den Sinn des Traumes nicht richtig erfahren. Das Erfassen der Resonanzformen ist somit die *Vorstufe der Traumdeutung.* Sie ist die Bedingung überhaupt, um dem Sinn näherzukommen zu können.

Damit haben die Resonanzformen immer auch eine andragogische Funktion. Nur die Erfüllung dieser Voraussetzung gibt Gewähr für richtiges Deuten. Mit andern Worten: Etwas neu betrachten, in anderem Lichte sehen, das Ergänzende suchen und das Entsprechende erkennen bedeutet immer Erweiterung und *Veränderung* der vorhandenen *Betrachtungsweisen* über die eigenen Lebensgegebenheiten. Und dies ist letztlich schlicht *tiefenpsychologische Erwachsenenbildung,* gelenkt durch die seelische Intelligenz.

Das Thema der Resonanzformen verweist auf ein weiteres wichtiges Problem bei der selbständigen Traumdeutung. Die seelische und die reale Welt werden meist in anderer Sicht gezeigt, als man sie bereits wahrnimmt. Dies verlangt ein hohes Ausmass an *Bereitschaft*, sich und sein *Leben neu betrachten* zu wollen. Wer diese Offenheit erlernen will, der entdeckt durch die Auseinandersetzung mit den Resonanzformen zunehmend die *andere Wirklichkeit des Lebens.* Dies erfordert gedankliche, interpretative und meditative Arbeit.

Man kann sich die Übersicht etwas erleichtern, indem man zum Traum die entsprechenden Notizen macht. Zur Herausarbeitung der Resonanzformen eines Traumes gehört auch die Erfassung des *Traumthemas*. Dieses zu erfühlen beansprucht ebenfalls einige Mühe. Man muss die *Traumsprache* erlernen wie eine *fremde Sprache*.

Die Inhalte des *Unbewussten* und ihre Funktionsweise sowie die *Symbolsprache der Seele* sind für die meisten Menschen etwas völlig Fremdes. Die anthropologische Bedeutung dieser geistigen Welt wird mehrheitlich missachtet. Doch das Unbewusste und die Träume sind wesenhafte Bestandteile des menschlichen Seins. Die Traumsprache und die Traumbotschaft gehören nicht nur in das Arbeitsgebiet der Psychotherapie und Psychoanalyse.

Ein jeder Mensch kann hier einen fundamentalen Teil seines Seins entdecken. Die seelische Entfaltung ohne Miteinbezug dieser Welt bedeutet einen enormen Verlust. Wer seine Selbstfindung auf die seelische Intelligenz ausrichten will, muss die Traumsprache erlernen. Die folgenden zwei Perspektiven bieten dazu einige Orientierungen.

3.2.2. Traumsprache: Seelenbilder und ihre Sinnquellen

Die Träume bestehen aus vielen verschiedenartigen Bildelementen, die von ganz unterschiedlicher Herkunft sein können. Eine grobe Zusammenstellung ergibt folgende Gruppierung:

- *Tagesreste*: Ereignisse und Auszüge von Geschehnissen jeder Art aus dem Vortag (oder aus mehreren vergangenen Tagen); dazu gehören Personen, Sachen, Elementen von Gegebenheiten, Fragen, Gedanken, Probleme, Verhaltensweisen, Phantasien, Gesehenes, Gehörtes und Gelesenes.
- *Persönliches Gedächtnisinventar*: alles Mögliche aus der eigenen Vergangenheit bis zurück in die frühkindliche Zeit; Wissen, Erfahrungen, Akkulturiertes, Menschen, Gegebenheiten etc.
- *Körperlich-seelischer Zustand*: Krankheiten, psychische Störungen, aktuelle innerseelische Entwicklungsthemen, innere Triebregungen und aktuelle Lebensgefühle sind hier zu nennen.

- *Allgemeines Lebens- und Weltinventar:* alles, was es auf der Welt gibt: Menschenarten, Völker und Länder, Tiere, Früchte, Pflanzen, Gebrauchsgegenstände und Kulturgüter, Verhaltensweisen und Gewohnheiten gehören hierzu. Auch Zahlen, Sprache, Worte, Buchstaben, Spruchweisheiten und Redensarten, soweit sie aus dem konkreten Leben stammen, sind hier zuzuordnen.
- *Urbilder und archetypische Symbole:* Menschliche Hauptthemen, Grundmotive, mythologische Motive, aber auch Zahlen, abstrakte Figuren, religiöse Symbole, Mandalas und ähnliches mehr. Sie alle erhalten als Urbilder einen besonderen Sinn.
- *Traumgefühle:* Stimmungen der Freude, Trauer, Unruhe, Wärme, Kälte, Angst, Beklemmung, Peinlichkeit, Lähmungsgefühle, Aggressivität, Humorvolles. Bedrohendes; sie alle sind als erlebende Traumgefühle auch Information.
- *Ablaufstruktur und Traumserie:* Ein- oder mehrteiliger Aufbau (Ausgangslage, Entwicklung, Höhepunkt, Lösung) und die Traumserie einer Nacht oder mehrerer aufeinanderfolgender Nächte widerspiegeln oft eine innere Struktur, die eine *Sinnganzheit* darstellen.

Das *Material* in Träumen ist ganz verschiedenartigen Ursprungs. Entsprechend kann der Sinn der einzelnen Elemente sehr unterschiedlich sein und ist bei den entsprechenden Herkunftsquellen zu suchen: im Persönlichen (Tagesreste, Gedächtnisinventar, körperlich-seelischer Zustand), im allgemeinen Lebens- und Weltinventar, in den Urbildern und Ursymbolen, im Erlebnis und in der Ablaufstruktur.

Es wird damit auch deutlich, dass ein Symbollexikon nur für denjenigen ein Gewinn ist, der es gar nicht braucht. Es gibt Anregungen und neue Ideen, es kann das Traumerlebnis erweitern und in einen grösseren Zusammenhang stellen. Wer wenig Erfahrung hat in der Traumdeutung, der wird immer Gefahr laufen, durch lexikalisches Dechiffrieren das Erlebnis vom *Lebensbezug* zu entfremden; es sei denn, er beachte die verschiedenartigen Quellen und den Traum als ganzheitliches persönliches Erlebnis.

Traumelemente mit aktuellem Lebensbezug stellen meist eine Brücke zum *Aussagebereich* dar. Oft will der Traum zum Thema als Ganzes, aus dem ein Traumelement stammt, etwas mitteilen. Oft aber ergibt die Herstellung des Bezugs einen Sinn, der sich auf etwas Allgemeines beziehen soll. Auffallend ist hier auch die *Gedächtnisleistung.* Bereits im zweiten Kapitel habe ich darauf hingewiesen und anhand von Rückführungsbeispielen aufgezeigt, dass alle Ereignisse im Leben eines Menschen gespeichert werden und abrufbar sind.

Material im Traum, das sich auf Vergangenes bezieht, kann einerseits die

Bearbeitung eines vergangenen Ereignisses eröffnen. Anderseits kann ein solches Element durch seinen Sinnbezug auch dazu dienen, etwas Gegenwärtiges erhellen zu wollen.

Traumelemente aus dem allgemeinen Lebens- und Weltbezug sind in den meisten Träumen vorhanden. Sie stehen nebst Tagesresten und persönlichem Inventar. Sie repräsentieren die ganze Reichhaltigkeit des Lebens und der Welt. Ein Traum steht wie ein reales Ereignis da. Er ist Erlebnis und Information. Doch der Traum handelt von seelischen Gegebenheiten, von Werten und Qualitäten des Menschen und seines Lebens. Dazu gehören auch Gedanken, Phantasien und Gefühle.

Dies bedeutet, dass Elemente aus dem Leben und der Welt als Ausdruck für seelisch-sinnhafte Sachverhalte stehen. Oder anders gesagt: Die *Seelenwelt ist so reichhaltig wie die reale Welt; wie aussen, so auch innen* möglich (in Kapitel 6 wird es heissen: wie innen, so auch aussen gegeben.)

Besondere Beachtung ist den *Urbildern* und *archetypischen Symbolen* zu widmen. Sie stammen nicht aus dem persönlichen und allgemeinen Lebensinventar und haben doch einen eindeutigen Inhalt. Der Sinn lässt sich nicht durch naturwissenschaftlich-psychologische Theorien erhellen. Es ist dies die *Sprache der seelischen Intelligenz* und der *geistigen Welt im Menschen*.

Ohne Kenntnis der *Mythologie*, der *Märchen* sowie der *christlichen* und *esoterischen Symbolik* können Ursymbole nur sehr schwer gedeutet werden. Zudem kann nur die Erfahrung den Zugang zu den Sinninhalten ganzheitlich eröffnen.

Archetypische Symbole sind primär *Gefühlserlebnisse*; sie sind weder Dogma noch chiffrierte Information. Symbole sind ein unmittelbarer Ausdruck der seelischen Innenwelt und der *Urgeheimnisse des Lebens*. Sie vermitteln Grundwahrheiten durch innere Erfahrung.

Symbole erweitern die Seelenbilder und wirken auf das Bewusstsein. Sie beinhalten eine *geistige Energie*, die gestaltet, verändert und verbindet, ähnlich wie die Komplexe.

Die *Magie* z.B., ist ein symbolisches Handlungsfeld: Gewichtige (numinose) Worte und Rituale haben durch ihren Symbolgehalt eine magische (energetische) Wirkung. Dies bedeutet, dass allgemeine Symbole und Urbilder *Werkzeuge zur seelischen Arbeit* darstellen. Sie geben Impulse und Anreize. Sie wirken auf die seelischen Verhältnisse und *erweitern* die *Lebenswahrnehmung*.

Dieses *Symbolverständnis* ermöglicht bei der praktischen meditativen Arbeit eine kommunikative Auseinandersetzung. So kann man ein bestimmtes Symbol oder Ursymbol sich innerlich (imaginär) vergegenwärtigen und nach der Bedeutung fragen. Dies führt meist zu einer Erweiterung des Bildergeschehens und erklärt dadurch den Sinnzusammenhang.

3.2.3. Traumthemen: Beschreibende und wertende Information

In Kapitel 3.1 habe ich festgehalten, dass gemäss allen tiefenpsychologischen Schulen der Traum einen Sinn hat und dass dieser Sinn in einem Bezug zum Leben des Träumers steht.

Mit anderen Worten: Der Traum informiert über *äussere Lebensumstände* und *innerseelische Gegebenheiten*. Er informiert über Denken, Fühlen und Handeln, über unbewältigte Konflikte, über Ursachen und Lösungswege bei Problemen und körperlich-seelische Störungen, über Unentwickeltes und Verdrängtes, über Konstellationen der frühkindlichen Entwicklung, über Wiedergutmachungsansprüche, über Hass- und Rachegefühle, über Einstellungen und Wahrnehmungen, über Motive, über Triebe und Affekte, über Personen und Institutionen sowie über die verschiedensten Gegebenheiten der Lebensumgebung.

Die Trauminformationen über all diese Lebensaspekte sind jedoch nicht einfach eine bildhafte Darstellung von Gegebenheiten, sondern sie beziehen sich wesentlich auf den inneren Sinn, auf innere Zusammenhänge, auf Werte und Qualitäten. Diese beschreibenden Informationen sind immer richtig und wahr.

Ein Traum kann sich auf Vergangenes, Gegenwärtiges und Zukünftiges beziehen. Er kann über Gegebenheiten informieren, die der träumenden Person unzugänglich sind, oder über solche, die durch Verdrängung aus dem Bewusstsein ausgeschlossen wurden.

Es ist somit eine innerseelische Wahrnehmungsfunktion anzunehmen, die:

- alles, was die Person bewusst wahrnimmt, auch sieht;
- alles Verdrängte (dem Bewusstsein Ausgesonderte) sehen kann;
- alles ausserhalb der Gegenwartsreichweite erkennen kann;
- auch Zukünftiges weiss;
- das im Leben an Entwicklung und Gestaltung Mögliche kennt.

Die *Sinninformationen* haben aus sich selber auch einen normativen Aspekt. Sie sind wertend und beurteilend, indem sie z.B.:

- vor Gefahren (Ereignissen, Krankheiten) warnen,
- Unentwickeltes, Verdrängtes und Blockiertes aufzeigen,
- Einseitigkeiten korrigieren,
- gute und böse Gestalten verwenden,
- destruktive, angstmachende Kräfte wirken lassen,
- Entwicklungsträchtiges vorbereiten,
- seelische Entwicklung gestalten,
- Heilung, Gesundung und Ausgleich anstreben,
- falsches Denken richtigstellen,
- Bestrebungen und Wünsche kritisch beleuchten,
- bewusste Wahrnehmungen korrigieren, ergänzen, richtigstellen,
- Affektausbrüche kommentieren.

Diese *Beurteilungsarten* und *Wertcharakteristiken* sind ebenso wie die Informationen immer richtig und förderlich für das Leben. Es ist deshalb anzunehmen, dass die traumschaffende Intelligenz ein eigenes Wertsystem hat und das ganze Leben des Menschen daran messend widerspiegelt.

Schliesslich hat die einfache Frage nach dem <Wozu?> auch eine ebenso klare Antwort. Dem Traum liegt eine Kraft zugrunde, die nach seelischer Entwicklung, nach Individualität und entsprechender Lebensgestaltung verlangt. Ich beziehe diese – wie bereits erwähnt – mit dem Begriff <absolute seelische Intelligenz>. Aus dem Inhalt bzw. den beschreibenden und bewertenden Informationen zeigt sich, dass die *Hauptfunktion der Träume* generell *andragogisch* sind.

Inwieweit diese seelische Intelligenz schicksalsbestimmend ist, indem sie zukünftige Ereignisse ankündigt, sei hier dahingestellt. Auch die Frage bleibt offen, ob dem Menschen ein *unabwendbares Schicksal vorbestimmt* ist, das er aus dem Träumen erfahren kann. Die alten Weisen der früheren Jahrtausende haben dies angenommen.

Nur am Rande will ich noch Träume mit besonderen Begleiterscheinungen und von speziellem Inhalt erwähnen. *Spukphänomene* und *Geistererscheinungen* sind Teil eines Traumes oder daraus hervorgehende Realitäten. Diese Phänomene übersteigen die physische Welt und die Bilderwelt der Träume. Sie eröffnen den *Zugang* zu einer *transzendentalen Welt*. Sie stellen die nächtliche Verbindung zu Toten und zum Jenseits her.

Hierher gehört auch das Traumverständnis vieler alter weisen Lehrer, die behauptet haben, dass Träume Mitteilungen aus der geistigen Welt seien, sowie jener, die annehmen, dass die *Traumwelt identisch* ist *mit* der *transzendentalen Welt* (Jenseits).

3.2.4. Wirkungen der Träume auf Körper und Lebensgefühl

Die Träume beinhalten eine *energetisch-operative Kraft*, die in verschiedener Weise auf Psyche und Körper wirksam ist:

- *Körperfunktionen und Zustände* aller Art: Verspannungen, Klumpen im Bauch, Stechen im Herzen etc., werden ausgelöst, verstärkt oder weggenommen. Träume wirken gelegentlich auf das psycho-
- vegetative System.
- Träume können Unruhe schaffen und den Schlaf stören. Ein *Alptraum* kann einen Menschen noch über Monate bedrängen.
- Das allgemeine *Lebensgefühl* und *Wohlbefinden* wird durch das Traumerlebnis beeinflusst. Man erwacht missgestimmt oder frohgelaunt und voll Lebensmut aus einem Traum.
- *Gefühle* der *Angst*, der Schuld, der Beklemmung und der Peinlichkeit kommen auf.
- Träume wirken hemmend oder anspornend auf die Antriebe des Verhaltens.
- Der Traum weckt *Interessen*, indem er mit einem besonders intensiven Erlebnis Wahrnehmung und Aufmerksamkeit steuert.
- *Gefühlsmässig intensive Träume* (Angst- und Gefahrenträume) können auch direkt auf Gedanken, Wünsche und Absichten wirken.

Einzelne Traumteile oder der *Traum* als Ganzes *setzen Energien frei*, die je nach dem Sinn des Inhaltes unterschiedlich wirken. Ein innerseelisch erfahrbares Bild setzt Energien frei, die dem Sinn des Bildes entsprechen; die Energien wirken nach einem Sinn. Damit ist der Zusammenhang zwischen Bild und Energie dargelegt.

Die *Wirkungsmöglichkeiten* dieser energetisch-operativen Kräfte lassen auf verschiedene *Eigenschaften* dieser psychischen Energie schliessen. Sie ist in lebende Organismen integrierbar und insofern der Physis verwandt. Sie kann durch Bilderlebnisse auf Körperfunktionen wirken. *Lebensgefühle* jeder Art haben eine energetische Komponente, die durch Seelenbilder verändert und umgestaltet werden kann. Verhalten und psychische Funktionen aller Art werden von diesen Energien beeinflusst.

Diese *energetisch-operative Kraft* hat durch ihre Wirkung auch eine *andragogische*

Funktion. Sie bestimmt, fördert, gleicht aus, macht gesund oder krank und lenkt dadurch auch die Grenzen der Lebensgestaltung.

3.2.5. Die absolute seelische Intelligenz als geistige Orientierung

Die Bezeichnung <absolute seelische Intelligenz> oder kurz <(absolute) Intelligenz> habe ich als eine neue Begriffbestimmung eingeführt. Anlass dazu sind die folgenden Gegebenheiten:

Der Traum ist immer sinnvoll. Er vermittelt wahre Information und orientiert sich an einem inneren normativen System. Der Traum hat eine eigene Logik, zeigt sinnvolle Strukturen und dient verschiedenen Zwecken. Es ist deshalb naheliegend, eine Kraft anzunehmen, die dies alles schafft und lenkt. Diese Kraft ist zugleich eine Intelligenz, die gewissermassen fehlerfrei und weise arbeitet sowie sich durch nichts bilden und verbilden lässt. Dies letzte steht im Gegensatz zum Begriff <Intelligenz> der Psychologie.

Die psychische Intelligenz (IQ) lässt sich formen, entwickeln und mit kulturförderlichem und auch problematischem Gehalt ausgestalten. Zwecks Abgrenzung von diesem Begriff habe ich die Attribute <absolut und seelisch> gewählt, als Hinweis auf die Charakteristiken dieser *traumschaffenden Intelligenz und Kraft.* Die seelische Intelligenz ist insofern absolut, als sie die Quelle allen Seins darstellt. Sie ist *unabhängig* und *losgelöst* von allem *Weltlichen.*

Diese Intelligenz ist durch nichts verursacht oder bedingt. Insofern ist sie auch nicht psychologisch im wissenschaftlichen Sinn oder hirnphysiologisch. Man kann auch sagen: Sie ist das <Absolute> oder der eigene Gott im Inneren; sie ist der höchste göttliche Geist im Menschen. Diese absolute seelische Intelligenz hat verschiedene Komponenten, die für das Wesen des Traumes (und für die Seele schlechthin) grundlegend sind:

a) Die seelische Intelligenz hat eigene, innerseelische Funktionen und ist deren operatives *Steuerzentrum;* es sind dies:

-   eine *innerseelische Wahrnehmungsfunktion,* die alles aus dem Bewusstsein und dem bewussten Leben erfasst; die eine Reichweite hat, die den Gegenwartsbereich und den Inhalt der bewussten Wahrnehmung übersteigt; die in die Zukunft schauen kann; die Zugang zum innerseelischen Gedächtnis hat und längst Vergangenes auch aus frühester Lebenszeit (bis vorgeburtlich) sehen kann.
-   *Betrachtungsweisen* (die Charakteristik der Resonanzformen), die ebenso *vielseitig* sind wie diejenigen der bewussten menschlichen Fähigkeiten im

Alltag, in Kunst und Wissenschaft: analytisch, kausal, final, technologisch, vergleichend, beschreibend, polar, komplementär etc.

- ein *seelisches Gedächtnis*, das alle Gegebenheiten aus dem Leben eines Menschen speichert, unabhängig davon, wie bewusst diese erlebt werden. Das Material wird zeitlich linear und inhaltlich sinnhomogen gelagert.
- eine *ordnende Funktion*, die gespeicherte und wahrgenommene Inhalte im seelischen Gedächtnis strukturiert und zur Wiederverwendung in Träumen und Meditationen selektioniert.
- eine *informierende Funktion*, die Sinn, Wert und Qualität von gespeicherten Inhalten und den aktuellen Gegebenheiten aus dem Leben festhält, misst, kritisiert und gegebenenfalls als veränderungsbedürftig darstellt.
- eine *energetische Funktion*, die Energieverhältnisse schafft oder umgestaltet.
- die Fähigkeit, einen *transzendentalen Bezug* herzustellen.

b) Die seelische Intelligenz hat ein eigenes *Sprachsystem*, wobei es in erster Linie um Sinnvermittlung und Sinnerfahrung geht (Sinnwelt), in zweiter Linie um Sachinformationen (Realwelt):

- Der Traum als Ganzes ist ein Erlebnis und damit *Sinnerfahrung*.
- Einzelne Elemente haben einen persönlichen Lebensbezug und dadurch einen bestimmten *individuellen Sinn* oder Sinnzusammenhang.
- Viel Material repräsentiert die ganze *Reichhaltigkeit der Welt und des Lebens*. Die Verhältnisse und das Geschehen in der Seelenwelt sind so reichhaltig wie die reale Welt: wie aussen, so auch innen möglich. Aussenmaterial wird deshalb zum Sinnträger der Geschehnisse in der Innenwelt.
- Bestimmte seelische Prozesse und Situationen können nicht mehr durch Material aus dem Leben mitgeteilt und erfahren werden. *Urbilder* und *Ursymbole (archetypische Symbole)* lassen das Besondere erfahren und vermitteln.
- Zu den *Sprachelementen* gehören auch *Ablaufstrukturen* und *Meditationsformen*.
- Dieselben *Sprachelemente*, die Sinn vermitteln, informieren gelegentlich auch über ganz reale Sachverhältnisse, denen aber doch meist Sinnvermittlung und Sinnerfahrung zugrunde liegen.

c) Die seelische Intelligenz arbeitet mit andragogischen Massnahmen:

- durch *Resonanzformen*, die es zu erkennen gilt;
- durch die *Elemente der Traumsprache*, deren Sinn es zu suchen gilt;
- durch den *Sinn- und Wertcharakter* der Trauminformationen;
- durch Steuerung der *energetischen Verhältnisse*;
- durch *Kooperation* je nach Inkubation und Traumbearbeitung.

d) Die seelische Intelligenz arbeitet mit der Absicht der optimalen Gestaltung des Lebens und der seelischen Entwicklung bzw. der Individuation:

- Die *Inhalte* aus dem *seelischen Gedächtnis* werden durch Träume bewusst und können verarbeitet werden.
- Denken, Fühlen, Handeln sowie alles, was die *Lebensgestaltung* umfasst, wird in Träumen nach Sinn und Wert erfasst.
- Wahrnehmungen, Einstellungen und Einseitigkeiten aller Art werden in Träumen *kritisch widerspiegelt* und mit Ergänzungen und Alternativen konfrontiert.
- Körperliche Krankheiten und psychische *Störungen* werden im funktionalen und kausalen Bezug *erhellt* oder *angekündigt*.
- Sachprobleme und neue *Lebensmöglichkeiten* werden in Träumen dargelegt, gelöst und *entwickelt*.
- Die seelische Entwicklung bzw. der sogenannte *Individuationsprozess* zeigt sich im *Traumgeschehen* als eigenständiger und klar *strukturierter Verlauf*.
- *Energetische Verhältnisse* wirken in der Tendenz langfristig ausgleichend und kurzfristig hemmend oder fördernd je nach Lebensführung.
- Das Mögliche und Notwendige in der *Zukunft* wird angekündigt und ist in diesem Sinne von *schicksalsgestaltender Bedeutung*.
- *Religiöse Themen* kommentieren kirchliche Praxis und bieten echte religiöse Erfahrung anstelle von Dogmen an.

e) Die seelische Intelligenz hat ein *eigenes Normensystem* für die Sinnqualität, für die Lebensführung und für die seelische Entwicklung; dies zeigt sich:

- Aus den *Resonanzformen*, die mit den verschiedensten Betrachtungsweisen zu <anders sehen> und <neu betrachten> herausfordern zwecks Überwindung des Widerstandes sowie zwecks Erhellung des Unbewussten;
- Durch den *Sinn- und Wertcharakter* der Trauminformationen und aus den oben zusammengefassten Traumabsichten;
- Durch die dargelegten *andragogischen Massnahmen*, die in Anlehnung an die individuellen Voraussetzungen sowie in Ausrichtung auf die Ziele der Entwicklung gestaltet sind;
- Durch ein eigenes *Konzept der seelischen Entwicklung* und Individuation.

Diese Konzeption der seelischen Intelligenz hat gewiss interpretativen Charakter. Das Modell ist hypothetisch und könnte auch nach andern Gesichtspunkten skizziert werden. Die vielseitigen Aspekte der Traumphänomene begründen und legitimieren den *Kern des Traumwesens*: die *geistige Intelligenz*, die den Traum schafft.

Diese absolute seelische Intelligenz hat aber nicht nur eine Bedeutung im

Zusammenhang mit Seelenbildern. Sie ist der *Kern des menschlichen Seins* überhaupt. Sie stellt eine dauernde Herausforderung dar. Diese anzunehmen ist schwierig. Denn dieses Absolute im Menschen drängt nach *Klärung des Unbewussten* sowie nach *Erneuerung* und *Erweiterung* des *Bewusstseins*. Die entsprechende Umsetzung ins praktische Leben ist mühsam und anstrengend. Sie geschieht nie von selbst.

3.2.6. Vielfalt der Traumdeutung und das innere Sein

Im vorangegangenen Abschnitt über die absolute seelische Intelligenz habe ich den Kern des Traumwesens dargelegt. Eine *Traumdeutung* ist in diesem Zusammenhang gesehen nicht nur Technik, sondern ebenso ein verstehendes Ausgerichtetsein auf:

- Die seelischen Funktionen und das operative Steuerzentrum,
- die Sprachelemente der Sinn- und Realwelt,
- die andragogischen Massnahmen der einzelnen Perspektiven,
- die Absicht der optimalen Lebensgestaltung und seelischen Entwicklung (Individuation),
- das Sinn- und Normensystem.

Diese Komponenten sind Begründungs- und Legitimationszusammenhang für die einzelnen *Techniken der Traumdeutung*. Ohne Berücksichtigung dieser Aspekte würde die Traumdeutung auf das Niveau der Dechiffrierung sinken oder der Willkür irgendeiner psychoanalytischen Triebtheorie anheimfallen.

Die Techniken sind vielfältig und beziehen sich auf Sinnerfassung, auf den konkreten Lebensbezug und auf Gegebenheiten des Innerseelischen. Im Wesentlichen können folgende Verfahren aufgeführt werden, die einander ergänzen, in wechselwirkendem Bezug stehen und sich nie gegenseitig ausschliessen:

- *assoziatives Verfahren:* alles spontan einfallende Material wie Gedanken, Gefühle, Erinnerungen, persönliche Bedeutungen, Tagesreste etc.
- *allgemeine Sinnerhellung:* Bedeutung der einzelnen Figuren, Sachen, Umstände und Handlungen aus dem persönlichen und allgemeinen Lebensinventar. Dazu gehört auch die Sinnerfassung der Elemente aus dem aktuellen Tagesgeschehen etc.
- *Resonanzanalyse:* Erfassen der Betrachtungsweisen (polar, kausal, final, vergleichend, kontrastierend, beschreibend etc.) sowie damit verbunden eine allgemeine Frageliste zum Inhalt des Traumes.

- *tiefenpsychologischer Theoriebezug*: Erkennen der angesprochenen unbewussten Themen und der Zusammenhänge zum gegenwärtigen Leben.
- *Amplifikation*: Ergänzung und Vergleiche mit Material aus Mythologie, Märchen, Alchimie, Folklore, Mystik, Esoterik, Theosophie und Religion zwecks erweiterten Erfassens der seelischen Grundthemen.
- *Urbilder- und Symbolanalyse*: Sinnerfassung aus dem Traumerlebnis und aus der Kenntnis über die Bedeutung der entsprechenden Symbollehren.
- *Analyse der energetisch-operativen Kräfte*: Wirkung und Erlebnis als Ganzes im andragogischen Kontext; im Allgemeinen ist die Intensität des Erlebnisses ein Ausdruck für die Bedeutung des Trauminhaltes.
- *Imaginative Meditation*: mittels Imagination einen Traum nochmals durcherleben und gegebenenfalls fortsetzen zwecks vertiefter Erfahrung des Traumgeschehens sowie der Erweiterung des Traumsinns.
- *Rollenspiel*: Ein Traum wird allein oder mit andern durchgespielt und auf diese Weise verstehend wiedererlebt.

Diese hier vorgegebene Liste der verschiedenen *Verfahren der Traumdeutung* bietet eine allgemeine Orientierung. Die Hinweise dienen als Anregung zum selbständigen Umgang mit den Träumen. Für manche Menschen ist es gewiss von Vorteil, den Umgang mit den eigenen Träumen zusammen mit einem Berater zu erlernen. Doch die Träume sind nicht nur ein Arbeitsgebiet der Psychotherapie und Psychoanalyse. Ein jeder kann hier einen fundamentalen Teil seiner seelischen Innenwelt erfahren.

Durch die *Träume* kann die *Individualität entfaltet* werden. Die *Lebensgestaltung* kann eine *neue Orientierung* erhalten. Dies befreit von Ideologie, Dogmatismus und rationalistisch-technologischer Lebensphilosophie.

Schliesslich seien zum Thema Traum noch einige allgemeine Bemerkungen angeführt. Die Deutung einzelner Traumteile erfolgt nach der hier vorgegebenen Systematik nicht grundlegend neu. Hingegen ist es doch in vielen Träumen *entscheidend*, wenn davon ausgegangen wird, dass *dem Traum eine seelische Instanz zugrunde liegt*, die den Menschen zu *seinem inneren Sein* hinführen will.

Dieser fundamentale Aspekt des Wesens vom Traum kann nicht bewiesen werden. Die Richtigkeit kann letztlich nur der Träumende durch mehrjährige Erfahrung mit Traumdeutungsarbeit beurteilen. Die einzige Garantie sind hier *innere Erfahrung* und die *Bewährung im Alltagsleben*. Das mechanisch-positivistische und rationale Denken kann die Traumwelt nur sehr beschränkt erschliessen.

Das Phänomen der Individuation bleibt als Thema und Selbsterfahrung demjenigen verschlossen, der sich seinem eigenen Unbewussten nicht zuwendet. Das *innere Sein* ist eine *metaphysische Thematik*. Die Konzeption der absoluten seelischen Intelligenz ist letztlich wohl auch etwas *Göttliches*. Dies bedeutet, dass die Traumpsychologie als Gegenstand naturwissenschaftlicher Betrachtung immer einseitig und ausserhalb vom Wesen des Menschen verhaftet bleibt.

4. Seelenbilder zur Gestaltung der seelischen Innenwelt

Die inneren Bilder sind die Quelle aller geistigen Erkenntnis über sich und sein Leben

4.1. Die Handhabung der Imagination

Das Phänomen Imagination wird in der Literatur mit ganz unterschiedlichen Begriffen umschrieben: katathymes Bilderleben, inneres Bildersehen, Bildmeditation, hypnagogische Halluzination, autogene Imagogik, hypnotische Imagogik, Halluzinationen, Symboldrama, Tagtraum, Phantasie- und Gehörshalluzination, Eidetik. Die Begriffe autogenes Training Oberstufe, Psychokybernetik und Alpha-Training sind imaginative Verfahren.

Die Imagination hat auch einen besonderen Platz in den verschiedenen *Meditationsformen*, besonders bei der Heilmeditation. Inneres Bildersehen wird begrifflich erfasst mit dem nüchternen Wort Imagination, aber auch mit sehr fragwürdigen Umschreibungen wie etwa <metaphysisches Wunder>.

Die *Imagination* ist dem *Traum sehr ähnlich* und vom Inhalt her betrachtet sogar identisch. In beiden Fällen geht es um ein *inneres Bilderfahren*. Bei der Imagination spricht man oft vom inneren Auge, vom geistigen oder vom dritten Auge. Im Vergleich zur Traumpsychologie gibt es hier relativ wenig theoretische Literatur.

In der Praxis hat sich die Technik der Imagination weit weniger etabliert als die tiefenpsychologischen Schulen und die neueren Strömungen in der Psychotherapie. Einzig in der Bundesrepublik Deutschland kann man sich den Titel eines KB-Therapeuten (KB = Katathymes Bildererleben) erwerben. Die Fachvertreter attestieren diesem Verfahren eine hohe *therapeutische Effizienz* und eine grundlegende Möglichkeit zur *Persönlichkeitsfindung*.

Die *Imagination erschliesst* die *seelische Innenwelt*. Sie ist die bildhafte Darstellung der anderen Wirklichkeit. Sie bedeutet ein *gezieltes Nach-innen-Schauen* und ist insofern eine spirituelle Methode. Das *innere Bilderleben* ist die eigentliche geistige *Erkenntnisquelle*. Jeder kann dadurch seine seelische Welt erfahren und durch gezielte Handhabung sich selbst finden.

Die *Imagination* ist schon vor Jahrhunderten angewendet worden. Sie hat in der Esoterik aller Zeiten eine zentrale Bedeutung. Paracelsus und andere Klassiker der Esoterik und Magie bezeichnen die Imagination als die bedeutendste *Quelle für Erkenntnis*, für seelische Erfahrung und *Lebensgestaltung*.

Die *Techniken der Imagination* werden oft fälschlicherweise dem Fachgebiet der Hypnose zugeordnet. Doch es ist zur Herbeiführung von inneren Bildern weder eine Hypnosetechnik noch ein hypnotischer Trancezustand erforderlich. Allerdings kann durch Imagination ein hypnotischer Zustand herbeigeführt werden. In demselben Sinne ist der Begriff autogenes Training Oberstufe täuschend. Denn zur Durchführung einer Imaginationsübung ist die Grundstufe des autogenen Trainings keine notwendige Voraussetzung.

Eine allgemeine Entspannung als Vorbereitung ist allerdings oft hilfreich. Doch es genügen zwei bis drei Minuten der *inneren Konzentration*. Viele Menschen können sogar die Augen schliessen und dabei ohne weitere Schwierigkeiten sofort eine Bilderwelt erfahren. Damit bin ich beim Thema der eigentlichen *Technik*:

Eine *kurze Entspannung* ist eine förderliche Vorbereitung. Manchmal ist es nützlich, vorerst einmal einige *optische Übungen* zu machen. Man beginnt dabei mit Farbensehen, mit dem Rufen von Formen und Objekten aller Art, die dann variationsreich umgestaltet werden können. Erst dann beginnt man einen Filmstreifen ablaufen zu lassen und diesen zu einem eigentlichen Cinerama auszuweiten.

Die Arten des Bilderlebens und Bildgestaltens sind verschieden. Man stellt sich auf ein *Thema* ein, z.B. in Anknüpfungen an ein Ereignis oder an ein vorhandenes Gefühl. Dann lässt man ein erstes Bild aufkommen und schaut sich die *Bildabfolgen* an wie in einem Film. Ich bezeichne dieses Verfahren als *passive Imagination*. In einer weiteren Variante begibt sich der Imaginierende mitten in das Bildgeschehen hinein. Er ist gewissermassen *lebendiger Mitgestalter* und *Teilnehmer der Handlungen*. Dies ist die *aktive Imagination*. In einer dritten Variante *lenkt eine aussenstehende Person das Bildgeschehen* durch die verschiedenartigsten *Interventionen*.

Dieses Vorgehen kann als *gelenkte Imagination* bezeichnet werden. In der aktiven und gelenkten Imagination kann der Bildersehende selber den *Verlauf* jederzeit *ändern*, indem er neue Themen beigibt, ein Geschehen ändert und durch inneres Reden mit den Figuren die Entwicklung mitgestaltet. Technisch gesehen kann man in folgender Weise aktiv das *Bildgeschehen lenken*:

Man kann eine Lichtquelle nehmen, um in der Dunkelheit zu sehen; den Zauberstab verwenden, um zu verwandeln, was Angst macht, was man nicht gleich verstehen kann, sowie um Verschlossenes zu öffnen; die Eule rufen und mit diesen Figuren Probleme besprechen; das Lebensbuch öffnen und darin Klarheit suchen; eine Glaswand als Schutz aufstellen; eine Entscheidungskonvention vereinbaren.

Ein Beispiel: Wenn eine Ampel mit Rotlicht oder eine geschlossene Barriere auftaucht, so bedeute dies, dass man hier nicht durchgehen soll.

Die *Themenvorgaben* ergeben sich aus den Absichten. Ich habe dazu die Möglichkeiten in sieben Anwendungsbereiche gruppiert:

1. Bildthemen zur Entspannung und Selbststärkung
2. Symbolmotive zur Persönlichkeitsentfaltung
3. Lösungsentwicklung von Problemen aus dem Alltag
4. Klärung von psychischen Schwierigkeiten aller Art
5. Organrückführung zur Erfassung psychosomatischer Leiden
6. Rückführung zur Befreiung von vergangenen Leiderfahrungen
7. Träume zum Wiedererleben und Weiterentwickeln.

Im Folgenden werde ich zuerst zu den einzelnen *Anwendungsbereichen* einige *konkrete Beispiele* aufführen. Ich habe diese aus meiner tiefenpsychologischen Einzel- und Gruppenarbeit entnommen. Das Material soll die praktischen Möglichkeiten aufzeigen und dient damit als Grundlage für eine *Konzeption der Imagination*.

Ich werde dabei den *Zusammenhang* mit der Traumtheorie, der Komplextheorie und den theoretischen Ergebnissen der Rückführungen herstellen. Auf eine Reihe von Detailgegebenheiten kann ich hier nur am Rande eingehen. Dazu gehören unter anderem: der analytische Kontext, das therapeutische Verhalten, die Widerstände, die eidetische und akustisch-sprachliche Begabung, die Indikation und Kontraindikation.

4.2. Anwendungsbereiche: praktische Beispiele

4.2.1. Bildthemen zur Entspannung und Selbststärkung

Die meisten *Übungen* zu diesem Thema habe ich als *Kurzübung* konzipiert. Sie dauern etwa fünf bis zehn Minuten. Die allgemeinen Ziele sind: Kurzentspannung, Ruhe finden, Gedanken abschalten, Kräfteerneuerung, inneren Ausgleich finden und Aktivierung positiver Lebensgefühle. Zur Durchführung schliesst man die Augen. Das innere Bildergeschehen kann durch eine andere Person gelenkt werden. Man kann aber durchaus auch für sich selbst gezielt bestimmte Seelenbilder lenken. Dies geschieht nach folgenden Selbst- oder Fremdsuggestionen:

Beispiel (IM 1): Ich sehe ein Gefäss von Körpergrösse/Das Gefäss füllt sich langsam mit Wasser/ Wasser bedeutet Ruhe/ So, wie sich das Gefäss mit Wasser füllt, so füllt sich der Körper mit Ruhe/ Das Gefäss füllt sich mehr und mehr/ Die Beine und der Bauch füllen sich mit Ruhe/ Allmählich füllt sich das Gefäss mit Wasser/ Ruhe fliesst bereits in die Arme und in den Oberkörper/ So, wie sich das Gefäss jetzt ganz mit Wasser füllt, so füllt sich der Körper ganz mit Ruhe/ Jetzt ist alles voll Ruhe.

Beispiel (IM 2): Ich sehe eine Eiche und setze mich zum Stamm/ Ich sitze an der Eiche und fühle die Rinde am Rücken/ Eichen haben eine sehr starke Ausstrahlungskraft/ Diese Kraft wirkt jetzt mehr und mehr auf meinen Körper/ Mein Rückgrat stärkt sich/ Oben sehe ich Äste; der Baum ist sehr kräftig/ Jetzt geschieht etwas Eigenartiges: Mehr und mehr kommt die Eiche in mich, und ich bin mehr und mehr die Eiche/ Meine Arme sind die Äste/ Mein Körper ist der Stamm/ Ich bin ganz die Eiche/ Die Eiche ist ganz in mir/ Ich fühle die Kraft in mir.

Kommentar: Im ersten Beispiel stellt sich fast durchwegs eine tiefe *Ruhe* ein. Verspannungen, Nervosität und Stressgefühle lösen sich fühlbar innert Minuten. Für viele Leute ist die Ruhe so tief, wie sie diese nur selten erleben. In gleicher Weise bewirkt die *Eiche* eine *Stärkung* und ein *seelisches Gleichgewicht*, wie es viele Menschen kaum je erfahren. Die Gefühle sind fast durchwegs: Stärke, Selbstvertrauen, Lebensmut, Geschütztsein, innere Stabilität. Mit dem Gefühl der Stärke geht oft ein Wärme- oder Schweregefühl einher. Manchmal stellt sich ein belebendes Kribbeln ein.

In gleichem Sinne kann man mit folgenden Themen ähnliche Wirkungen erzielen:

Beispiel (IM 3): Ich bin in einem *Boot* auf einem ruhig dahinfliessenden Fluss/ Das Boot trägt mich lautlos weit weg/ Ich lasse mich wegtreiben/ Je weiter weg es geht, umso mehr kann ich alles in mir loslassen.

Beispiel (IM 4): Ich bin an einer *Quelle*/ Ich reinige meinen ganzen Körper/ Dann trinke ich Wasser/ Es wirkt belebend, stärkend, erfrischend und erneuernd.

Beispiel (IM 5): *Gedanken* kommen und gehen/ *Wolken* ziehen am Himmel vorbei/ So, wie die Wolken vorbeiziehen, so lösen sich all meine Gedanken/ Bis der Himmel ganz blau ist/ Dann sind alle Gedanken weg.

Ähnliche Übungen lassen sich mit *allgemeinen Symbolen* machen: Kreis, Quadrat, Dreieck, Pentagramm, Kugel und andere mehr. Jedes Symbol bewirkt durch die bildhafte Erfahrung Gefühle der Harmonie, der Ganzheit oder des Geschütztseins.

Beispiel (IM 6): In diesem Zusammenhang habe ich eine Übung entwickelt, die sich umfassend auf alle Körpersysteme regenerierend und stärkend auswirkt: Nacheinander lässt man ein Bild über jedes *Körpersystem* entstehen: Nerven, Blutkreislauf, Knochen, Muskeln, Atmung, Körperzellen etc. Jedes Bild wird mit Ruhe, Harmonie, Gesundheit und energetischer Kraft „gefüllt". Dies kann erfahren werden als Lichtstrahlen, als Energiepartikel oder als geistige Flüssigkeit. Nach dieser Übung fühlt man sich meist nachhaltig erneuert und regeneriert.

In ähnlicher Weise kann man auch mit Farben arbeiten. Man sagt dabei: Jede Farbe hat eine bestimmte Bedeutung und eine entsprechende Energiewirkung/ Je nach meinem jetzigen Zustand benötige ich eine ganz bestimmte *Farbe* bzw. Farbenkraft.

Beispiel (IM 7): Ich sehe vor meinem geistigen Auge diejenige Farbe, die ich jetzt brauche/ Der Raum um mich und die Luft sind voll von dieser Farbe/ Durch das Atmen geht die Farbenenergie in alle Körperzellen/ Die Farbe an den Wänden strahlt auf meinen Körper. – Auch hier stellen sich eindrückliche Wirkungen ein. Sie werden fast durchwegs als intensiv und sehr positiv erfahren: ausgleichend, beruhigend, belebend, reinigend, stärkend.

Imaginationsübungen der hier dargelegten Art führen generell zu körperlicher und psychischer *Entspannung*. Zerfahrene und negative Gedanken lösen sich auf. Man kann alles loslassen. Die *Konzentration* wird erhöht. Die

Organfunktionen harmonisieren sich. Diverse Störungen wie Druck auf der Brust, Herzstechen, Kopfschmerzen und Spannungen im Bauch lösen sich. Man gewinnt eine innere Distanz zur Hektik der Alltagsereignisse und ist real gestärkt und erfrischt.

Technisch gesehen, handelt es sich hier um *bildhafte Suggestionen.* Theoretisch kann man sagen, dass suggestiv erlebte Bilder und Farben *Energien freisetzen* und die gegebenen psychischen Energieverhältnisse umwandeln. Dem Aspekt der Suggestion kommt dabei nur Randbedeutung zu. Wesentlich ist die innere *Bilderfahrung.*

Allerdings ist anzunehmen, dass die Worte selber auch eine energetisch wirkende Kraft haben. Es zeigt sich aber, dass bildhaft erlebte Sinneinheiten die eigentliche *Auslöserfunktion* darstellen. Ein ähnliches Phänomen habe ich bei den Komplexen aufgezeigt. Gefühlsmässig erfahrene Gegebenheiten aus der Umwelt sowie eigene Gedanken und Phantasien setzen innere Energien frei. Im Vergleich zum autogenen Training geschieht hier die innere Umschaltung sofort, während dort die Kurzformulierungen erst eingeübt werden müssen.

4.2.2. Symbole zur Persönlichkeitsentfaltung

Bevor ich auf einzelne *Übungen* zu diesem *Anwendungsbereich* eingehe, möchte ich kurz den Zusammenhang darlegen. Für meine praktische Arbeit habe ich eine Konzeption der tiefenpsychologischen Erwachsenenbildung in Gruppen entwickelt. Innerhalb einer *Gruppensitzung* werden zuerst Übungen zur Grundstufe des autogenen Trainings, verbunden mit einzelnen Bildübungen, wie unter 4.2.1 beschrieben, durchgeführt. Dann folgt eine längere Übung, die die verschiedensten seelischen Themen beinhaltet.

Die Grundidee ist dabei: Jede Persönlichkeitsbildung erfordert nebst verhaltenspsychologischen Aspekten und Bildungsinhalten aller Art auch eine *tiefenpsychologische Auseinandersetzung.*

Ob nun jemand gesund ist oder seelisch-körperlich leidet, wenn man sich entfalten will, dann muss man sich mit einer Reihe von unbewussten Themen auseinandersetzen. Dazu gehören: *Loslösung* von ungesunder Elternbindung; *Verarbeitung* vergangener Erlebnisse; *Integration* der psychischen (starken und schwachen) Funktionen; Entwicklung der *Kreativität; Umgang mit Aggression, Macht- und Lusttrieb; Erweiterung der Selbst- und Fremdwahrnehmung; Ordnung und Reinigung* der täglich anfallenden *Ausseneinflüsse; Erfahrung nicht entwickelter*

Möglichkeiten; Auseinandersetzung mit dem eigenen Denken, Fühlen, Wünschen, Handeln sowie weiteres mehr.

Dies alles sind unerlässliche Themen eines *Individuationsprozesses*, der Selbstfindung und Identitätsentfaltung. Dazu habe ich eine ganze Reihe von Übungen entwickelt, teilweise in Anlehnung an Beispiele aus der Literatur.

Beispiel (ST1): Seelenhaus: Meine Seele ist wie ein Haus/ Es gibt viele Räume zu vielen Zwecken/ Einige Räume sind mir vielleicht völlig unbekannt/ Die verschiedenen Räume sind Gestaltungsformen meiner Lebensführung/ Vielleicht wohnen da auch fremde Menschen, Diebe, Unruhestifter, Herrscher und Tiere aller Art/ Ich will mein Haus entdecken und erfahren, was da alles vorhanden ist/ Ich gehe jetzt hinein.

Herr J. erlebte:
„Ich gehe zuerst in den Keller, da ist alles voller Dreck und Kot. Die Abwasserleitungen sind verstopft, die Sicherungen teilweise veraltet, die Heizung defekt. Es kommt kein Frischwasser herein. Ein koboldartiges Wesen hält den Hauptwasserhahn geschlossen. Ich beginne zu reinigen. Viel Ungeziefer und Mäuse müssen weg. Die Küche ist auch in einem dürftigen Zustand. Seit langem habe ich nicht mehr abgewaschen. Ich brauche offensichtlich immer wieder dasselbe Geschirr, ohne es vorher abzuwaschen. In der Stube liegt viel alter Ramsch herum. Man kann sich da gar nicht gemütlich setzen. Es ist kalt und düster. Im Schlafzimmer sind zwei alte Eisenbetten. Die Matratzen und Leintücher sind schmutzig, voll Urin und Kot. Ich beginne zu reinigen und öffne die Fensterläden. Im Estrich steht viel Gerümpel: Möbel aus Grossmutters Zeiten, alte Zeitungen, Primarschulhefte, Schulbücher und ein Photoalbum aus frühester Kindheit. In einem weiteren Zimmer, das ich erst einmal mit Gewalt öffnen muss, ist es sehr dunkel. Ich mache Licht. In einer Ecke sitzt ein schwarzer König. Er ist fett und hässlich. Er lächelt etwas brutal. Dann höre ich einen Schrei aus dem Keller. Wieder gehe ich runter. In einem verschlossenen Kellerraum sitzt ein krankes, verwahrlostes und weinendes Kind. Ich nehme es in die Arme."

Dieselbe Person zwei Jahre später:

„Mein Haus ist ein Schloss. Alles ist hell und freundlich. Ich sehe viele sehr schöne Möbel, Pflanzen und Früchte. Das Schlafzimmer ist wohnlich und warm. In der Stube ist eine Art Königsthron. Es ist mein Platz. Im Keller sind viele Vorräte und ein grosser Tank voll Öl für die Heizung.

Beispiel (ST 2): Gefangensein: Mein Dasein ist geprägt von innerer Unfreiheit/ Ich bin oft gefesselt, gelähmt und wie eingeschlossen/ Vergangenes und

Gegenwärtiges hält mich in einem Gefängnis und in Fesseln/ Ich will alles sehen und mich befreien.

Ein Erfahrungsbeispiel soll die Möglichkeit der Bewusstwerdung durch eine solche Übung veranschaulichen:

„Ich sitze in einem Kellerloch und bin an Lederriemen gefesselt. Es ist Vaters Gürtel, mit dem er mich so oft geschlagen hat. Die Beine sind an Ketten mit einer Eisenkugel verbunden. Ich verstehe diese nicht und verwandle sie mit dem Zauberstab. Dann sehe ich mein Büro. Ich arbeite wie wild, da ich im nächsten Jahr die Prokura will. Nun bin ich wieder im Loch. Ich will da raus. Doch ein Feldwebel hält das Gittertor geschlossen (ich bin im Militär selber Feldwebel). Aus dem Zauberstab mache ich ein Schwert und vertreibe diesen dunklen Mann. Dann komme ich in einen Nebenraum. Meine Pferde sind da. Sie sind ganz mager, krank und gefesselt. In einem weiteren Raum sehe ich viele Kriegsgefangene. Ich befreie alle und zaubere Essen und Trinken herbei. Draussen sehe ich, dass es mein Elternhaus ist. Dann löst sich dieses Bild auf, und ich bin mit den gestärkten Pferden und Menschen in einem Park. Ich fühle mich ganz frei. Es ist wie ein Versöhnungsfest.“

Kommentar: Diese zwei Beispiele zeigen klar, ohne dass man tiefschürfend deuten muss, wie es um die innerseelischen Verhältnisse bei diesen beiden Personen steht. Das *Bildergeschehen stellt* gleichnishaft die *seelischen Probleme dar,* im ersten Beispiel: völlige Vernachlässigung der Lebensführung und Psychohygiene; Wut und Trotz; Gleichgültigkeit in diversen Lebensbelangen wie Essen, Schlafen, Sexualität, Gemütswärme; Hilfsbedürftigkeit und Beherrschtsein von einer dunklen Macht. Nach zweijähriger seelischer Arbeit hat sich seine Situation wesentlich geändert. Er ist gemütsvoll, lebensoffen, menschlich, naturverbunden und endlich sein eigener Regent geworden.

Im zweiten Beispiel zeigt sich die innere Fesselung, die sich wesentlich auf seinen Vater bezieht. Unverarbeitete Erfahrungen aus der Kindheit haben noch immer eine seelische Dynamik, die sich auch auf die berufliche Situation auswirkt.

Für diese Art tiefenpsychologischer Gruppenarbeit gibt es *weitere Bildmotive.* Um die Breite der Möglichkeiten etwas zu verdeutlichen, seien einige weitere Beispiele stichwortartig aufgelistet:

- Zustand der Tiere und Haustiere auf dem Bauernhof
- Selbstbegegnung im Spiegel
- Goldschatz auf einer Insel suchen
- Essen mit Freunden und Feinden

- Dirigent des eigenen Orchesters sein
- Als Wettermacher zu Bekannten gehen
- Reinigung von Gegenständen und Örtlichkeiten
- Spiele spielen mit Bekannten
- Quelle und Wasserverlauf ergründen, Stauungen lösen
- Die eigene helle und dunkle Seelenlandschaft
- Gartenarbeit: Gemüse und Früchte
- Mit den eigenen Körperorganen reden: Wie geht es dir?
- Dem Seelenführer begegnen
- Im Wald dem Weiblichen und Männlichen begegnen
- Auf den Meeresgrund gehen
- Mit dem Boot auf eine Reise gehen
- Eine Grotte erforschen
- Mit dem Löwen (Freund) zu angstmachenden Personen gehen
- Im Tempel der Reinigung sich erneuern lassen

Jedes dieser Bildmotive enthält ein breites Spektrum an gleichnishafter Darstellungsmöglichkeit *seelischer Verhältnisse.* Das Verstehen der entsprechenden Sinnthemen einer erfahrenen Bildergeschichte ergibt sich durch das Erlebnis und durch die aktive Gestaltung in der Bilderwelt meist von selbst.

Generell kann man sagen, dass die geistigen Bilder in der Imagination die seelischen Verhältnisse erhellen. Je nach Bildmotiv zeigen sich andere seelische Themen. Das *Unbewusste* kann auf diese Weise *entdeckt werden.* Das *Umgestalten* während der Übung bewirkt im Seelischen eine Veränderung. Dies zeigt sich dann meist auch in nachhaltigen Gefühlen und Körperreaktionen. Neue Impulse und Antriebe zur *Problemarbeitung* sind dadurch gegeben.

Seelenbilder setzen psychische Energien frei, ähnlich wie bei den Träumen. Es zeigt sich weiter, dass jede Art von Gedächtnismaterial und Lebensgegebenheiten *aufgearbeitet* und *geklärt werden* kann. Im Laufe einer mehrjährigen Arbeit ergeben sich deutliche Veränderungen in den wiederholten Bildergeschichten. Daraus kann der Betroffene auch seine *seelische Entwicklung* erkennen (*Feedback*).

Es zeigt sich Zusammenhänge zwischen Inner- und Ausserseelischem. Zudem sind viele Bilder prospektiv ausgerichtet. Insbesondere kann die Begegnung mit dem „Weisen" zu einer Klärung, zu Neuorientierung und damit zur Identitätsfindung führen. Blockierungen können erhellt und gelöst werden. Die Wirkungen auf die Lebensgestaltung bleiben nicht aus, wenn man aus den Erfahrungen und Erkenntnissen auch *die nötige Umsetzung* anstrebt. Was hier in wenigen Übungen möglich ist, geschieht in psychoanalytischen Gesprächen meist erst nach einem Mehrfachen an Zeit.

4.2.3. Lösungsentwicklung von Problemen aus dem Alltag

Anstelle allgemeiner Themenvorgaben kann das innere Bildersehen gezielt auf bestimmte, aktuell gegebene *Problemsituationen* ausgerichtet werden. Ausgangspunkt ist dabei ein bestimmter Gemütszustand, ein Beziehungskonflikt, bestimmte Gedanken und Wünsche, eine unangenehme Erfahrung oder vieles andere mehr.

Das *Vorgehen* ist dabei etwa wie folgt: Man versucht zu einem gegebenen Problem *irgendein Bild* zu sehen. Oder man versetzt sich in ein *vorhandenes Gefühl*, lässt dieses zu einem Bildergeschehen sich umwandeln und *stellt Fragen zum Thema*. Die Imagination kann dann aktiv oder passiv weitergeführt werden. Dabei können verschiedene *Lösungen durchimaginiert* werden. Man kann das Geschehen mit den verschiedenen Bildmotiven ergänzen und *durch Fragen* oder *Bemerkungen gezielt intervenieren*.

Dazu seien drei Beispiele aufgeführt. Sie sind etwas gekürzt, und Interventionen werden weggelassen:

Beispiel (KP 1): Frau J., 37jährig, geschieden. Ihr Exmann kommt alle zwei Wochen zu Besuch. Sie weiss damit nicht umzugehen. Sie soll imaginär zu Hause einmal abwarten, was geschieht: <Ich sitze in der Stube. Es läutet. Mein Exmann kommt wieder. Er bittet mich zurückzukommen. Dann sehe ich plötzlich meine Mutter in einer Ecke sitzen. Sie bedrängt mich: <Ach lass das, Männer sind schrecklich.> Jetzt sehe ich alte Erinnerungen, Streitsituationen mit meinem Mann und Ehebettszenen. Meine Mutter will ihn wegschicken, doch ich schicke sie weg. Dann rufe ich die weise Eule und frage sie um Rat. <Du kannst diese Probleme lösen; du hast sie auch ohne ihn.> Es kommt ein Psychiater herein. Er bringt mir einen Nachttopf. Dann erhalte ich ein Dreirad. Ich werde wütend. Mein Mann steht hilflos da. Ich nehme ihn bei der Hand und weine. Hätte ich mich nur nicht immer nach meiner Mutter ausgerichtet. Ich habe immer getan, was sie gesagt hat.>

Beispiel (KP 2): Ein Kaufmann, 45jährig, Assistent des Direktors. Er hat häufig Streit mit seinem Chef, so auch gestern. Die chronischen Spannungen sind ihm unverständlich. In der Imagination soll er das gestrige Ereignis nochmals auftauchen lassen:

<Der Direktor sitzt am Pult. Er macht eine strenge Miene, hat ganz schmale

Lippen und ist ziemlich nervös. Er hat die Monatsbilanz vor sich. (Wir haben gestern Abteilungsprobleme, Werbeprojekte und Aktionen besprochen.) Er meint, ich müsse den Umsatz vergrössern. Ich sehe seinen Stuhl. Dieser hat dünne Beine und ist wackelig. Der Chef hat Angst. Jetzt brüllt er mich an, aber ich verstehe gar nichts. Sein Gesicht wandelt sich. Mein Vater sitzt jetzt da. Ja, auch mein Vater hat mich oft angeschrien. Er ist Arbeiter und war immer dagegen, dass ich Ökonomie studiere. Ich sollte ein Handwerk lernen und so mir mein Brot verdienen. Jetzt sitzt wieder der Direktor am Pult. Ich sehe, wie meine Abteilung grösser und grösser wird. Der Umsatz steigt. Mein Chef wird kleiner und kleiner. Er sagt, ich solle gehen. Ich frage ihn nach den Gründen. Plötzlich steht er auf und geht weg. Ich sitze an seinem Pult.>

Beispiel (KP 3): Ein Klient sitzt schweigend da. Es ist die dritte Konsultation. Nach einigen Minuten fragt er: <Haben Sie keine Fragen? Was wollen Sie jetzt mit mir tun? Ich habe nichts zu erzählen. Ich habe keine Probleme mehr.> - Anstelle mühsamer Widerstandsbesprechungen leite ich eine Übung ein: <Schliessen Sie einmal die Augen. Sie stehen vor Ihrem Sessel und können sehen, wer da sitzt.>

<Ich sehe mich im Sessel sitzen. Ich bin auch hinter dem Sessel. Ich trage eine Maske. Ganz faul liege ich im Sessel. Ich finde es interessant hier, aber ich will nichts tun. Ich habe Angst, Sie könnten sehen, wer ich wirklich bin. Ich nehme die Maske weg. Mein Gesicht ist ganz weiss, weinerlich und hilflos. Jetzt sitzt ein verwahrlostes Kind da. Ja, das bin ich.>

Kommentar: Es ist nicht schwierig, diese Bilderlebnisse zu deuten. Sie sprechen aus sich. Es ist tatsächlich oft so, dass die Imagination wenig Deutungsarbeit erfordert. Das Bildgeschehen ist viel leichter zu erfassen als viele Träume. *Die Bilder* bei *der Imagination zielen* meist direkt auf *das Wesentliche.* Ursachen und Zusammenhänge werden analysiert.

Möglichkeiten der Lösungen zeigen sich oft direkt, hin und wieder auch etwas versteckt. Man muss sich auch hier die Frage stellen, ob die Bildaussagen richtig sind. Dies ist mit einem eindeutigen Ja zu beantworten. Denn der Imagination liegt die gleiche gestaltende Kraft und Intelligenz zugrunde wie den Träumen: die absolute seelische Intelligenz.

Auch in der Literatur über Imagination werden solche Ergebnisse nie bezüglich Wahrheitsgehalt angezweifelt. Einzig die *Deutungsarbeit* führt zu einer Reihe von Überlegungen. Reale Gegebenheiten vermischen sich mit Symbolbildern. Die Bildabfolgen sind intelligent angeordnet und erweisen sich als die zuverlässigste *Lebensberatung* schlechthin.
Psychoanalytische Spekulationen erübrigen sich weitgehend oder werden

erleichtert, indem jeder Gedanke durch innere Bilder ergänzt und korrigiert werden kann.

Diese Methode lässt sich entsprechend den aufgeführten Beispielen auch für kleine *Alltagsprobleme* anwenden: Soll ich dies oder jenes tun? Warum fühle ich mich nach dem Besuch bei G. so schlecht? Warum reagierte L. so heftig? Warum habe ich mich plötzlich so wütend von X. abgewendet? Was ist hier für eine Spannung in der Luft? Was wollte mir U. am Telefon wirklich sagen?

Auf jede Frage und Problemstellung gibt das innere Bildersehen eine intelligente und weise angeordnete Antwort. Der Betroffene hat dabei gewiss die Freiheit, daraus Konsequenzen zu ziehen oder die seelische Erfahrung zu ignorieren. Je mehr das Bildergeschehen Wahrnehmungen und Einstellungen in Frage stellt, um so intensiver werden häufig auch die Abwehrreaktionen.

4.2.4. Klärung von psychischen Schwierigkeiten aller Art

In ähnlicher Weise wie bei den allgemeinen Problemsituationen können die verschiedensten psychischen *Belastungen* und *Störungen* durch Seelenbilder erhellt werden. Die seelischen *Ursachen von Stressreaktionen* können durch dieses Verfahren *bewusst gemacht* werden. Die *Imagination eröffnet* zu den unterschiedlichsten *Leiden* die ganze *seelische Komplexität* bis zurück in die Kindheit. Viele Störungen sind leichten Grades. Andere bedeuten teils schwerste Einschränkungen der Lebensgestaltung.

Das innere Bildergeschehen kann bei solchen Leiden sehr variationsreich eingeleitet und gestaltet werden. Die *gelenkte Imagination* ermöglicht auf jedes Bildmotiv sofort zu *intervenieren* durch Ergänzungen, Erweiterungen, Fragen und Lösungsvorstellungen. Anhand zweier Beispiele soll aufgezeigt werden, dass eine einfache psychische Belastung einen komplexen seelischen Hintergrund haben kann. Da Schlafstörungen und Rauchen allseits bekannte Themen sind, denen häufig mit Schlafmitteln und psychologischer Ignoranz begegnet wird, seien diese ausgewählt.

Beispiel (PS 1): Schlafstörung. Frau, 43jährig, geschieden, Sekretärin, seit mehreren Jahren chronische Schlafstörungen. Sie soll sich imaginär vorstellen, sie liege im Bett und könne seit Stunden einfach nicht einschlafen. Alles, was sie daran hindert, taucht im Schlafzimmer auf:

<Die Mutter ist da. Sie fliegt auf einem Besen umher und ruft: <Ich bin ja da und helfe dir.> Der Vater sitzt in einem Stuhl und schüttelt den Kopf. Er

macht mir Vorwürfe wegen meiner schmutzigen Wäsche. Mein Freund liegt neben mir. Ein Pfarrer predigt von der Kanzel. Ich kann ihn durch das Fenster sehen. Jetzt läutet das Telefon. Mein Chef ist am Apparat. Er habe viel Arbeit, ich solle doch sofort kommen. Mein Primarlehrer von der 4. Klasse auf. Er möchte mit mir ins Bett (er hat mich damals mehrmals sexuell belästigt). Vor der Haustüre stehen Leute einer Sekte und singen ein Lied. Ich werde ganz wütend. Ich war da einmal Mitglied. Jetzt werfe ich alle raus. Dann gehe ich Wäsche waschen, mache Licht und wende mich meinem Freund zu. Ich sehe, wie ich endlich gut einschlafen kann.>

Beispiel (PS 2): übermässiges Rauchen: Herr U., Buchhalter, 35jährig, raucht den ganzen Tag. In der Imagination soll er sich einmal im Büro sehen. Dann sollen nacheinander alle Leute hereinkommen, die ihn zum Rauchen veranlassen:

<Ich sehe mich inmitten von viel Rauch. Ich zünde eine Zigarette nach der andern an. Dann kommen mehrere Leute herein. Mein Vater, meine Mutter, die Schwester, ein Lehrer, der Postbeamte, der Pfarrer und auch ein Hund stehen vor mir. Der Vater wird ganz rot im Gesicht vor Zorn: <Ich habe Dir immer gesagt, Du sollst nicht rauchen.> Den habe ich jetzt wütend gemacht, denke ich und zünde mir eine neue Zigarette an. Die Mutter wendet sich von mir ab. Also nehme ich wieder eine. Der Lehrer redet etwas von Nikotinschäden. Ich höre ihm gar nicht zu. Er raucht ja selber. Der Pfarrer gibt mir eine Bibel. Ich werfe sie in den Papierkorb und sage ihm, diese habe mir auch nicht geholfen. Dann zünde ich wieder eine an. Der Postbeamte sagt, er habe mir immer noch keinen Brief (meine ehemalige Freundin hat mir oft Briefe geschrieben; seit wir uns getrennt haben, bin ich ganz allein). Die Schwester redet etwas von Heirat. Sie habe eben Kinder und ein Heim. Wieder nehme ich eine Zigarette. Schliesslich kommt noch der Hund. Er will zu essen haben. Ich zucke die Achseln. Und nochmals zünde ich eine Zigarette an. Jetzt werfe ich alle Pakete weg. Überall liegen Zigaretten. In allen Kästen, Ordnern, Schubladen und Taschen habe ich *Zigarettenpakete.* Nun gehe ich in meine Wohnung. Auch da liegen überall Zigaretten im Wohnzimmer, im Bad, in der Küche und im Schlafzimmer. Ich werfe jetzt alle weg. Ich will mich lösen von diesen Menschen. Sie haben mir nichts mehr zu sagen. Ich will mein Leben endlich selber gestalten. Dann schreibe ich einen Brief an meine Freundin. Ich schreibe, dass sie mir fehlt, dass ich sie wiedersehen möchte und endlich mein Leben mit ihr gestalten will.>

Kommentar: Dies sind zwei einfache Beispiele. Dennoch verdeutlichen sie, dass solche Belastungen einen vielseitigen seelischen Hintergrund aufweisen können. Ein komplexes Lebensthema fordert zu einer seelischen Entwicklung heraus. In verschiedener Hinsicht ist bei beiden eine Umstellung der

Lebensgestaltung zur Problemlösung nötig. Dazu sind viel Zeit und Arbeit erforderlich. Mit einer einzigen Übung ist das Problem keineswegs gelöst. Weitere Übungen führen zu neuen Aspekten und bei der Umsetzung im Alltag oft auch zu Widerständen.

In diesem Zusammenhang sei noch kurz auf Hypnose und Suggestion eingegangen. Gewisse Parapsychologen, Metaphysiker, Magnetopathen, Magier und Psychologen versprechen in Zeitungsinseraten, solche Übel innert einer oder weniger Stunden beheben zu können.

Es ist gewiss hin und wieder möglich, solche Probleme mit Hypnose und Suggestion zu beseitigen. Doch was wäre der Gewinn in Anbetracht der oben beschriebenen seelischen Zusammenhänge? Solche Techniken können seelische Entwicklungsarbeit nicht ersetzen. Und diese braucht immer viel Zeit. Die eigentlichen Problemzusammenhänge werden zugedeckt, und die Folge ist dann meist eine *Symptomverschiebung* oder Verhärtung der Charakterstruktur. Und damit ist letztlich nichts gewonnen.

Dies gilt auch für das autogene Training, die Coué-Methode und Kassettensuggestionen. Solche Entspannungsmethoden haben da ihre Grenzen, wo sie die *Ursachen seelischer Störungen nicht angehen.* Jede seelische Belastung und psychische Krankheit erfordert ein Erkennen, ein Wiedererleben und Durcharbeiten von allen damit verbundenen Gegebenheiten. *Einstellungsänderungen,* moralische Entscheidungen und Begegnungen mit eigenen dunklen Schattenseiten sind weitere Notwendigkeiten.

Es ist die *Funktion einer psychischen Störung, durch* ein *Symptom auf dahinterliegende seelische Themen* zu *verweisen.* Diese Tatsache erhellt jede Imagination. Es ist dabei durchwegs anstrengend, unbequem und herausfordernd, sich mit diesen unbewussten Gegebenheiten auseinanderzusetzen. Der Mensch der heutigen Zeit will jedoch mehrheitlich ohne diese Mühsal gesund werden. Meist bemüht er sich hartnäckig, die Realität des Unbewussten zu ignorieren. Mit Hypnose, Suggestion und aller Art Entspannungstechniken wird mehr als genug dieser Haltung entgegengekommen und der Mensch um seine seelische Entfaltung betrogen.

Die Imagination ermöglicht in der beratenden psychologischen Hilfeleistung die Zusammenhänge auch von *schweren seelischen Störungen* zu erfassen. Zu nennen sind hier etwa: Sucht, Ängste und Phobien, Depressionen, Zwänge, Konfliktreaktionen sowie allgemeine Störungen der Persönlichkeit. Die Durchführung von Imaginationen ist hier allerdings oft erschwert. Die Widerstände sind häufig sehr hoch. <Ich kann nicht> bedeutet gelegentlich

<ich will nicht>.

Zudem ist bei schweren seelischen Belastungen die Komplexenergie derart gebunden, dass die konzentrierte und kooperative Ausrichtung auf eine innerseelische Bilderfahrung kaum möglich ist. Eine intensiv agierende Übertragungsdynamik erschwert die Durchführung von Übungen. Imaginationsübungen setzen eine ausgeglichene positive Übertragungssituation sowie ein handhabbares Ausmass an Widerständen voraus. *Imagination* bedeutet ein *direktes Arbeiten* in der *Welt der unbewussten Komplexe*. *Seelische Entwicklung* geschieht nicht primär durch die DU-Erfahrung, sondern *direkt in der Seelenwelt*.

Die Imagination kann bei komplexen seelischen Störungen das gesamte unbewusste Material erfassen. Dazu sind gewiss viele Übungen erforderlich. Die Liste der *Komplexthemen* ist sehr gross: Triebblockierungen, destruktive Gedanken und Phantasien, Inzestmotive, totalitäre Wertkategorien, eigene minderwertige Funktionen, Machtansprüche, Neid und vieles mehr. Die *primären Grunderfahrungen* sind dabei durchwegs: lieblose Kindheit, lebensfeindliche Erziehung, Unechtheit und Unberechenbarkeit der Eltern, gefühlsunterdrückende Leistungserwartungen, Ungerechtigkeiten, physische und psychische Strafen und eine das Unbewusste leugnende Umwelt.

Die seelische Bilderwelt erschliesst alle Ursachen und Zusammenhänge ganzheitlich und dynamisch. Die *Imagination hat* somit eine *hohe diagnostische und ätiologische Bedeutung*. Diese innere Erfahrung ermöglicht ein *Wiedererleben* und *Durcharbeiten direkt am eigentlichen Material*.

Gleichzeitig kann eine *Lösungsentwicklung* eingeleitet werden. Die innerseelischen Verhältnisse können so umstrukturiert und neuentwickelt werden. Der Imaginierende hat dabei die Gelegenheit, seine Lebensmöglichkeiten und sein inneres Sein zu entdecken. Er erfährt all seine Schattenseiten und eine Fülle von Einstellungen, die ein seelisch freies Leben behindern.

Fixierte Denkformen, Verhaltensgewohnheiten und alltägliche Lebensereignisse widerspiegeln sich in den Seelenbildern. Gleichzeitig kann die Imagination aufzeigen, warum etwas falsch, krankmachend und einer seelischen Entwicklung hinderlich ist.

Die Möglichkeiten der Imagination bedeuten zweifelsohne eine besondere *Herausforderung*. Die Imagination erhellt das wahre Gesicht, das eigentliche Leben und die andragogische Funktionsweise der absoluten seelischen Intelligenz. Die Mühe ist umfassender als beim Erlernen einer fremden

Sprache und Verstehen einer anderen Kultur. Man muss *bereit sein, sein Leben neu wahrzunehmen* und allenfalls *neu zu gestalten*. Der Weg ist beschwerlich und lang. Er führt zum <*neuen Menschen*>.

Die Grundlage ist nicht irgendeine Ideologie, nicht eine Alltagsphilosophie und auch nicht eine psychologische Theorie. Die Arbeit basiert letztlich auf der Erfahrung der absoluten seelischen Intelligenz.

In der *klassischen Literatur zur Psychiatrie* und *Psychopathologie* werden die psychischen Störungen in ihrer Erscheinungsweise beschrieben. Häufig wird zu einzelnen Fallbeschreibungen und Theorien ein knapp gehaltener Kontext gegeben: schwere Kindheit, Ehekrise, Überbelastung im Beruf, schwache Schulleistungen u.a.m. Daneben heisst es oft: endogene Störung oder psycho-organisches Syndrom. Das eigentlich Seelische als Ursachenfeld wird häufig weggelassen. Da und dort gewinnt man den Eindruck, als ob die Psychiatrie die Seele und ihre Inhalte ignorieren wollte.

Demgegenüber gibt es verschiedene tiefenpsychologische Literatur, in der bei der Beschreibung der Seelenwelt Begriffe auftauchen wie etwa: bösartig, rachsüchtig, dämonisch, bequem, träge, labil, zügellos, archaisch, starr etc. In der Imagination tauchen oft Figuren und Handlungen auf, die durchaus mit solchen Umschreibungen begrifflich erfasst werden können. Diese beziehen sich auf Komplexe, auf Gedanken und Verhaltensweisen.

Dabei zeigt sich, dass eben gerade solche Verhältnisse krank machen. Ihre energetische Funktion habe ich teilweise im ersten Kapitel aufgezeigt. Im Kapitel 6 über psychische Energie werde ich weitere Experimente vorlegen, die nachweisen, dass dieses Seelenfeld als Ätiologie von vielen seelischen und körperlichen Krankheiten gilt.

4.2.5. Organrückführungen zur Erfassung psycho-somatischer Leiden

Mittels Imagination können auch die *seelischen Komponenten* der verschiedensten *organischen Krankheiten* erfasst werden. Dazu gehören vor allem die sogenannten *psychosomatischen Leiden*. Darüber hinaus zeigt sich durch die innere Erfahrung auch bei scheinbar rein organischen Funktionsstörungen meist ein breites Spektrum *seelischer Zusammenhänge*.

Bei einer Übung kann dabei etwa wie folgt vorgegangen werden: Man stelle sich ein krankes Organ als einen Raum vor, zum Beispiel den Magen als Grotte. Ein solches Bildmotiv wird erweitert mit der Vorstellung, dass sich darin alles Krankmachende aufhält (Menschen, Tiere, Gegenstände).

Beispie (OR 1): Magenkrebs: Frau, 55jährig, bereits eine Operation hinter sich; der Krebs hat sich weiter ausgebreitet:

<Ich bin in einer dunklen Höhle. Viele Nägel liegen am Boden. Ein schwarzer Herrscher sitzt in einer Ecke. Er trägt ein gelb-rotes Gewand. Leichen liegen herum. Die dunkle Figur hat Helfer und Diener. Sie bohren mit Pressluftbohrern an den Wänden. Mein Exmann liegt krank auf einer Bahre. Kinderschuhe und Spielsachen aus meiner Kindheit liegen in einem dickflüssigen Wasser. Ein habverfaultes Schwein ist voller Maden. Der Herrscher sagt: <Ich regiere jetzt. Denn du willst nicht leben. Du willst keine Wärme. Ich bin der Hass und die Rache. Ich bin die Falschheit und die Zerstörung. Du hast das Licht nicht gesucht, also bin ich bei dir.>>

Beispiel (OR 2): Arthritis: Mann, 51jährig, Verwalter, in Händen und Knie stark behindert:

<Ich sehe eine Hand. Sie ist schwarz und angekettet. Ich gehe der Kette nach. Sie führt in ein Kloster. Es ist hier die totale Weltabgeschiedenheit. Schwarze Gestalten wandeln umher. Jemand sagt, ich solle beichten gehen. Im Refektorium bin ich einer unter ihnen, ebenfalls in schwarzer Soutane. Es gibt kein Fleisch zu essen. Es herrscht totale Armut. In der Tasche habe ich ein Pornoheft. Ich fühle mich durchschaut. Jetzt gehe ich nach Hause. Da ist meine Frau. Wir reden nicht miteinander. Auch die Mutter ist da. Sie ist sehr alt. Ich setze mich zu ihr und zeige ihr die Arbeit, die ich zu tun habe. Sie sagt etwas von der heutigen Sexwelle. Ich pflichte ihr bei. Disziplin und Pflicht sind die mahnenden Worte. Doch ich mag nicht mehr. Meine Hände schmerzen jetzt fürchterlich. Es ist sehr kalt. Ich friere. Die Hand sagt: <Arbeite! Arbeite! Ja nicht nachlassen!> Ich will nicht mehr.>

Kommentar: Dies sind zwei Beispiele, die ein breites seelisches Spektrum eröffnen. Das Erlebnis war für beide Personen sehr gefühlsintensiv. Sie erlebten sich inmitten der Krankheit. Die psychische Energie der verschiedenen Themen hat sich an den Magen bzw. an die Hände und Knie gebunden. Weltabgewandtheit, Sexualverdrängung, Arbeitsperfektionismus, Mutterabhängigkeit, ungeklärte Beziehungen, unverarbeitete vergangene Ereignisse sind hier die seelischen Ursachen der Krankheit.

Diese Art der Imagination bezeichne ich als *Organrückführung.* Man geht imaginär in das kranke Organ und ruft alle krankmachenden Gegebenheiten bildhaft hervor. Dabei erkennt man, dass die einzelnen Figuren und Ereignisse eine sehr intensive Energie beinhalten. So wie ein positives Bild für die Gesundheit und für das psychische Wohlbefinden energetisch wirkt, so produzieren seelische Themen energetisch Krankheit. Dies ist die Brücke zwischen Leib und Seele.

In allen Fällen meiner bisherigen tiefenpsychologischen Tätigkeiten konnte ich jeweils mittels Organrückführungen ein komplexes seelisches Thema erkennen, das solche Krankheiten verursacht. Es ist dabei schwer verständlich, wie es möglich ist, bei den Milliarden an Investitionen in die Erforschung solcher Krankheiten, dass die Bedeutung der *seelischen Ätiologie* noch immer in Zweifel gezogen wird. Ein besonderes Problem ist hier in unserer meditativen Methode, ob es zwischen Symbolen bzw. Symbolhandlungen und bestimmten psycho-somatischen Störungen spezifische Gesetzmässigkeiten gibt.

Die Imagination dient hier allerdings nicht nur zur psycho-diagnostischen Klärung, sondern ermöglicht auch ein sofortiges Arbeiten im Sinne der tiefenpsychologischen Erwachsenenbildung. Man kann bei solchen Übungen vielseitig intervenieren und dabei die *Komplexverhältnisse durch aktives Umgestalten an den Bildern verändern*. Der dunkle Herrscher muss rausgeworfen werden. Die Nägel und vieles mehr sind wegzuschaffen. Gesundmachende Lichtwesen können in der Grotte arbeiten. Die Kette kann gelöst werden. Eine gelockerte Arbeitsteinstellung kann im Bildergeschehen integriert und die Beziehung zur Frau kann imaginativ vorbereitet erneuert werden.

Eine solche Arbeit braucht viel Zeit. Sie hat jedoch erhebliche *Wirkungen auf die Krankheitsverhältnisse*. Die Imagination ist ein fundamentales *Instrument zur Erforschung und Handhabung der Psychodynamik von Krankheiten aller Art*. Die *gelenkte Imagination* ist ein künstlerisches Handwerk mit breiten *Gestaltungsmöglichkeiten*. Das Bilderleben ist intelligent angeordnet, informativ und andragogisch herausfordernd.

4.2.6. Rückführung zur Befreiung von vergangenen Leiderfahrungen

Bereits im zweiten Kapitel habe ich das Phänomen der *Rückführung* ausführlich beschrieben und kommentiert. Mittels inneren Bildersehens kann man einen Menschen in jede Zeit seines Lebens zurückversetzen und längst vergessene Gegebenheiten nochmals durcherleben. Oft berichten Klienten etwa nach folgendem Grundmuster:

<Seit meiner Kindheit habe ich immer wieder dieselben psycho-somatischen Störungen; seit 20 Jahren haben wir nun immer wieder dieselben

Ehekonflikte; schon wieder habe ich einen autoritären Chef mit denselben Spannungen; zum 12. Mal ist mir nun gekündigt worden; ich bin immer allein, schon als Kind war ich dauernd allein; wieder habe ich dieselben Beziehungsprobleme, obwohl ich anfangs meinte, jetzt sei es endlich einmal anders.>

Solche *Problemtypen* entsprechen den sogenannten *Komplexlinien*. Mittels Rückführung kann eine ganze Komplexentwicklung aufgerollt werden. In der Psychoanalyse wird dieses Phänomen mit dem Begriff *Regression* umschrieben. Das analytische Vorgehen soll ein Durchleiden frühkindlicher Erfahrungen ermöglichen. Durch Übertragung des Konfliktthemas auf den Analytiker soll Material zutage gefördert werden, das viele Jahre zurückreicht.

In den konventionellen Verfahren dauert ein solcher Prozess weit über hundert Stunden. Durch *Imagination* kann dieser *Prozess direkt* und *sofort eingeleitet werden*. Statt einer Übertragungsneurose wird das *Konfliktthema direkt im Bildergeschehen wiedererlebt und durchgearbeitet*. Dies wirkt auf den Berater wesentlich entlastend, obwohl eine solche Arbeit gewiss eine minimale positive Übertragungssituation voraussetzt.

Die Rückführungen in vergangene Ereignisse kann mit allgemeinen Symbolen ergänzt und gestaltet werden. Reales Material mischt sich mit Symbolgeschehen. Anstatt ein allgemeines Vorstellungsmotiv als Einleitung einzugeben, wird hier ein konkretes Bildmaterial dem bewussten Erleben zugeführt. Die *Vorstrukturierung* geschieht durch ein *Stichwort zum gesuchten Thema*.
Im Bildergeschehen kann dann beliebig *symbolisch interveniert* werden. Man kann so mit dem ehemaligen Chef reden; jemandem jetzt endlich seine Wut mitteilen; einer angstbesetzten Person frei begegnen; Versöhnung schaffen durch bildhaft erlebtes Durcharbeiten usw. Auf diese Weise können auch stark besetzte Affekte freigelegt, wiedererlebt und gelöst werden. Allerdings:

Je schwächer die ICH-Struktur der imaginierenden Person ist, um so mehr ist es nötig, dass ein Berater den Verlauf und die Wandlung behutsam steuert und lenkt. Der Imaginierende berichtet während der Übung laufend über den Verlauf und kann gleichzeitig das Erinnerungsmaterial umgestalten. Das Bilderleben hat eine hohe Wiedererfahrungsdynamik. Es ist die Selbstdarstellung des Psychischen in Bildern.

Und diese Art entspricht dem Material des Unbewussten mehr als das Denken in Worten. Eine bildhafte Neuordnung geht dabei einher mit einer zunehmenden ICH-Stärkung.

Anstelle eines Beispiels seien im Folgenden einige Interventionsformen vorgestellt. Ich beziehe mich dabei unter anderem auf die Beispiele Rü 1 und Rü 2 im zweiten Kapitel:

- Ich sage dem Chef: Sie machen mir Angst; warum machen sie mir Angst?
- Der strafende Vater soll sich in ein Tier verwandeln, das mir symbolisch zeigt, wer er wirklich ist.
- Hinter mir sind Menschen, die mich antreiben, diese Beziehung aufzulösen. Ich erkenne ihre Motive.
- Ich sehe uns im üblichen Ehekrach; im gleichen Raum sind alle Menschen und Sachen, die das eigentliche Thema erhellen.
- Ich gebe der angstmachenden Person ein Geschenk.
- Ich bitte den weisen Mann um Rat, er möge mir helfen, das Problem zu verstehen.
- Ich verabschiede mich jetzt von meinen Eltern und sage ihnen, dass ich meine eigenen Wege gehen will.
- Ich bin gefesselt und befreie mich mit dem Zauberstab.
- Ich reinige alle Gegebenheiten und versöhne mich mit den Ereignissen.
- Ich will alle verdeckten Wünsche und Motive erfahren und diese klären, allenfalls mich davon lösen.

Führt man solche *umstrukturierenden Rückführungen* oft durch, so zeigt sich nach einiger Zeit, dass das Wiedererleben in der Rückversetzung völlig frei von Gefühlen geschieht. Dies bedeutet, dass sich die Komplexlinie aufgelöst hat und das Bildmaterial nicht mehr aus sich selber neue psychische Energie produziert. Das Material ist gleichsam <tote> Materie im Seelengedächtnis geworden.

4.2.7. Träume zum Widererleben und Weiterentwickeln

Das *bewusste Wiedererleben eines Traumes* ist ein weiteres Anwendungsgebiet der Imagination. Unklare Traumfragmente, nicht verstehbare Symbole und zurückgebliebene Gefühle können als einleitendes Motiv genommen werden. Das folgende Beispiel illustriert diese Möglichkeit:

Beispiel (TR 1): Traum:

<Ich bin in einem fremden Land in einer Art Gefangenenlager. Fluchtversuch. Ich werde erwischt. Alles wird jetzt derart abgesichert, dass ich sicher nicht mehr fliehen kann. Irgendwo ist meine Mutter…etwas mit einem Architektenplan…völlig unklar.>

Imagination: <Ich bin wieder im Gefangenenlager. Ich gehe zum Lagerleiter und frage ihn, warum ich da bin. Im Hintergrund ist meine Mutter. Ich möchte bei ihr sein. Ich kann aber nicht. Der Lagerleiter lacht hämisch. Loslassen solle ich, rufen etwa zwanzig Häftlinge durch das Fenster. Wieder versuche ich zu fliehen. Mit dem Zauberstab lähme ich den Lagerleiter und versetze die Wachen in Schlaf. Dann öffne ich das Gittertor, indem ich aus dem Zauberstab den Schlüssel mache. Viele Gefangene kommen mit mir. Draussen steht ein Auto bereit. Nach langer Fahrt komme ich an die Schweizergrenze. Ich darf nur in meine Heimat, wenn ich den Architektenplan zurückkaufe. Ich muss alles geben, was ich habe. Mit dem Plan komme ich in meine Wohnung. Ich schaue den Plan an und sehe ein grosses Haus. Lebenskraft und Freude fühle ich jetzt. Ich bin der Bauherr und kann endlich dieses Haus bauen.>

Kommentar: Dem Traum war ein Besuch bei der Mutter vorangegangen. Sie behandelt den 38jährigen Mann noch wie ein Kind. Solche Besuche bewirken regelmässig vegetative Störungen. In der Imagination zeigt sich, dass die innere Erfahrung den Traumbildern in Form und Inhalt identisch ist.

Was im Traum noch unverständlich war, wird durch Seelenbilder erhellt. Seine Mutterbeziehung macht ihn gefangen und verunmöglicht die Individuation (Hausbauen). Die Imagination ergänzt den Traum. Sie vertieft und fördert die Erforschung des Themas. Gleichzeitig kann eine Lösung erarbeitet werden, die im Traum noch nicht geschehen konnte.

Was mühsame Assoziationsarbeit oft nicht erreichen kann oder sich in Spekulationen begibt, eröffnet die Imagination direkt und sofort. Damit ist auch Zeit gewonnen. Das Beispiel zeigt zudem, dass die seelische Intelligenz in der Imagination in gleicher Weise andragogisch wirkt wie im Traum.

Oft kann man auch nur ein einzelnes Traumbild, das in seiner Bedeutung unklar ist, für eine kurze Übung nehmen. Es genügt dann oft die Intervention: <Verwandeln Sie das Bild in ein anderes Symbol, das wir leichter verstehen können.> Oder: <Reden Sie mit der Person, und fragen Sie, was sie darstelle.> In gleicher Weise kann jeder für sich selbst seine Träume leicht handhaben und ohne Symbollexikon den Sinn erkennen.

4.3. Gelenkte Seelenbilder als Quelle der Selbstfindung und Lebensgestaltung

Anhand von einigen Beispielen habe ich die *Anwendungsbereiche der Imagination* dargestellt und gleichzeitig auf die zusammenhängenden Probleme hingewiesen. Im Folgenden will ich die verschiedenen Aspekte einer allgemeinen Konzeption über gelenkte Seelenbilder in knapp gehaltener Form ausführen.

Erstens steht fest, dass der *Imagination* die gleiche gestaltende Kraft zugrunde liegt wie den Träumen: die absolute seelische Intelligenz. Die Seelenbilder sind informativ und von hohem diagnostisch-ätiologischem Gehalt bei allgemeinen Lebensthemen sowie bei psychischen und körperlichen Leiden aller Art. Das Verfahren ermöglicht den Zugang zum *seelischen Gedächtnis* und damit zu den *Komplexen*.

Der gestaltenden Kraft liegen eine innerseelische Wahrnehmungsfunktion, die Charakteristiken der Resonanzformen sowie ein ordnendes und urteilendes Prinzip zugrunde.

Die *energetisch-operative Funktion* hat besondere Bedeutung, da sie ohne Umwege gezielt zu spürbaren psychischen und körperlichen Wirkungen führt. Auch hier arbeitet die seelische Intelligenz generell mit andragogischen Massnahmen.

Die Grundorientierung des Bildergeschehens sind die *Identitätsfindung* und der *dazugehörige Entwicklungsprozess*.

Das Bildmaterial stammt wie bei den Träumen aus verschiedenen Quellen, wobei dem persönlichen Lebensinventar durch Häufigkeit und Sinnfunktion besondere Bedeutung zukommt.

Der Imagination liegt ein *inneres Normensystem* zugrunde, das langfristig immer *im Interesse des Imaginierenden* steht.

Die seelische Intelligenz erhebt in bezug auf Information, Wert und Sinn *verbindlichen Anspruch*. Sie ist gewissermassen der eigentliche *Garant für Wahrheit und Richtigkeit der optimalen Lebensführung*, die der Mensch seelisch finden kann. Insofern steht diese geistige Kraft auch über Ideologie, Philosophie und Religion.

Zweitens hat die *Imagination* gegenüber dem Traum und den verschiedenen psychoanalytischen Verfahren einige *Vorteile*. Imagination bietet einen *direkten*, gezielten und sofortigen *Zugang* zu den eigentlichen *seelischen Themen*.

Die Sprache des Unbewussten sind Bilder und in dieser Sprache wird operiert. Seelische Entwicklung geschieht durch die Gestaltung von Seelenbildern direkt im unbewussten Material. Punktuelle *Probleme können* sofort *angegangen werden.*

Häufig sind dabei in relativ kurzer Zeit auch *beachtliche Wirkungen* erfahrbar. Damit kann *Zeit gewonnen* werden. Vorausgesetzt ist dabei allerdings ein handhabbares Mass an Widerständen.

Drittens ermöglicht die Imagination verschiedene *innerseelische Gestaltungen:* Umstrukturierung, Kräftefreilegung, dosiertes Aufdecken und Umgehen, Verwandlung, Konfrontation, Versöhnung, Affektentladung, Problembehandlungen, Nachholen, Blockadelösungen und ähnliches mehr. Die bildhafte Gestaltungsfreiheit ist fast grenzenlos.

Die Imagination ermöglicht eine Kommunikation mit der Symbol- und Bilderwelt.

Mit allen Symbolelementen kann man reden, diese zwecks besseren Verständnisses verwandeln und durch Ergänzungen thematisch erweitern.

Der *Umgang mit Seelenbildern* ist in allen Sinnen erlebnisreich und *hat Rückwirkungen auf* die *seelischen Verhältnisse.* Die inneren Konflikte in einem dynamischen Verband strukturieren letztlich das imaginative Feld. Die Durchführung der Imagination erfordert allerdings innere Konzentration, Ausdauer, Geduld, Zielgerichtetheit und Willensanstrengung. Nur so können die inneren Bilder sich konstruktiv gestalten. Dies ist ähnlich wie beim Denken: Zerfahrene und unkontrollierte Gedanken bieten im Allgemeinen auch keine fruchtbare Grundlage zur Problemlösung und Lebensbewältigung.

Viertens lässt sich die *Imagination auf Gebiete aller Art anwenden.* Sie ermöglicht Entspannung, Harmonisierung und Kräfteerneuerung. Die verschiedensten seelischen Themen können im Interesse einer tiefenpsychologischen Erwachsenenbildung erarbeitet werden. Allgemeine Lebensprobleme jeder Art sowie psychische und körperliche Störungen können direkt bearbeitet und hinsichtlich der seelischen Sinnthemen geklärt werden. Dabei hat nebst dem *ätiologischen Aspekt* besonders auch die *Lösungsentwicklung* eine gewichtige, dynamisch gestaltende Kraft.

Rückführungsmaterial aus der frühen Kindheit kann durch Interventionen gezielt bearbeitet werden. Unklare Träume und Traumfragmente werden durch Imagination wesentlich erhellt und erweitert. Zudem ist das Bildergeschehen oft weniger sprunghaft, konzentrierter und konsequenter als in Träumen. Daneben werden Kreativität, Intuition, Selbstvertrauen und Selbständigkeit gefördert.

Fünftens bestätigen die Übungen, dass *Bilder* und *allgemeine Symbole durch das Erleben energetisch-operativ wirksam sind.* Komplexe beinhalten Energie. *Psychische Energie* ist im Körper gebunden. Sie *wirkt auf die psychischen Funktionen und die Körpersysteme.* Die Erfahrung und bildhafte Umgestaltung der Komplexe setzen Energie frei. Affektenergie wird umgewandelt. Gefühlsblockierungen können aufgelöst werden. Die *Wirkungen* auf den Körper sind sofort erfahrbar. Damit ist auch der *Zusammenhang zu psychischen* und *psychosomatischen Krankheiten* hergestellt. Die Imagination bietet in diesem Aspekt eine entscheidende unterstützende Massnahme.

Sechstens verweist die gestaltende seelische Intelligenz auch häufig auf den *Gesamtzusammenhang* und richtet sich auf die seelische Ganzheit der Situation und Entwicklung. Dies bedeutet, dass die innere Erfahrung immer auch *ethische Konsequenzen* fordert.

Eine konstruktive, langfristige Wirkung ist ohne Umsetzung im Leben kaum möglich. Einstellungen, Denkformen, Gefühle und Verhaltensweisen müssen korrigiert werden. Und dies führt durchwegs zu *Veränderungen in der Lebensgestaltung.* Das Dasein erhält neuen Sinn. Eine echte Bereitschaft zur Auseinandersetzung mit den Komplexen und symbolischen Inhalten sowie mit den gegebenen Lebensverhältnissen ist *Voraussetzung* für einen langfristigen Erfolg. Je mehr man sich an den Ergebnissen orientiert und sein Leben darauf ausrichtet, desto strukturierter gestaltet sich der *seelische Entwicklungsprozess.*

Es ist die absolute seelische Intelligenz, die die Individuation lenkt, und nicht eine psychologische Theorie oder Technik. Selbstfindung stärkt Gesundheit in Seele und Körper. Die Erfahrung und Gestaltung des inneren Seins erhöht die Lebenszufriedenheit und setzt Kräfte frei für eine optimale Lebensgestaltung. Der Weg zur Identität und Individuation ist dennoch weit. Hypnose, Suggestion und autogenes Training ersetzen die Arbeit der seelischen Entwicklung nicht. Die Imagination erweist sich als ein *Grundinstrument zur Persönlichkeitsentfaltung* und zur optimalen *Lebensgestaltung.*

In diesem Zusammenhang ist auch der Begriff <Psychotherapie> neu zu bestimmen. Seelische Entwicklung geschieht nicht einfach durch technische Interventionen. Weder Gespräch noch Deutung, noch Verhaltenstraining bewirken eine nachhaltige strukturelle Persönlichkeitsentfaltung. Es ist auch nicht einfach der Therapeut, der <heilt>. Erfahrung des Innerseelischen und Sinnerfassung des Daseins führen erst durch Umsetzung in der

Lebensgestaltung zum <*neuen Menschen*>.

Die Arbeit in der Seelenwelt erfordert *Introspektion*. Insofern sind seelische Themen kein Gebiet der Medizin und der naturwissenschaftlichen Psychologie. Der Begriff <Psychotherapie> wirkt täuschend und verdeckt diese Sachverhalte. Es handelt sich hier doch generell um *seelische Erwachsenenbildung* unter Berücksichtigung tiefenpsychologischer Sachverhalte. Eine Psychotherapie in diesem Sinne gehört nicht in das medizinische Gesundheitswesen; es sei denn, die Medizin erweitere ihre Betrachtungs- und Arbeitsweise im Sinne einer *metaphysischen Ganzheitlichkeit des Menschseins*.

Schliesslich bleibt zu erwähnen, dass sämtliche vorgelegten Beispiele und Übungshinweise sich leicht als *persönliche Meditation* anwenden lassen. Eine lenkende Person ist häufig gar nicht erforderlich. In der selbständigen Arbeit mit dem inneren Bildersehen soll man jeweils vorausgehend sich für ein Bildmotiv und ein Zielthema (z.B. eine Frage oder ein Problem) entscheiden. Es ist von praktischem Nutzen, wenn man nach Beendigung der Meditation das Ergebnis aufschreibt.

Im Laufe der Zeit gewinnt man eine gewisse Gewandtheit im Erfühlen der Sinnbedeutung. Spekulative Deutungen erübrigen sich weitgehend, wenn man mit den Figuren redet und unverstehbares Geschehen mit dem Zauberstab in leichter verständliche Bilder umwandelt. Es ist von Vorteil, wenn man die Übungen anfangs nicht länger als etwa 10 Minuten macht. Mit der Zeit kann man dann solche Bildmeditationen bis auf eine halbe Stunde ausweiten.

Weiter ist es förderlich wenn man zuerst versucht, die Resonanzformen zu erkennen. Denn es kann auch einmal vorkommen, dass *eigene Illusionen* sich als *Kobolde* zeigen, die recht schwierig als solche zu erkennen sind. Solche Bilder entsprechen der andragogischen Funktion. Dazu gehört gelegentlich auch die Haltung des <Weisen>, die etwa heisst: <Mal sehen, ob er es spürt und erkennt.>

5. Seelenbilder zur Erfahrung fremder Sinnwelten

Mediales Sehen heisst in die Sinnwelt anderer Menschen und Institutionen Einblick nehmen

5.1. Die seelische Wahrnehmungsfähigkeit

Mediales Sehen ist eine besondere *Variante der hellsehenden Imagination*. Das Phänomen dieser geistigen Erkenntnisquelle ist für die klassische Psychologie praktisch neu. Die Möglichkeiten sind ausserordentlich vielseitig, oder, um es etwas krass zu formulieren:

Die Fähigkeit des *medialen Sehens* ist neben der Anwendung der kosmischen Energie (siehe Kapitel 6) die *grösste geistige Macht*, die dem Menschen zur Verfügung steht. Dies ist gewiss eine herausfordernde Behauptung. In der Esoterik und Magie aller Jahrhunderte wird darüber sehr verschlüsselt und geheimnisvoll geschrieben.

Um das mediale Sehen zu verstehen, werde ich vorerst einige Grunderfahrungen aus dem Alltag, aus Traum und Imagination sowie aus aussersinnlicher Wahrnehmung und Psychometrie vorstellen. Daraus ergeben sich dann die allgemeinen *Grundlagen* für die *Technik des medialen Sehens*. Anhand praktischer Beispiele werde ich im Anschluss daran zeigen, worin diese geistige Macht der Information besteht.

5.1.1 Ahnung und Eingebung im Alltag

Es gibt verschiedene Alltagserfahrungen, die annehmen lassen, dass der Mensch eine innerseelische Wahrnehmungsfähigkeit hat. Dazu seien einige Beispiele aufgeführt:

Beispiel (A 1): <Letzthin bin ich zu Bekannten gefahren. Auf dem Weg habe ich immer mehr einen Druck in der Magengegend verspürt. Im Treppenhaus

fand ich das Atmen schwer. Ich fühlte eine unangenehme Spannung. Vor der Türe habe ich für einen Augenblick die Augen geschlossen. Dabei sah ich innerlich schwarzen Rauch aus der Türe kommen. Kaum war ich bei den Leuten, ging ein fürchterlicher Krach los, der offensichtlich schon vorher vorhanden war. Ich fühlte, dass ich besser zu Hause geblieben wäre.>

Beispiel (A 2): <Ich erhalte einen Brief von einem Bekannten und bekomme eine dunkle Ahnung. Bei geschlossenen Augen sehe ich, wie er mir die Hand entgegenstreckt und Hilfe sucht. Es ist, als ob dunkle Mächte ihn runterziehen würden. Im Brief stand ähnliches. – Am Nachmittag erhalte ich einen Anruf von einem Arzt, der ihn soeben in eine psychiatrische Klinik einweisen musste.>

Beispiel (A 3): <Ein Klient sitzt da in der ersten Stunde und weiss gar nicht, was er will. Er sei neugierig. Probleme habe er eigentlich keine. Mit offenen Augen sehe ich, wie er seinen Gürtel immer enger zuschnallt. Dann sehe ich einen mageren Jüngling ängstlich und zitternd dasitzen. Dahinter steht eine dunkle Gestalt. Das Wort <Vater> drängt sich auf. Darauf angesprochen, erschrickt er etwas. Er beginnt zu erzählen, wie er in der Kindheit und Jugendzeit oft von seinem Vater mit dem Gürtel traktiert worden ist.>

Beispiel (A 4): <Ein Bekannter berichtet mir, dass er bei Telefonanrufen oft Vorahnungen habe. Häufig wisse er schon vorher, wer am Apparat sei und was ihn zu erwarten habe.>

Beispiel (A 5): <Bei einer Seminarteilnehmerin fällt mir die Brosche auf. Sie ist nichts besonderes, und doch richtet sich meine Aufmerksamkeit dauernd auf sie. Kaum nach der Herkunft gefragt, beginnt sie zu weinen. Sie hat diese von der Mutter erhalten, welche vor einigen Tagen gestorben ist.>

Diese Beispiele liessen sich beliebig erweitern. Viele Menschen kennen das Phänomen der *Vorahnung,* der *Eingebung,* der *inneren Stimme* und der zufälligen *Handlungsimpulse.* Meist fühlt man ein Unbehagen. Seltener sieht man gleichzeitig innere Bilder. Diese Erfahrungen bedeuten ein *Voraussehen,* ein *Hellsehen* und *Hellfühlen* von Gegebenheiten und innerpsychischen Welten anderer Menschen.

Im Kapitel über Träume habe ich aufgezeigt, dass die absolute seelische Intelligenz in der Lage ist, über Gegebenheiten zu informieren, die ausserhalb der Reichweite des Träumenden liegen. Zukünftige Ereignisse und unbekannte gegenwärtige Verhältnisse bei anderen Menschen, Sachen und Institutionen werden aufgezeigt. Der Reiche wird zum ärmlichen Mann; der attraktive Geschäftspartner zur Gefahr eines Ruins; eine angesehene

Lehrstätte zum Ort, wo falsche Musik gespielt wird.

Weiter zeigen sich auch in der Imagination ähnliche Phänomene. Viele *Seelenbilder korrigieren* die *bewusste Wahrnehmung* und informieren über Gegebenheiten, die den Imaginierenden und andere Menschen betreffen, ohne dass die Person darüber Bescheid wissen könnte. Ursachen von seelischen und körperlichen Leiden werden gezeigt. Problemsituationen werden durch symbolische Bilderwelten analysiert. Die innere Wahrnehmung hat offensichtlich Erkenntnismöglichkeiten, die weder rational noch empirisch begründet werden können.

5.1.2. Aussersinnliche Wahrnehmung über fremde Sinnwelten

Psychometrische Experimente stellen eine besondere Variante des Hellsehens dar. Ich will darauf etwas ausführlicher eingehen und gleich drei Experimente vorstellen.

Beispiel (PE 1): Ich habe ein Tischtuch gekauft und es auf dem Arbeitstisch in meinem Haus ausgebreitet. Dann habe ich diverse Esswaren (Brot, Fleisch) und Geschirr daraufgelegt. Daneben stellte ich eine brennende Kerze. Auf dem Kasten stehen Zinnteller. Im Raum ist ein grosser, dunkelbrauner Bücherkasten.

Im nachfolgenden Seminar habe ich das Tischtuch den Teilnehmern in die Hand gegeben mit dem Auftrag, das Tuch zu fühlen und bildhaft zu erfahren, was damit geschehen ist. Das Ergebnis in Stichworten: Brot, Essen/ Dunkelbraune Möbel, Wärme, Licht, Ruhe/ Essen, Familie, Zusammensein/ Ruhe, Harmonie, Möbel, brauner Tisch/ Zinnteller, Kerze, Geborgenheit, Behütetsein. Zwei Personen haben darauf sehr negativ reagiert: die eine wurde aggressiv; die andere wollte weggehen.

Beispiel (PE 2): Parallel dazu habe ich einer anderen Seminargruppe ein anderes Tuch zum Hellfühlen und Hellsehen gegeben. In einer psychiatrischen Klinik haben Patienten auf Tücher mit Farbe ihre Hände abgedruckt. Das Tuch hat dann in privaten Händen eine Afrikareise gemacht. Ein Hund pflegte darauf zu sitzen. Es lag einmal auf einem Pferderücken.

Hier das Ergebnis in Stichworten: nass, kalt, Schlangen/ Spital, unangenehm, Gefahr, Schwere, Krankheit/ Übergang zum Tod, Schaudern, dumpfe Distanz, widerlich, abstossend/ Hund, orientalischer Bazar, Pferdestall, Haustiere. Zwei Personen haben hier positiv reagiert: grosses, weisses

Gebäude; ich fühle mich da ganz daheim; es könnte allerdings so etwas wie ein Spital oder ein Heim sein/ Ich empfinde Geborgenheit und Lebendigkeit.

Beispiel (PE 3): Im Rahmen derselben Seminare habe ich häufig das folgende psychometrische Experiment ausgeführt. Die Teilnehmer tauschen untereinander einen persönlichen Gegenstand aus. Keiner weiss aber, wem derjenige gehört, den er bekommt.

Die Aufgabe besteht nun darin, mittels bildhaften Sehens Informationen über den Besitzer zu erhalten. Die Erfolgsquote lag oft bei etwa 60 bis 80 Prozent. Im Einzelfall so: grünes Auto (vor 2 Jahren gehabt)/ 2 grössere Krankheiten gehabt (trifft zu)/ Unglücklich, depressiv (stimmt)/ Beziehungsprobleme (in Scheidung)/ 3 Kinder (ja)/ Kleines Haus mit Garten (wohnt in einem solchen)/ Weinberg oberhalb des Hauses (gibt es)/ In der Nähe ein Wasser (hinter des Hauses fliesst ein Bach vorbei).

Die Hypothese der *Psychometrie* lautet: Gegenstände werden durch den Besitzer und durch den Gebrauch <imprägniert> und ermöglichen die Herstellung der seelischen Beziehung zu dieser Person. Mittels Imagination kann ein Gegenstand (Induktor) den Zugang zu vielen Lebensbereichen des Besitzers eröffnen. Zudem ist es nach meiner Erfahrung möglich, gezielt Fragen zu stellen wie etwa: Alter? Mann oder Frau? Wohnhaus? Krankheiten?

In zahlreichen Experimenten fand ich diese These bestätigt. Allerdings ist die Fehlerquote noch sehr hoch. Das Phänomen ist für das mediale Sehen von grundlegender Bedeutung. Doch vorerst seien noch zwei weitere Experimente der klassischen aussersinnlichen Wahrnehmung vorgestellt. Sie haben mich auf eine neue Hypothese gebracht:

Beispiel (ASW 1): In einer Schuhschachtel ist ein Wecker versteckt. Zehn Leute bilden einen Kreis. Die Schachtel liegt in der Mitte. Keiner weiss, was sich darin befindet. Mittels Tiefenentspannung sollen die Leute hellsehen, was sich darin befindet. Ich erhoffe mir einige Bilder zum Thema Wecker wie etwa Uhr, Zahlen, Zeiger, Zeit.

Ergebnis: Eine Person sieht viele Gläser und Restaurant-Atmosphäre; eine weitere Person sieht zahlreiche Schnapsgläser. Die übrigen Teilnehmer haben keine brauchbaren Bilder gehabt. – Dieses Ergebnis war sehr überraschend. Denn der Besitzer des Weckers ist Alkoholiker und täglich in Restaurants. Den Wecker hat er einmal für eine Gestaltübung mitgebracht.

Beispiel (ASW 2): In eine Schachtel lege ich ein graues Eckeisen und erwarte etwa folgende Bilder: Eisen, Ecke, grau etc. Das Ergebnis: Eine Person sieht ein Büchergestell und hat den Eindruck, es handle sich um Eisen; eine weitere Person sieht viele Schrauben. Die restlichen Ergebnisse konnten nicht gedeutet werden.

Auch dieses Ergebnis war eine Überraschung. Denn vor Jahren habe ich mir mit zahlreichen solcher Eckeisen ein Büchergestell gebastelt. Mehrmals bin ich seither umgezogen und musste dabei all die vielen Schrauben entfernen und wieder anbringen. Dies war jeweils mit einigem Ärger verbunden.

Kommentar: Was bedeuten diese beiden Ergebnisse? Die Ursprungsidee konnte im ersten Experiment gar nicht und im zweiten nur teilweise erreicht werden. Dies ist eine Enttäuschung für die Praxis der aussersinnlichen Wahrnehmung. Ich ahnte eine neue Idee für die Sache.

Im indirekten Sinn ist bei beiden Experimenten die Variante Psychometrie geschehen, und zwar ohne Kenntnis des Gegenstandes. Das Hellsehen zeigt im ersten Fall ein *Sinnthema*. Der Besitzer ist Alkoholiker und hält sich täglich in Restaurants auf.

Im zweiten Falle vermittelt das Hellsehen den Gebrauchszweck (mein Büchergestell) und durch die vielen Schrauben auch einen Hinweis auf den grösseren Zusammenhang (über hundert Schrauben, Schwielen und Ärger). Weitere ähnliche Experimente haben mich zu folgenden Annahmen veranlasst:

Aussersinnliche Wahrnehmung erfasst häufig seelische Sinnthemen anstatt reale Dinge. Wenn man eine einführende Übung (Entspannung, Suggestionen zum Hellsehen) auf diese Gegebenheiten direkt ausrichtet, dann müsste der Zugang zur Sinnwelt eines Gegenstandes leichter gelingen.

Noch förderlicher dürfte ein solches Experiment gelingen, wenn der Besitzer direkt mittels Suggestionen in das innere meditative Bildergeschehen miteinbezogen wird.

Und weiter: Es ist möglich, mittels Imagination die *Sinnwelt* eines Menschen oder einer Sache bildhaft-hellsehend zu erfahren, ohne die geringste Ahnung von der Person bzw. Sache zu haben. Es genügt die darauf ausgerichtete Imagination.

Also entschied ich mich, das Experiment umzukehren, direkt nach der Sinnwelt zu fragen und nebenbei noch zu klären, was real äusserlich gegeben ist. Dies ist die Grundlage zur Konzeption des medialen Sehens.

Diese praktischen und experimentellen Erfahrungen sowie die allgemeinen Überlegungen über Träume und Imagination beinhalten folgende theoretische Annahmen:

a) Der Mensch hat eine innerseelische Wahrnehmungsfunktion, die Informationen erfassen kann, die ausserhalb seiner bewussten Wahrnehmungsreichweite liegen.

b) Diese Wahrnehmung ist häufig zuerst ein Fühlen, eine Art Vorahnung und kann dann in innere Bilder umgewandelt und erweitert werden.

c) Die Verbindung zum wahrnehmenden Objektfeld kann mittels Gegenstand, aber auch ohne konkreten Trägerbezug hergestellt werden. Die innere Wahrnehmung findet jedes Objektfeld.

d) Die innere Wahrnehmung erschliesst vorwiegend seelische Sinnwelt und erst sekundär reale Sachgegebenheiten.

e) Als Objektfelder können bekannte und unbekannte Menschen, Institutionen, Bücher, Kurse und Handlungsbereiche aller Art gelten.

f) Die Technik dieser Art Wahrnehmung ist der Imagination ähnlich. Ein Vorstellungsmotiv eröffnet den Zugang. Mittels Fragen und gezielter Bildergestaltung kann fremdes psychisches Feld eröffnet werden.

5.1.3. Beispiele des medialen Sehens

Um die *Konzeption* des medialen Sehens zu überprüfen, habe ich unzählige *Experimente* teils allein und teils in Seminaren durchgeführt. Die folgenden Beispiele sollen die praktische Anwendung verdeutlichen und gleichzeitig den *Legitimationszusammenhang* illustrieren.

Der eigentliche Kern ist die *These der seelischen Wahrnehmungsfunktionen*. Darüber habe ich im Kapitel über Träume und Imagination ausführlich berichtet. Die dargelegten Besonderheiten der *aussersinnlichen Wahrnehmung* bilden die weitere Grundlage des medialen Sehens. Die *energetischen Aspekte* der *Herstellung einer Sinnbeziehung* zu irgendeiner Person werde ich im nachfolgenden Kapitel vorstellen und empirisch nachweisen.

Praktisch geht man beim medialen Sehen wie folgt vor: zuerst wird während einiger Minuten eine *meditative Entspannung* durchgeführt. Der Übende konzentriert sich ganz auf seine Absicht. Dann kann man suggestiv durch folgende Worte das *Bildersehen lenken:* Meine innere Wahrnehmung findet den Zugang zur Person K. (oder: zur Institution L.); oder: Der Gegenstand in meiner Hand (oder: vor mir in der Schachtel) vermittelt mir den *Zugang zum Besitzer.*

Eine weitere Variante ist: Hier ist das Kursprogramm von T. (oder: das Buch von B.); meine seelische Intelligenz eröffnet mir jetzt die *Sinnwelt* und teilt mir etwas mit über den Inhalt bzw. den Wert.

Schliesslich noch eine weitere Variante: Frau O. hat das Problem X. (z.B. eine Entscheidungssituation oder eine Krankheit); meine seelische Intelligenz zeigt mir bildhaft analysierend, worin das eigentliche *Problem* besteht, welches die *Ursachen* sind und welche *Lösungsmöglichkeiten* gegeben sind.

Dann konzentriert man sich auf das innere Bildergeschehen. Man kann dabei Fragen stellen, Unklares bildhaft erweitern und den Ablauf wie bei der Imagination durch symbolische Interventionen steuern. Im Folgenden seien dazu einige Beispiele vorgestellt. Die Ergebnisse sind etwas zusammengefasst, und Interventionen werden weggelassen.

Beispiel (MS 1): Ein Bekannter klagt, dass er sich bei einer Freundesfamilie nie wohl fühle, obwohl es da recht freundlich zu und her gehe. Ich sage ihm, er solle doch einmal imaginär zu dieser Familie gehen, um zu erfahren, was ihn bedrückt:

<Ich stehe vor dem Haus des Freundes. Die Frau begrüsst mich in einem fasnachtsartigen Trachtenkleid. Mein Freund steht dahinter. Beide tragen eine Maske und einen Hut mit Pfauenfedern. Ich gehe hinein und ziehe mir automatisch eine Maske über, obwohl ich dies gar nicht will. Überall sind Schlangen. Mein Freund sieht jetzt aus wie der Tod, ganz skeletthaft. Eine Stimme sagt: Hier ist kein Leben. Es ist kalt und düster.>

Beispiel (MS 2): Im Rahmen eines Seminars bat ein Teilnehmer, durch mediales Sehen die Sinnwelt der internationalen Esoteriker-Vereinigung C. erfahren zu können. Er kannte nur den Namen aus Zeitungsinseraten:

<Ich komme zu einem dunklen Haus. Alles ist grau, düster und unheimlich. Fenster und Türen sind verschlossen. Nach langem Warten öffnet eine Gestalt die Türe. Die Figur hat ein leeres Gesicht und irgendwie gar keinen Körper. Ich möchte Auskunft und mich umsehen. Dies scheint nicht möglich zu sein. Denn wenn man drin ist, dann kann man nicht mehr raus. Die Gestalt gibt keine Auskunft. Nun kann ich irgendwie doch ins Haus schauen.

Alle Leute haben sich im Dunkeln versteckt. Sie zeigen ihre Gesichter nicht. Eine klebrige Masse will mich hineinziehen. Es macht mir Angst. Ich sehe eine brennende Kerze. Sie gibt aber kein Licht. Die Leute drinnen tappen im Dunkeln und meinen, im Licht zu sein.>

Beispiel (MS 3): Ein Seminarteilnehmer möchte über einen international bekannten und sehr angesehenen Esoteriker mittels medialen Sehens etwas erfahren. Wir wollen seine geistige Welt etwas erhellen:

<Ich kann ihn sehen. Er trommelt mit einer grossen Trommel Leute herbei. Die Atmosphäre ist wie an einem Jahrmarkt. Alles geht sehr laut zu und her. Es wird schlechte Ware feilgeboten. Er ist ganz auf Luxus und Gesellschaftsleben ausgerichtet. Sein Körper ist wie ein Gerüst. Er ist innerlich ganz leer und dunkel. Eine Lichtgestalt begleitet mich und sagt: <Er ist luziferisch. Er benützt die Bibel und göttliches Wissen, ohne dazu berufen zu sein. Einiges ist wahr, und vieles ist ganz falsch. Seine Macht ist sehr gross. Er zieht grosse Massen an. Alle fallen auf ihn rein.>>

Dieses Experiment habe ich wie auch das Beispiel MS 2 mit verschiedenen Leuten durchgeführt. Auch sie haben sinnentsprechende Bilder erfahren:

stachelig; kaum bewegbar; endet im Nichts/ Kümmert sich nicht um die Folgen seines Tuns/ Er will bloss riesige Geldmengen zusammenschaufeln/ Durcheinander; dunkel; kalt und dämonisch/ Er verführt die Menschen und gibt ihnen Steine zu essen; er ist ein Showman und ein Kabarettist.

Beispiel (MS 4): Ich habe das Hauptwerk eines international bekannten Mannes in eine Schachtel gelegt. Er hat eine grosse, weltweite psychologisch-religiöse Bewegung gegründet. Zehntausende suchen ihn auf. Die Seminarteilnehmer haben die Aufgabe, den Sinnzusammenhang zum Gegenstand in der Schachtel hellsehend zu finden. Niemand ist über den Inhalt informiert: Es zieht mich runter in einen riesigen Schlund/ Krokodiltatzen/ Ein Gebiss mit scharfen Zähnen/ Destruktiv, zerstörerisch/ Eine Raupe, die sich selber auffrisst und dabei erstickt/ Beherrschend, negativ; schreibt, um Geld zu machen und Leute aufzuheizen/ Feuerflamme, triebhaft, gelb-rot-schwarz, schlau, dämonisch/ Schwarzer Tyrann mit Hakennase. Zwei Personen haben etwas abweichende Bilder gesehen: vital, kraftvoll, sehr beruhigend/ Mönch in weissem Gewand, viel Energie.

Beispiel (MS 5): Herr D. hat seit Jahren psychosomatische Beschwerden aller Art. Seine Ehe ist zerrüttet. Beruflich hat er laufend Misserfolge. In einer Gruppe versuchen wir, durch inneres Sehen die Situation dieses Mannes zu erhellen. Herr D. sitzt in der Mitte des Kreises. Es zeigen sich folgende

Bilder:

<Ein trotziges Kind wird häufig vom Vater geschlagen/ Die Mutter ist immer krank und scheint ziemlich depressiv zu sein/ D. ist angekettet an ein Haus, Elternhaus/ Im Geschäft tun die Angestellten, was sie wollen; er wehrt sich gar nicht/ Ein Rabe sitzt im Bauch; alles ist kalt, unruhig, nervös, lieblos/ Herr D. und seine Frau schauen sich gar nicht an; sie gehen einander dauernd aus dem Wege/ Vor 5 oder 6 Jahren ist etwas gewesen, eine Krankheit oder ein Unfall; seither ist etwas da, eine Wut oder Rachegefühle/ Isst ganz unregelmässig; rennt während des Essens hin und her/ Es brennt kein Feuer zu Hause; alle Fensterläden sind geschlossen.

Die Auswertung dieser Ergebnisse: Alle Bilder haben einen eindeutigen fassbaren Zusammenhang zu D. Vor 5 Jahren hat er einen Unfall gehabt, an dem ein Kollege schuld war. Seither hat er oft Wut- und Rachegefühle. D. isst und arbeitet oft gleichzeitig. Er und seine Frau leben je in einer eigenen Welt. Sie haben keine partnerschaftliche Beziehung. Die Atmosphäre ist von Pflicht, Arbeit und Disziplin geprägt.

Beispiel (MS 6): Ein Klient wollte einen alten Bekannten einladen, den er seit Jahren nicht mehr gesehen hat. Ich habe ihm vorgeschlagen, er möge doch zuerst meditativ klären, warum er zögere. Wir vereinbarten: Wenn seine Haustüre verschlossen bleibt und mit Brettern zugenagelt ist, dann bedeute das, dass er keinen Kontakt aufnehmen solle. So ging er imaginär zu seinem alten Freund:

<Die Haustüre ist verschlossen. Ich sehe dahinter. Er begrüsst mich nicht. Irgendwie hat er auch gar kein Interesse an mir. Ich will mit ihm reden und ihn nach den Gründen fragen. Er versteckt sein Gesicht.> - Der Klient hat dann trotzdem den Kontakt gesucht und ist kühl und befremdend zurückgewiesen worden.

Beispiel (MS 7): Einmal wollte ich einen antiken Bauernschrank kaufen. Nach langem Suchen offerierte mir ein Händler ein Exemplar, das die einmalige Gelegenheit zu sein schien. Doch ein ungutes Gefühl im Magen drängte mich zum Abwarten. Hellsehend wollte ich klären, ob da etwas faul an der Sache ist: Mit Zügelmännern gehe ich zu diesem Antiquitätengeschäft, lasse den Kasten aufladen und zu mir fahren. Während der Fahrt wird der Kasten immer kleiner. Vor dem Hause ist im Auto nur noch ein ganz kleines, unförmiges Ding. Die Zügelmänner tragen dieses nun aber nicht in mein Haus, sondern direkt zum Nachbarn, der Jurist ist. Ich sehe einige Tausendernoten, die sich plötzlich in Hunderternoten verwandeln. – Ich habe den Kasten nicht gekauft.

Beispiel (MS 8): Immer wieder liest man in Zeitungen und Zeitschriften über Magnetopathie, Hypnose und Magierbehandlung. In einem Gruppenexperiment wollte ich einmal erfahren, wie hier die Ergebnisse aussehen.

Verschiedene Leute haben über dasselbe Inserat eine Übung gemacht. Die Ergebnisse waren im Grundtenor alle gleich; hier ein Muster:

<Ich sehe das Haus von M. Überall stehen Fallen und Schlangengruben. Es ist schrecklich; wie in einem Horrorfilm. Alles ist dunkel und schmutzig. Er winkt mir zu, hält eine Schnapsflasche in der Hand, einen Teddybären im Arm und einen Schleckstengel im Mund. In einem Behandlungsraum ist eine schwarze, klebrige Flüssigkeit am Boden. Ein Riesendrache liegt da. Der Herr wirkt verwirrend im Geist und nützt die Leichtgläubigkeit der Leute aus. Dunkle Schatten und Dämonen sind da. Ich fühle mich sehr unwohl und möchte da sofort wieder weg.>

Beispiel (MS 9): In gleicher Weise wie bei MS 2 und MS 8 liess ich einige psychoanalytische und psychotherapeutische Institute und Gesellschaften besuchen.

Die Aufgabe bestand darin, die geistige Welt und den Wert ihrer Arbeitskonzeptionen zu erfahren. Auch hier zeigten sich viele eindeutige Gemeinsamkeiten in den Ergebnissen. Dazu nur einige Auszüge:

<Herr J. steht am Fenster. Er trägt eine Schlächterschürze. Blut fliesst vom Fenster runter. Er wirft Körperteile wie Arme, Beine und Organe aus dem Fenster.> - <Am Ort U. will man mir das Rückgrat rausoperieren. Ich protestiere. Doch sie sagen, so gehe das halt. Ich eile weg.> - <Der Leiter F. fährt mit mir in die Wüste. Er will mir sein Land zeigen. Wir kommen in eine völlig leblose Welt. Er fährt immer wilder und hört meine Warnungen nicht. Schliesslich verliert er die Herrschaft über sein Fahrzeug. Ich kann mich gerade noch retten. Er stützt in eine Schlucht.> - <Der Präsident öffnet mir die Türe nicht. Im Raum sind viele schwarze Löcher am Boden. Wenn ich etwas Falsches sage, falle ich gleich runter. Der Herr trägt eine Maske. Ein dunkles Tier lauert in einer Ecke.> - Im Haus A. sind alle Fensterläden geschlossen. Die Lehrer sitzen drin am Boden. Alle tragen lausige Kleider. Ein alter Holzofen ist glühend heiss. Unten ist ein Sex-Shop. Einer nach dem andern geht hinein. Der Buchstabe A steht an der Wand; was heissen soll: Wir sind alternativ.>

Beispiel (MS 10): Herr L. ist Alkoholiker. Er hat wiederholt Entziehungskuren gemacht, leidet unter Depressionen und ist kaum in der Lage, sein Leben selbständig zu führen. Mit einigen Leuten, die L. nicht kennen, versuchen wir durch mediales Sehen die Thematik genauer zu erfassen: Alles dunkel und klebrig/ Schwarzer Schlund/ Mir wird schlecht; ich ertrage seine Welt nicht/ Er zieht mich runter/ Es ist, als ob ich selber jetzt Alkohol trinken müsste/ Ich kann kaum atmen; es engt mich in der Brust ein/ Ratten, Schlangen und dämonische Schattenfiguren wollen mich packen; es ist unheimlich/ Ein unermesslicher Hass, Falschheit, eine totale Wut, eine Höllenwut/ Er will keine Hilfe; er verweigert jede Zuwendung.

Kommentar: Die verschiedenen Beispiele sind im Inhalt teilweise sehr provokativ. Können diese Ergebnisse ernst genommen werden? Sind sie reine Phantasie und Vorurteil des medial Sehenden? Wer garantiert, dass solche Ergebnisse immer zutreffen? Dies sind etwa die Fragen, die sich hier stellen. Dieselben Fragen kann man aber auch bei Träumen und Imaginationsergebnissen aufwerfen. Die *Beweisführung* hat verschiedene *Bezugsquellen.* Zuerst einmal ist die absolute seelische Intelligenz und ihre *innerseelische Wahrnehmungsfunktion* zu erwähnen. Ich habe aufgezeigt, dass diese vorhanden sind und immer richtig funktionieren. Zweitens hat die *Parapsychologie* im Zusammenhang mit der *aussersinnlichen Wahrnehmung nachgewiesen,* dass diese systematisch angewendet werden kann. Drittens zeigt sich bei der experimentellen Durchführung mit mehreren Personen, dass die Ergebnisse meist in hohem Masse übereinstimmen, auch wenn die Peson oder Sache unbekannt ist. Und schliesslich kann jeder einem Ergebnis nachgehen und selber überprüfen, ob die Informationen richtig sind. Einen besonderen *Zugang zur Prüfung,* ob tatsächlich zur entsprechenden *Person eine Verbindung* hergestellt worden ist, ermöglicht der *energetische Aspekt.* Ich komme im letzten Kapitel darauf zurück.

Die *Durchführung* des medialen Sehens hat einige besondere Probleme. Die *innere Haltung* der Person ist sehr *bedeutsam.* Es kann auch einmal vorkommen, dass die erlebten Bilder mehr den Fragenden als die Sache widerspiegeln, vor allem zu beachten bei: Eine Türe geht zu, Ein Spiegel taucht auf. Die Figuren wenden sich ab. Eine Stimme spricht orakelhaft. Die *Bildantworten* haben auch oft einen *individuellen Aspekt.* Dies trifft besonders dann zu, wenn die Frage eine persönliche Bedeutung hat. Oft muss man dann die Fragen ändern und den persönlichen Kontext analysierend mit einbeziehen.

Manche Menschen haben starke *Widerstände,* die Ergebnisse anzunehmen; dies besonders dann, wenn eine vorhandene Einstellung geändert werden müsste. Die Deutung des Bildergeschehens unterliegt hier demselben Aufwand wie bei den Träumen und Imaginationen. Schliesslich muss auch darauf hingewiesen werden, dass man mit dieser Technik auch *Unfug* treiben kann.

Dabei ist auf eine *Gefahr hinzuweisen*. Das mediale Sehen eröffnet nicht nur den *Zugang* zu Sinnwelten anderer Menschen, sondern auch *zu den psychisch-energetischen Verhältnissen*. Grenzt man sich in der Übung nicht hinreichend ab, so wird man davon erfasst und *angesteckt*. In umgekehrter Weise ermöglicht die hellsehende Imagination auch eine *aktive Einflussnahme* auf die betroffene Person.

Die Erfahrung des medialen Sehens eröffnen weitere grundlegende Perspektiven der anderen Wirklichkeit des Menschen. Die *inneren Bilderfahrungen* bestehen fast durchwegs aus *subjektivem Bildmaterial*. Wenn zum Beispiel mehrere Personen über dieselbe Sache eine Übung machen, so haben im Allgemeinen alle Personen je individuell geprägte Bilderlebnisse.

Dennoch zeigt sich bei der Deutung, dass die überwiegende Mehrheit der Bilder *auf einen thematischen Nenner* gebracht werden kann. Darüber hinaus sind die inneren Erfahrungen auf das vorhandene Bewusstsein und die seelischen Verhältnisse der medial sehenden Person ausgerichtet. Reales Faktenmaterial taucht vorwiegend im Zusammenhang mit einer Sinnbedeutung auf. Mit anderen Worten:

Die äussere Realität des Menschen ist in der inneren seelischen Welt in einem Sinnzusammenhang vorhanden. In ähnlicher Weise wie bei den Komplexen kann auch hieraus geschlossen werden, dass *der Mensch eine innere Wirklichkeit hat*, die ausserhalb von Körper, Raum und Zeit *ein eigenes Sein* hat. Mediales Sehen erschliesst dieses Sein.

5.2. Mediales Sehen in die Vergangenheit

Im zweiten Kapitel habe ich aufgezeigt, dass man mittels inneren Bildersehens bis in die vorgeburtliche Zeit zurückgehen kann. Zur Erklärung habe ich das seelische Gedächtnis und die innerseelischen Funktionen beigezogen. Dieses Konzept beinhaltet gleichzeitig, dass es einen *seelischen Körper* geben muss, der unabhängig von Körper und Materie ein funktionierendes Sein hat. Im Folgenden seien weitere Perspektiven zu diesem Thema skizziert.

5.2.1. Rückführung in frühere Leben

Es ist naheliegend, diese Rückversetzungen noch weiterzuführen, also zum Beispiel:

<Wir sind im zweiten Monat vorgeburtlich. Jetzt gehen wir noch weiter zurück; erster Monat; Sie sind jetzt einige Tage alt ... Jetzt ist die Zeit der Zeugung ... Sie sind wenige Stunden vor der Zeugung. Was sehen Sie? Wo sind Sie? ... Wir gehen noch weiter zurück ... einige Monate ... einige Jahre ... einige Jahrzehnte ... einige Jahrhunderte. Wir kommen in ein früheres Leben. Sie sind noch ein Kind, vielleicht etwa 10 Jahre alt. Was erfahren Sie? Was tun Sie? ... In diesem Leben werden Sie jetzt älter und älter ... Sie sind jetzt etwa 30 Jahre alt. Was tragen Sie für Kleider? Wo sind Sie? Wer ist da? Wie sieht es aus? ... Sie sind am Sterben. Was geschieht? ... Jetzt sind Sie gestorben. Dieses Leben ist abgeschlossen ... Wo sind Sie? Wohin gehen Sie?>

Dies ist die klassische Variante der experimentellen Rückführung in *frühere Leben*. Es gibt darüber bereits umfangreiche Literatur mit sehr ausführlichen Beispielen. Die Autoren gehen dabei im Allgemeinen von der *Reinkarnationshypothese* aus.

Die Annahme, dass wir schon früher wiederholt gelebt haben, ist eine Vorstellung, die bei den verschiedensten Naturvölkern, Religionen und esoterischen Schulen eine zentrale Bedeutung hat. Einzig die christliche Kirche nimmt davon Abstand.

Allerdings gibt es verschiedene Religionsforscher, die nachweisen, dass auch die christliche Kirche der ersten Jahrhunderte die Reinkarnation lehrte. Die wissenschaftliche Psychologie distanziert sich von diesem Thema, obwohl damit Fragen über die Seele (Psyche) gegeben sind, die ganz erhebliche Bedeutung haben. Ein zusammengefasstes Beispiel soll die erfahrene Bilderwelt einer Rückführung in frühere Leben illustrieren:

Beispiel (RL 1): <Es ist die Stunde vor der Zeugung. Ich muss auf die Welt gehen; bin noch weit weg. Ich will nicht. Die Eltern, die mir vorgesehen sind, bieten mir ein Lebensthema, vor dem ich Angst habe. Es erwarten mich überhaupt Lebensgegebenheiten, vor denen ich ausweichen möchte. Doch ich muss auf die Welt. Es ist so *vorbestimmt* ... - Zweihundertfünfzig Jahre früher: Ich bin etwa 35 Jahre alt und wohne auf dem Lande. Ich sehe meine Frau und meine drei Kinder. Wir sind reich. Es ist Sonntag. Soeben sind wir aus der Kirche gekommen. Wir wohnen am Rande eines Dorfes. Ich sehe unser Haus und den Garten. Ich bin Kaufmann und handle mit Stoffen. Es ist irgendwo in Norditalien ... Jetzt bin ich etwa 68 Jahre alt. Meine Frau ist bereits gestorben. Auch für mich ist die Zeit gekommen. Eines meiner Kinder ist an einer Krankheit gestorben. Ich liege im Bett. Lichtgestalten rufen mich. Jetzt fliesse ich aus dem Körper. Es ist wunderbar. Es zieht mich weg. Da liegt mein Körper. Die Wesen begleiten mich. Es geht weit weg. Die Erde entfernt sich mehr und mehr. Weit weg sehe ich meine Frau. Sie wartet auf mich. Jetzt wird alles neblig. Ich sehe nichts mehr.>

Kommentar: In verschiedenen Rückführungen haben die Versuchspersonen ganz konkrete Ortsbezeichnungen gemacht, historische Ereignisse geschildert und die Örtlichkeiten derart konkret beschrieben, dass man versucht ist, der Sache auf den Grund zu gehen. Aus der Fachliteratur kann man erfahren, dass Beschreibungen über frühere Leben vereinzelt tatsächlich einen realen historischen Bezug haben. Ortsbeschreibungen, Namen und Ereignisse konnten dabei allerdings nur selten hinreichend verifiziert werden.

Es ist bei Rückführungen in frühere Leben auffallend, dass die meisten Bilderlebnisse von sehr allgemeinem Charakter sind. Zudem zeigen sich auf konkrete Fragen, die eine Überprüfung ermöglichen könnten, sehr häufig nur vage und oberflächliche historische Fakten.

Das Bildergeschehen ist fast durchwegs weit davon entfernt, brauchbares Material für eine Überprüfung zu liefern. Und selbst wenn Hunderte von Details aus einer Vielzahl von Rückführungen verifiziert werden könnten, so wäre dies noch kein Beweis für die Reinkarnation. Hinzu kommt die Tatsache, dass auch ein aussergewöhnlich intensiv erlebtes früheres Leben kein Gewissheitskritierium bieten kann.

Deshalb können die Kritiker bei vielen Rückführungsergebnissen mit Recht sagen: So etwas kann unsere Phantasie als Bildergeschichte entwickeln. Denn die Imagination zeugt von einer unerschöpflichen Gestaltungsmöglichkeit. Dies zeigt sich auch im Zusammenhang mit den Imaginationsübungen über allgemeine seelische Themen. Ein frei gewähltes Bildmotiv eröffnet das Bildergeschehen. In jeder Imagination kann der Ausführende sich als <aktiver Mitspieler> erfahren.

Viele Rückführungsergebnisse mögen damit geklärt sein. Trotzdem bleibt die Frage, wie es möglich ist, dass die Bilderwelt sich als ein längst vergangenes Zeitgeschehen ohne Anachronismen gestalten kann. Offen bleiben auch jene Fälle, wo eine Überprüfung des Materials zu Erfolg führte. Es gibt dazu in der Literatur wieder eine Reihe von Thesen, die eine historische und verifizierte Bilderwelt zu erklären beanspruchen.

Da sind u.a. zu erwähnen:

1) Betrug
2) verdeckte Wissensquellen (Kryptomnesie)
3) genetische Ahneninformation
4) Telepathie und aussersinnliche Wahrnehmung
5) kollektiv-archetypische Verbundenheit mit der Menschheitsgeschichte

Diese vielfältigen Erklärungsmöglichkeiten erfordern, das Problem in einem *grösseren Zusammenhang* zu beurteilen. Es gibt ganz verschiedenartiges Forschungsmaterial zur Reinkarnationshypothese. Dazu gehören die Jenseitskontakte durch Medien, Todesgrenzerfahrungen, Körperaustritte und Astralreisen, Tonbandstimmen, Xenoglossie (fremde, nie gelernte Sprachen sprechen können) sowie die zahlreichen Beispiele von Kindern und Erwachsenen, die spontan über ein früheres Leben berichten. Dies sind notwendige thematische Erweiterungen zur Erfassung einer möglichen geistigen Welt.

Weiter zeigen Rückführungen in die früheste Kindheit und in die vorgeburtliche Zeit, dass der Mensch unabhängig von den Körperfunktionen ein *geistiges Sein* mit einem *ICH-Bewusstsein* hat.

Schliesslich eröffnet auch das mediale Sehen einige Perspektiven zu diesem Thema. Das mediale Sehen ermöglicht den Zugang zu seelischen Sinnwelten anderer Menschen. Mittels inneren Sehens kann man zudem auch Institutionen und materielle Informationsträger (z.B. Bücher und Gegenstände) bezüglich ihrer Sinnzusammenhänge erschliessen.

Dies führt zur Annahme, das *Materie* und Raum *durch* die *Menschen psychoenergetisch imprägniert* wird. Weiter ergibt sich daraus die These, dass seelische Sinnwelt aus dem bewussten und unbewussten Leben der Menschen gleichzeitig eine geistige Energie beinhaltet. Dies ist aus der Analyse der Komplexe und aus den energetischen Nebenwirkungen beim medialen Sehen ersichtlich geworden. Träger dieser Energie ist nicht nur der Körper, sondern auch die Materie. *Seelische Sinnwelten* bleiben also erhalten unabhängig von der Präsenz der Menschen.

Stellt man die Rückführungsergebnisse in den Zusammenhang mit der Konzeption des medialen Sehens, so ergeben sich erweiterte Erklärungsmöglichkeiten: Man kann z.b. durch inneres Sehen in die Vergangenheit des gegenwärtigen Lebens eines fremden Menschen gehen. Es zeigen sich dabei Themen ähnlich wie in den Beispielen MS 5 und MS 10.

In gleicher Weise kann man auch die <gewesene> Sinnwelt eines bekannten Verstorbenen erhellen. Schliesslich kann man auch in irgendeine historische Vergangenheit gehen und die entsprechenden Zeitverhältnisse vergegenwärtigen. Das mediale Sehen eröffnet dabei eine historische Kulisse, die aus meinen Erfahrungen immer der jeweiligen Zeit und Kultur zu entsprechen scheint.

Solche Ergebnisse erhärten die These, dass die *seelischen Sinnwelten* der Menschen aus Gegenwart und Vergangenheit durch geistige Energie erhalten bleiben. Damit ist nebst dem seelischen Gedächtnis ein weiterer Informationsträger gegeben. Die Fülle der Indizien für eine geistige Welt ist gross. Die Gegebenheiten lassen sich nicht mit <Betrug> oder <Phantasievorstellung> wegargumentieren.

Doch dies alles sagt nichts über den *Informationsgehalt von Rückführungen* in frühere Leben. Schon die Konzeption des medialen Sehens erhellt die Problematik der Information: Der grösste Teil des Bilderfahrungen stellt seelische Sinnwelten dar. Das Material stammt aus dem Leben der Person.

Die Bilder gestalten sich in Anlehnung an die vorhandenen seelischen Verhältnisse beim medial Sehenden. Gleichzeitig werden vorhandene Komplexverhältnisse energetisch aktiviert. Dies gestaltet die Szenerie mit. Zudem können unbewusste Erwartungsvorstellungen die Bilderwelt thematisch beeinflussen.

Mangels Differenzierung nach diesen Gegebenheiten ist es selbstverständlich, dass die meisten *Evaluationsversuche* über Rückführungsmaterial erfolglos bleiben müssen. Die neue Psychotherapiekonzeption durch Rückführung in frühere Leben erweist sich somit als problematisches Unterfangen. Zudem bietet das aktuelle Leben mit all dem vorhandenen Gedächtnismaterial eine hinreichende Fülle von Themen, die mit Vorteil zuerst erhellt und bearbeitet werden.

5.2.2. Begegnung mit der Vergangenheit

Nun gibt es noch eine weitere Variante des medialen Sehens. Man kann durch inneres Bildersehen einen Verstorbenen rufen und über sein geistiges Sein sowie über sein früheres Leben auf Erden Informationen erhalten. Eine solche *geistige Kontaktaufnahme* ist einfach und geschieht wie folgt:

Beispiel (RL 2): Frau G. hat einen schweren Unfall gehabt. Sie liegt im Krankenhaus bei vollem Bewusstsein. Die Ärzte sagen, sie werde wahrscheinlich bald sterben. Sie möchte erfahren, ob es ein Weiterleben nach dem Tode gibt. Aus dem Gespräch wird eine Übung. Ich sage zu ihr, sie solle doch einmal ihren verstorbenen Vater rufen:

<Ich sehe meinen Vater. Er kommt herein. Er sagt, es sei schön, dass ich auch bald komme. Er warte auf mich. Alle seien da (eine Tante, ein Onkel und eine Freundin). Es sei angenehm in der geistigen Welt. Ich solle keine Angst haben.>

Kommentar: Zu solchen Erlebnissen habe ich wiederholt die These gehört, dass es sich um reine *kompensatorische Phantasievorstellung* handle. Weil der Tod für diese Frau eine unerträgliche Sache sei, phantasiere sie ausgleichend, um die nicht abwendbare Tatsache zu ertragen.

Es ist auch hier nicht möglich, den Beweis zu erbringen, dass man mittels medialen Sehens tatsächlich mit einer verstorbenen Person Kontakt hat. Man kann zwar allfällige Angaben über das frühere Leben eines sich manifestierenden <Geistes> überprüfen.

Doch auch hier sind die Gegebenheiten erweitert zu erfassen: Es gelten dieselben Aspekte, wie ich sie im Zusammenhang mit den Rückführungen in die Vergangenheit geschildert habe. Von zentraler Bedeutung ist dabei die These, dass die seelische Natur des Menschen im Diesseits vom Wesen des Jenseits nicht verschieden ist. Sie beide sind Teil derselben energetisch-geistigen Welt.

Dies bedeutet, dass die unbewusste seelische Welt des medial Sehenden energetisch aktiv am spirituellen Geschehen teilhat. Im Extremfall bedeutet dies, dass sich eigene Komplexe manifestieren. Im Normalfall ist davon auszugehen, dass infolge der Anlehnung der Bilder an die persönlichen seelischen Verhältnisse eine gewisse *Subjektivität* gegeben ist.

Nach dem Prinzip <Gleiches zieht Gleiches an> dürfte gelegentlich eine zusätzliche subjektive Färbung zu erwarten sein. Schliesslich ist es leicht möglich, dass das *Medium* nichts anderes als die seelischen Sinnwelten von anwesenden oder abwesenden Personen erhellt.

All diese Varianten schliessen aber nicht grundsätzlich aus, dass im medialen Sehen sich eine Seele aus dem Jenseits manifestiert. Die Konzeption und die Funktionsweise des medialen Sehens erweitern und problematisieren die Erklärungszusammenhänge.

Es gibt in der *spiritistischen Literatur* eine Vielzahl an <Kundengaben aus dem Jenseits>, die in dogmatischer Form lehren wollen, wie die Welt, der Mensch, der Kosmos und das Göttliche beschaffen sind, wer des Teufels ist und wer in den Himmel kommt.

Solche Informationen sind in gleicher Weise zu beurteilen wie Meinungen, Einstellungen, Ideologien und Dogmen in der realen Welt. Sehr vieles wird da behauptet, was häufig bestenfalls Ausdruck eines verwirrten Unbewussten ist.

Der Informationsgehalt von *Mitteilungen aus dem Jenseits* dürfte deshalb auch als Ausdruck bestimmter seelisch-geistiger Verhältnisse zu interpretieren sein.

Das Geschehen zwischen Medien, Geistern und spiritistisch-esoterischen Kreisen ist ebenfalls gewiss mit Vorteil in derselben Perspektive kritisch zu beleuchten. Dies verlangt das mediale Sehen aus seiner Konzeption.

5.3. Mediales Sehen als geistige Erkenntnisquelle – Ein allgemeiner Überblick

Das mediale Sehen ist eine besondere Variante der Imagination. Während die Imagination vorwiegend die persönlichen seelischen Gegebenheiten erhellt, eröffnet das mediale Sehen den Zugang zur seelischen Sinnwelt von Personen, Institutionen und Sachen, die ausserhalb der Reichweite liegen.

Die innere Wahrnehmung hat Zugang zu jeder Sinnwelt, auch wenn die sehende Person durch nichts aus der Vergangenheit oder Gegenwart eine persönliche Verbindung hat. Es genügt der Name, ein Foto, ein Buch, ein Inserat, eine Unterlage oder ein Gegenstand beliebiger Art. Der *Zugang zur* dahinterliegenden *Seelenwelt* wird damit eröffnet.

Die Grundlage der Theorie des medialen Sehens sind die seelische Intelligenz und ihre Wahrnehmungsfunktionen bei Traum und Imagination. *Aussersinnliche Wahrnehmung* und *kosmische Energie* (siehe nachfolgendes Kapitel) bieten zusätzliche Begründungszusammenhänge. Spontane Alltagsphänomene wie Ahnung, innere Stimme und Handlungsimpuls gelten als weitere Grundlagenerfahrungen. Sie werden im medialen Sehen systematisch und gezielt gehandhabt.

Vergleicht man die Ergebnisse des MS mit der Theorie des *seelischen Gedächtnisses*, so stellt man fest, dass das mediale Sehen z.B. Komplexe anderer Menschen erfasst. Ich habe an dieser Stelle darauf hingewiesen, dass auch die Sinninhalte von Denken, Fühlen, Urteilen, Handeln und Verhalten im Allgemeinen ebenfalls lebendige energetische Sinneinheiten sind. Dies bedeutet, dass das mediale Sehen auch die Sinninhalte des bewussten Lebens erfasst.

Nachfolgend werde ich zudem aufzeigen, dass die *Lebensräume der Menschen mit psychischer Energie <imprägniert>* sind und deshalb ebenfalls medial erfahren werden können.

Die Bilder im medialen Sehen werden durch verschiedene seelische Gegebenheiten des medial Sehenden mitgestaltet. Zu erwähnen sind da unter anderem: die innerseelischen Verhältnisse, das Niveau des Bewusstseins, die inneren Wahrnehmungsfunktionen sowie die seelische Intelligenz mit ihrem andragogischen Aspekt.

Damit ist dem medialen Sehen eine *individuelle Prägung* gegeben, deren

Verallgemeinerung eine gewisse Zurückhaltung und Abgrenzung erfordert. Die Bilder sind fast durchwegs *symbolisch*.

Die Deutung verlangt den Miteinbezug der subjektiven Verhältnisse des medial Sehenden. Der Wahrheitsgehalt ist ähnlich zu erfassen wie bei Träumen und Imaginationen.

Konkret zusammengefasst, lässt sich das *mediale Sehen* auf folgende *Themenbereiche* anwenden:

1) Das mediale Sehen schafft Zugang zur seelischen Sinnwelt eines jeden Menschen vom einfachen Erdenbürger bis zum Staatsmann oder kirchlichen Würdenträger. Jede Fassade und Maske kann durchschaut werden. Jede Einstellungs- und Lebenssituation kann erhellt werden. Schwierigkeiten mit Bekannten und Freunden können hinsichtlich der unbewussten und verdeckten Gegebenheiten geklärt werden. Man kann die Ehrlichkeit und die Absichten eines Geschäftspartners abklären. Wer psychologische Hilfe sucht, kann die gegebene Möglichkeit durch das mediale Sehen differenziert beurteilen. Kein Mensch kann sich im medialen Sehen vor dem anderen verstecken.

2) In gleicher Weise können auch Institutionen aller Art mittels medialen Sehens sinnerhellt werden. Psychologische, kirchliche, esoterische, wissenschaftliche und politische Institutionen haben durch ihre Tätigkeit und durch ihre gedanklichen Bezüge eine geistige Sinnwelt wie jeder einzelne Mensch. Das innere Bildersehen erschliesst Werte, Motive, Absichten und alle seelischen Gegebenheiten. Die seelischen Grundlagen von Parteiprogrammen stehen jedem Menschen offen. Das mediale Sehen zeigt die geistigen Grundlagen jeder analytisch-therapeutischen Institution. Dasselbe gilt für kirchliche und esoterische Institutionen.

3) Man kann auch einzelne Bücher, Lehrprogramme, Kurse, Inserate und Prospekte in gleicher Weise medial befragen. Dabei erhält man Klärung über den geistigen Wert des Inhalts und über die zugrunde liegenden Absichten. Man kann sich so gelegentlich Zeit, Geld und Ärger ersparen, indem man Entscheidungen auf die innere Wahrnehmung basiert.

4) Schliesslich kann man auch *für andere Personen* jede Art von Fragen stellen, sei es zur Analyse und Klärung von persönlichen Lebensproblemen, sei es zur Beurteilung bestimmter Lebenspläne.

Die Konzeption des medialen Sehens ermöglicht, das Phänomen der *Projektion* erweitert zu erfassen. Vielfach ist es gar nicht ein einseitiges

Geschehen, wenn jemand eigene seelische Verhältnisse bei einem andern Menschen festzustellen glaubt.

Viele Projektionen basieren auf einer *unbewussten inneren Wahrnehmung*. *Sensitive Menschen* erfühlen die Komplexverhältnisse bei andern Menschen. Sie wissen meist nur nicht, dass es sich hier um eine zuverlässige mediale Wahrnehmung handelt. Solche Projektionen bewirken infolge der Komplexenergie durchwegs eine *unbewusste Komplexkollision*.

Im Alltag führt dies häufig zu Streiteskalationen. Die eigene Komplexenergie wird aktiviert und bewirkt scheinbar unerklärliche Emotionen. Auch in der analytisch-therapeutischen Beziehung bewirkt diese Art von Projektion eine Interaktionsdynamik, die nicht mehr als Ausdruck eines Widerstandes oder als <reine> Projektion bezeichnet werden kann.

Das mediale Sehen ermöglicht zu erkennen, ob eine Komplexkollision entstanden ist. Die unbewussten Komplexe und die Projektionen, die auf einer unbewussten Wahrnehmung beruhen, gestalten wesentlich die Beziehungen zwischen Menschen. Die häufige Annahme, man übertrage ein eigenes seelisches Thema auf den Partner oder auf einen Vorgesetzten, dürfte in vielen Fällen einseitig und deshalb falsch sein.

In der analytisch-therapeutischen Beziehung entwickelt sich eine *Übertragungsneurose* unter anderem auch in Abhängigkeit von den unbewussten Komplexen und der geistigen Sinnwelt des Analytikers bzw. Therapeuten. In gewissen Fällen kann es deshalb gewiss von Vorteil sein, wenn direkt mit IM in der Seelenwelt gearbeitet wird. Zudem steht hier ja auch die absolute seelische Intelligenz als entwicklungsfördernde Kraft zur Verfügung.

Vergleicht man das mediale Sehen mit dem, was Hellseher, Wahrsager, Handleser, Medien, Astrologen und andere mehr tun, so erkennt man, dass sie alle letztlich nichts anderes tun als *medial sehen*. Die Kristallkugel, der Kaffeesatz, das Eidotter, die astrologischen Berechnungsergebnisse und die Handlinien sind dabei *Projektionsfelder* der *inneren Wahrnehmung*.

Eine Photographie, ein Name und ein Gegenstand ermöglichen dem Hellseher, den innerseelischen Zugang zur Sinnwelt der Person zu finden. Die Kunst besteht dabei in der *spontanen Deutung* des *Bildmaterials*. Auch das mediale Schreiben ist in erster Linie nichts anderes als ein inneres Wahrnehmen mittels Worten.

Das innere Stimmungs- und Bildergeschehen von eigenen Komplexen zu unterscheiden dürfte allerdings nur denjenigen wirkliche möglich sein, die ihr eigenes Seelenmaterial kennen. Ansonsten bleibt die Deutung der erfahrenen Sinnwelt in sehr beschränktem Rahmen. Je mehr und je besser man die eigenen seelischen Verhältnisse kennt und je tiefer man Einblick in das Seelische generell hat, um so ergiebiger wird die Deutung des medialen Bildmaterials.

Treibt man mit dem medialen Sehen Unfug, so kann es auch mal vorkommen, dass die seelische Intelligenz *Kobolde* handeln lässt. Damit sei darauf hingewiesen, dass diese Bilderwelt auch einen *andragogischen Aspekt* besitzt. Eigene Widerstände zu überwinden, Fragen anders zu stellen und zuerst in den eigenen Spiegel schauen sind häufig Begleitthemen der medialen Arbeit.

Das mediale Sehen ist auch in Richtung Vergangenheit möglich. Man kann eine beliebige Welt der vergangenen Jahrhunderte geistig eröffnen. Auf diese Weise erhält man Zugang zu früheren Sinnwelten. Daraus kann man schliessen, dass das Material des seelischen Gedächtnisses mit dem Tode des Körpers nicht ausgelöscht wird. Es ist dabei naheliegend, anzunehmen, dass die Sinnwelt der lebenden Menschen mit derjenigen der Vergangenheit morphologisch identisch ist. Es handelt sich um dieselbe energetische Welt bzw. <Materie>.

Es geht hier um die Frage, ob es eine solche *geistige Welt* gibt. Ich bezeichne sie als *Astralwelt*, synonym als *Seelenwelt*. Die Erfahrung des medialen Sehens ist eine erste Grundlage für die Annahme einer solchen astralen Welt. Um diese Hypothesen weiter zu klären, ist es erforderlich, die Phänomene der *psychischen* und *kosmischen Energie* zu erfassen.

Die Technik des medialen Sehens ist zwar sehr einfach und gestaltet sich ähnlich wie bei der Imagination. Dennoch ist das mediale Sehen eine sehr heikle und schwierige Arbeit. Widerstände, Vorurteile, vorhandenes Wissen, Einstellungen, Wünsche, einseitige Perspektiven sowie das Mass des Wissens um die eigenen innerseelischen Verhältnisse bestimmen die erfahrenen medialen Bilder. Deshalb seien einige *praktische Hinweise* angegeben, die sich bei der Durchführung des medialen Sehens als nützlich und notwendig erweisen:

- Das Bildersehen ist langsam und in kleinen Schritten auszuführen.
- Jedes nicht eindeutige Bild ist sofort zu befragen nach Sinn und Zusammenhang.
- Die Fragen sind eindeutig und überschaubar zu formulieren.
- Das befragte Thema ist klar abzugrenzen und systematisch zu untersuchen.

- Eigene Wünsche sowie das Vorwissen sind jeweils bewusst zu halten und den erfahrenen Bildern gegenüberzustellen.
- Die Absicht, die mit dem medialen Sehen verbunden wird, stellt nebst den eigenen innerseelischen Verhältnissen die entsprechende Grundlage der Ergebnisse dar. Die Deutung ist darauf auszurichten.

Auch bei genauester Einhaltung dieser Regeln gibt es beim medialen Sehen gelegentlich Fehler und unerklärliche Gegebenheiten. Einige dieser Fehler beruhen auf unklaren Fragestellungen, bestimmten Erwartungshaltungen, verdeckte Interessen und Phantasien im Sinne von sofortigen Erklärungsvorstellungen des Bewusstseins.

Gelegentlich gelingt eine Übung überhaupt nicht. Das Erschliessen der seelischen Sinnwelt geschieht leichter als das Sehen über reale Sachverhalte. Es gibt auch Ergebnisse, die kaum zu deuten sind. Häufige Erfahrung und minuziöse Auswertung sind Garant für eine fruchtbare und zuverlässige Anwendung. Dasselbe gilt ja auch für die Deutung der Träume und Imaginationen.

Nur am Rande sei noch auf ein psychologisches Thema hingewiesen. Man stelle sich vor, die inneren Wahrnehmungen, Ahnungen, Stimmen und Handlungsimpulse können durch das Bewusstsein nicht mehr gelenkt und kontrolliert werden. Eigenes Seelenmaterial, Sinneinheiten des Denkens, Phantasierens und Fühlens, Imaginationsbilder und mediale Wahrnehmung mischen sich in unkontrollierbarer Weise. Die Person wird überschwemmt. Zwischen eigener und fremder Sinnwelt kann nicht mehr unterschieden werden.

Gleichzeitig sind alle diese Sinnwelten auch energetisch wirksam (wie ich gezeigt habe und nachfolgend experimentell untersuchen werde). Damit ergeben sich neue Betrachtungsweisen für diverse *psychopathologische Phänomene*: Wahnvorstellungen, Sinneshalluzinationen und Affektzustände lassen sich hier durch die Theorie des medialen Sehens erweitert verstehen und erklären. Imagination und mediales Sehen sind psychische Grundfunktionen. Wahn und Sinneshalluzinationen sind ihre *gestörten Ausdrucksformen*.

Das geistige Sein des Menschen kann nicht Thema einer empirischen Wissenschaft sein. Die Wissenschaften befassen sich aus eigener Entscheidung nur mit Ausschnitten aus der Wirklichkeit des Menschen. Insofern ist *Wissenschaftlichkeit* auch nicht das einzig mögliche Wahrheitskriterium.

Das Thema der geistigen Wirklichkeit des Menschen – und damit auch des medialen Sehens – erfordert ein anspruchsvolles Wahrheitsverständnis. Dazu gehört auch, dass das äussere und physische Sein des Menschen mehrheitlich bloss Maske und Kulisse darstellt. Dahinter verbergen sich nur allzuoft ganz andere seelische Wirklichkeiten.

Diese Welt zu erfassen schliesst Methoden mit ein, die weder rational noch empirisch sind. Es geht hier um einen *Erkenntnisgewinn*, der den Charakteristiken der seelisch-geistigen Welt entspricht. Die Introspektion und die Deutung von Seelenbildern hängen wesentlich von den eigenen seelischen Verhältnissen, vom eigenen Bewusstseinsniveau und damit auch von der eigenen Individuation ab.

6. Psychische und kosmische Energie zur Erfahrung und Gestaltung der Seelenwelt

Menschen gestalten psychische und geistige Energie, die psychische Störungen und körperliche Krankheiten verursacht

Bei den Themen Rückführung, Komplexe, Träume und Seelenbilder habe ich die *energetisch-operative Kraft* und ihre Wirkungsweisen anhand von Beispielen dargelegt. Die damit angesprochene *Energie* soll in diesem Kapitel detailliert analysiert und erweitert nachgewiesen werden. Das Zeil besteht darin, aufzuzeigen:

1. das es eine geistige Energie gibt;
2. dass diese Energie durch das unbewusste Gedächtnismaterial sowie durch das Denken und Vorstellen gestaltet wird;
3. dass diese Kräfte auf sich selbst und auf andere Menschen wirken;
4. dass diese geistigen Energien psychische Störungen und körperliche Krankheiten verursachen;
5. und schliesslich, dass man mit dieser Energie gezielt umgehen kann.

6.1. Erscheinungsweisen der Lebensenergie im Alltag

In der Tiefenpsychologie wird von Libido, psychischer Energie, Vitalkraft, Triebenergie, Bioenergie, Lebenstrieb und psychophysischer Energie gesprochen. Diese Begriffe werden allerdings sehr unterschiedlich gehandhabt. Meist wird *Libido* mit Triebenergie oder mit psychischer Energie gleichgesetzt. Die Begriffsverwendung ist oft derart vielseitig, dass es manchmal scheint, als ob alle diese Worte dieselbe Bedeutung hätten.

Da und dort wird Libido auf *Sexualtrieb* und *Machttrieb* reduziert. Diese gelten in der Psychoanalyse als die *Grundtriebe* des Menschen schlechthin. Sie durchwirken das bewusste und unbewusste Leben. Andere Autoren generalisieren die Bedeutung von Libido auf Lebensenergie und setzen letzteres wiederum synonym mit psychischer Energie. Im Zusammenhang mit dem Triebbegriff werden zudem verschiedene Sachverhalte angesprochen: Primärbedürfnisse, allgemeine Bedürfnisse und Interessen; ES-Mächte, Urtriebe und Instinkte; sowie Eros und Todestrieb.

Im Sinne einer vorläufigen *Hypothese* halte ich vereinfachend fest: Den Trieben, Wünschen, Interessen sowie dem Fühlen und Verhalten liegt eine *allgemeine Energie* zugrunde. Triebe jeder Art sind Spezifikationen und Ausdrucksformen dieser Energie. Ich verwende hierzu den Begriff <*psychische Energie*>.

Der Begriff *Lebensenergie* hat noch einen weiteren Aspekt, der in der psychologischen Literatur mit *Bioenergie* (Orgonenergie) umschrieben wird. Damit ist jene *Energie im Kosmos* gemeint, die in Feldern um den Menschen und im Organismus zentriert ist. Es ist dies eine Energie, die auch auf Mitmenschen, auf konkrete Dinge und Ideen ausgerichtet ist. Häufig wird hierzu auch der Begriff <*universelle kosmische Energie*> verwendet. Die Annahme einer solchen Energie wird allerdings von vielen Tiefenpsychologen ignoriert oder als unhaltbare Ausgestaltung stark kritisiert.

Die analytische Psychologie hat sich in diesem Zusammenhang auch mit den Naturvölkern auseinandergesetzt. Knapp zusammengefasst, haben diese Völker und Stämme folgende Energievorstellung:

- Es gibt eine grosse geistige Kraft, welche die Welt und alles Leben umfasst. Alles Materielle, alles Leben (Menschen, Tiere, Pflanzen) und Dinge jeder Art beinhalten diese Kraft.
- Diese Kraft ist unsichtbar, allgegenwärtig, übertragbar und handhabbar. Sie ist nirgends fixiert und kann überallhin geleitet werden.
- Rituale (Handlungssymbole) und rituelle Gegenstände (Amulett, Talisman, Fetisch) sind nicht bloss Erwartungsvorstellungen, sondern energetische Sachverhalte. Magie ist energetische Arbeit. Symbolgegenstände setzen ausserseelisch vorhandene Energie um.
- Schamanen handhaben diese Energie zur Heilung, zur Schicksalsbestimmung und zur Lebensgestaltung.

Dazu wird in einem Teil der Literatur gesagt, dass es sich um eine *Vorstufe der psychischen Energie* handle. Es wird von <primitiver Energieanschauung> und von <allerprimitivster Vorstellung> gesprochen. Das Wort <primitiv> weckt hier allerdings die zweite alltagssprachliche Bedeutung, womit gleichzeitig auf die Entwicklungsbedürftigkeit dieser Vorstellung hingewiesen wird. Ich werde in den folgenden Ausführungen darlegen, dass es gerade umgekehrt ist.

Die Psychologie und die Tiefenpsychologie haben eine reduzierte Vorstellung und eine unbegründete Abwehrhaltung gegenüber dem Phänomen dieser Energie. Ich werde nachweisen, dass es sich um eine real existierende Energie handelt, die für den Menschen praktisch handhabbar ist. Sie hat im Leben des Menschen eine enorme gestaltende Funktion.

Ebenso werde ich zeigen, dass die sogenannte <*Participation mystique*>, d.h. >die unbewusste Teilhabe an Gegenständen und Menschen bis hin zum Identifizierungserlebnis> nichts mit <primitiven> Vorstellungen zu tun hat, sondern eine ausserkörperliche energetische Gegebenheit im menschlichen Dasein darstellt.

Auch in der Parapsychologie und Esoterik finden sich unzählige *Begriffe*, die *energetische Phänomene* umschreiben: PSI-Energie, kosmische Energie, Fluidum, Od, Astralkraft, geistige Kraft, mediumistische Energie, Geistheilungsenergien, Magnetismuskraft, psychotrone Energie, Emanation, bioplasmatische Energie, Prana etc. Wiederum etwas zusammengefasst beinhalten diese Begriffe folgende Thesen:

- Es gibt eine Kraft im Menschen, die ihn gleichzeitig umgibt wie eine *energetische Ausstrahlung (Aura)*
- Es gibt ein der Physis korrespondierendes Energiefeld (biologischer Plasmakörper).
- Telepathie und aussersinnliche Wahrnehmung basieren auf Energie.
- Es gibt eine Energie, die begabte Menschen zu Heilzwecken handhaben können. Sie wirkt auf Psyche und Körperfunktionen heilend.
- Es gibt eine psycho-physische Energie, die paranormale Phänomene wie Spuk und Geistererscheinungen auslöst.

Es zeigt sich, dass die Annahmen in der Parapsychologie und Esoterik sich mit den Erfahrungen der Naturvölker weitgehend decken. Die These der Bioenergie ist sehr nahe diesen <primitiven> und esoterisch-parapsychologischen Energievorstellungen. Zur Bezeichnung dieser energetischen Gegebenheiten verwende ich den Begriff <*kosmische Energie*>.

Diese Charakteristiken einer kosmischen Energie werden im Allgemeinen von der Psychologie und Tiefenpsychologie nicht beachtet. Ich werde in den nachfolgenden Abschnitten durch zahlreiche Experimente den *Zugang* zu dieser energetischen Welt aufzeigen. Sie ist für jeden Menschen empirisch erfahrbar. Damit ist in einigen Aspekten der sogenannten Lebensenergie eine Erweiterung gegeben.

Die Realität dieser Energiephänomene hat auch eine besondere Bedeutung für das Verständnis von psychischen Störungen und psychosomatischem Leiden. Die energetischen Verhältnisse zwischen dem Unbewussten und dem Bewussten, zwischen Menschen und Sachen sowie das uralte *Leib-Seele-Problem* erhalten einige neue Perspektiven.

Der Einzelne findet dabei Erklärungszusammenhänge für viele belastende

Lebensgegebenheiten. Die gezielte Handhabung dieser Energie bietet für den Umgang mit Schwierigkeiten aller Art eine nützliche Gestaltungsmöglichkeit.

Indem ich detailliert darlege, wie diese *geistigen Energien* wirken und wie sie gehandhabt werden können, zeigen sich auch soziale Perspektiven und Machtinstrumente für den Einzelnen. Denn diese Energien ermöglichen diverse Handlungsweisen im Sinne der *weissen* und *schwarzen* Magie.

Die Erscheinungsweisen und Probleme der Handhabung dieser psychischen und kosmischen Energie werden nach folgender thematischer Gruppierung dargelegt:

a) Psychische Energie von Gedanken, Vorstellungen und körperlich-seelischen Verhältnissen
b) Vom Umgang mit der kosmischen Energie
c) Die kosmische Energie in der Materie
d) Der Seelenkörper und die Seelenwelt

6.2. Psychische Energie von Gedanken, Vorstellungen und körperlich-seelischen Verhältnissen

Es gibt einige Alltagserfahrungen, die den meisten Menschen bekannt sind: Ein Bekannter ist zu Besuch und klagt dauernd über seine Leiden. Zunehmend spürt man selber ein Missbehagen, Unruhe, Gespanntheit, ein bedrückendes Gefühl. Oder man kommt zu Leuten, wo gerade Streit und eine gespannte Atmosphäre herrschen. Plötzlich wird man wie angesteckt, selber gehässig, unzufrieden und missgestimmt.

Bestimmte Menschen haben auch die Begabung, den andern ihre *psychische Energie <abzuzapfen>*. Man fühlt sich schlapp und müde, während der andere gestärkt und dynamisch-energievoll seines Weges geht. Sehr oft machte ich die Beobachtung, dass *sensible Menschen* in der Umgebung von rigiden, strengen und autoritären Charakterpersonen einengende Gefühle, Magendruck und Atembeschwerden erhalten.

Oft kommt man an Orte, wo einen die Atmosphäre geradezu zu ersticken droht. Man sagt dann auch: Hier liegt eine Spannung in der Luft; hier herrscht ein schlechter Geist. Beispiele mit mehr *telepathischem Charakter* sind: Ich denke, dass ich eigentlich wieder einmal Herrn U. telefonieren sollte. Einige Minuten oder Stunden später telefoniert mir Herr U. Oder man fragt sich, was wohl Frau T. tut; wie es ihr wohl geht. Kurz darauf begegnet man dieser Person auf einem Spaziergang. Oder ich bin gerade beim Einkaufen. Meine Frau hat mir eine Liste mitgegeben. Ohne Anlass kaufe ich noch Tomaten. Zu Hause sagt dann meine Frau, sie habe vergessen, Tomaten aufzuschreiben.

Dies alles sind Erlebnisse und Ausdrucksformen von *energetischen Verhältnissen* zwischen Menschen und an Örtlichkeiten. Solche Gegebenheiten lassen sich teilweise mit *Komplexenergie* erklären. In diesem Kapitel habe ich bereits aufgezeigt, dass Komplexenergie nicht nur im Körper gebunden ist, sondern sich auch als Energiefeld um den Menschen ausbreitet. Dabei hat diese Energie die Tendenz, sich an sinnentsprechenden Objekten und Personen in der Aussenwelt zu fixieren.

In den folgenden Abschnitten geht es zuerst um die *energetische Wechselwirkung* zwischen verschiedenen Menschen. Dazu ein allgemeines Beispiel aus dem Alltag:

Herr P. begegnet seinem neuen Chef. Dieser trägt einen Mantel. Aus unerklärlichen Gründen wird P. plötzlich wütend und empfindet Ohnmacht. Nach langem Suchen entdeckt er, dass sein Vater auch einen solchen Mantel gehabt hat. Das Thema Vater entpuppt sich dabei als ein unverarbeiteter Komplex. Eine zweite Variante: P. begegnet seinem Chef und erlebt dasselbe Gefühl, obwohl er keinen Mantel trägt der die Verbindung herstellt. Durch eine Drittperson erfährt er, dass sein Chef im Versteckten Charaktereigenschaften hat, die denjenigen seines Vaters sehr ähnlich sind. Zwischen diesen beiden Menschen ist eine unbewusste *Komplexkollision* entstanden. Die je gegebenen psychischen Energieverhältnisse haben sich gegenseitig erreicht.

Mit diesem Beispiel ist das Thema der *Übertragung* angesprochen. Seelische Innenvorgänge werden in die Aussenwelt verlegt. Man sieht oder fühlt in einem anderen Menschen Schatteneigenschaften und Ideale, die in den eigenen seelischen Verhältnissen gegeben sind. In der Begegnung wird damit ein Komplexthema aktiviert und energetisch erlebt. Im ersten Beispiel ist der Mantel gleichsam Aufhänger für das Vaterthema. Der Mantel hat komplexaktivierende *Auslöserfunktion*. In der zweiten Variante wird der bei beiden vorhandene Konflikt gegenseitig unbewusst aktiviert. Es ist eine gegenseitige Komplexkollision entstanden, die mehr als eine zufällige und einseitige Übertragung bedeutet.

Diese Betrachtungsweise über *komplexenergetische Verhältnisse* hat noch *hypothetischen* Charakter. Die Kernfrage heisst: Gibt es eine solche Energie, die zwischen Menschen wechselseitig wirksam ist? Oder ist die innere Komplexkollision bloss entstanden aus einer halbbewussten innerseelischen Wahrnehmung?

Diese Fragen zu klären erfordert eine Erweiterung des Themas auf die energetischen Aspekte bei Gedanken, Gefühlen und körperlich-seelischen Verhältnissen. Komplexe sind seelische Sinnthemen und beinhalten auch Gedanken und Vorstellungen aus der Vergangenheit. Das Charakteristische daran ist, dass diese dem Bewusstsein ferngehalten sind.

Die Komplexe wirken dennoch energetisch auf die eigenen seelischen und körperlichen Verhältnisse. Dazu kann hier hypothetisch ergänzt werden: Bewusste Gedanken und Gefühlsvorstellungen beinhalten gleichzeitig auch psychische Energie, die einerseits auf sich selbst und anderseits auf die Menschen in der Umgebung wirkt.

Im Rahmen mehrerer Seminare habe ich verschiedene *Experimente* durchgeführt, die diese *Hypothese* angehen. Einige will ich nachfolgend vorstellen. Die Beispiele sollen verdeutlichen, dass es eine *psychische Energie* gibt, die durch Gedanken und Vorstellungen sinnentsprechend wirkt. Die Experimente sind einfach angeordnet und lassen sich von jedem leicht nachvollziehen.

Beispiel (GE 1): Die Gruppe A bildet einen Kreis. In der Mitte sitzt eine Person. Die Personen im Kreis haben die Aufgabe, die Person in der Mitte gedanklich zu beeinflussen: Gehe weg/ Du gehörst nicht zu uns/ Wir wollen dich hier nicht/ Wir mögen dich jetzt nicht. Danach sitzt eine andere Person in der Mitte des Kreises und die Gruppe B im Kreis sendet gegenteilige Gedanken aus, wie etwa: Du gehörst zu uns/ Wir freuen uns, dass du da bist/ Wir mögen dich hier gerne/ Bleibe bei uns.

Das Ergebnis in Stichworten:

a) Aufnehmender Kreis: Wärme, angenehme Ruhe/ Weite, Grösse, Wohlsein/ Atmung frei; alles hell/Licht; die ganze Welt gehört mir/ Mir ist einfach gut; es ist sehr angenehm hier/ Lebenskraft und Freude.

b) Ablehnender Kreis: Kalt/ Druck in der Brust/ Bekomme Angstgefühle/ Magendruck und Übelkeit/ Herzklopfen/ Gefühl der Leere und des Alleinseins/ Alles ist eingeengt und dumpf/ Dunkelheit und Aggressivität/ Sehr nervös und ganz unangenehm/ Dicke, schwere Luft.

Kommentar: Hin und wieder ist die Wirkung gegenteilig, wie etwa: Ich fühle bei

a) Angst, Missbehagen und will weg; bei b) ich werde ganz lebendig, etwas aggressiv und kämpferisch. Die nachgehende Auswertung hat bei dieser Person gezeigt, dass die Reaktionen einem Grundmuster entsprechen. Die Person hat kaum Liebe, wenig Aufnahme und selten Geborgenheit erfahren. Sie lebt zurückgezogen und in einem chronischen Trotz gegenüber allen Menschen und der Gesellschaft.

Das Experiment zeigt zweierlei: Gedanken und Gefühle der Sympathie und Antipathie bzw. Aufnahme und Ablehnung wirken energetisch auf andere Menschen. Weiter verdeutlichen die Ausnahmeergebnisse, dass die vorhandenen innerseelischen Komplexverhältnisse wesentlich das Reaktionsmuster gegenüber Aussenverhältnissen mitbestimmen können.

Beispiel (GE 2): Viele Menschen machen im Alltag oft die Erfahrung, dass Lebensfeindlichkeit, Hass- und Rachegefühle, Geringschätzung, Pessimismus und lebensfeindliche Leistungsansprüche anderer Menschen einen unangenehmen berühren oder gar geradezu krank machen.

In der Gruppenpsychotherapie gibt es eine Übung mit folgendem Geschehen:

Die Gruppe sitzt im Kreis, in der Mitte eine Person. Alle Leute beginnen, sie zu kritisieren und ihr alles erdenklich Mögliche an negativen Äusserungen entgegenzubringen, wie etwa:

Ich mach dich nicht/ Du siehst hässlich aus/ Deine Kleider sind mir unangenehm/ Du bist ja unfähig/ Du bist so schwach und gehemmt etc. Diese Übung habe ich als rein telepatisches Experiment durchgeführt, wobei die Person in der Kreismitte über die Absicht nicht informiert wurde. Hier die Wirkungen: Schweiss/ Atemnot/ Druck im Bauch/ Hals wie zugeschnürt/ Eine dunkle Wolke umgibt mich/ Ich muss fast erbrechen/ Es macht mich nervös und irgendwie krank.

Betrachten wir in diesem Zusammenhang gleich zwei weitere Experimente:

Beispiel (GE 3): Eine Person sitzt in der Kreismitte. Die Personen darum herum haben die Aufgabe, telepathisch Harmonie, Geborgenheit und Frieden auszusenden. Die Wirkungen: Ich fühle Wärme/ Endlich kann ich aufatmen/ Alles ist frei und hell/ Zufriedenheit/ Alles stimmt wieder in mir; wie versöhnt mit der Welt.

Beispiel (GE 4): wie bei GE 3, diesmal mit Wärme; der ganze Körper soll warm werden.

In fast allen Fällen sind folgende Reaktionen zu erwarten: Ich fühle Wärme/ Bin tief entspannt/ Alles sehr warm und wohl/ Völlig entspannt, angenehm warm.

Kommentar: Die vier Beispiele zeigen deutlich, wie sehr das Denken und Fühlen von Menschen auf eine Person wirken kann. *Gefühlvorstellungen setzen Energien frei,* die auf die betroffene Person sinnentsprechend wirken. Die Ergebnisse lassen zudem den Schluss zu, dass diese Kräfte auch auf *grössere Distanzen* wirken. Die *Themen* dieser Experimente sind *alltägliche Erfahrungen* des Menschen in der Familie, Schule, Freizeit und am Arbeitsplatz. Sympathie, Antipathie, Ablehnung, Wärme, Geborgenheit, Frieden, Harmonie und Kritik sind zwischenmenschliche Themen, die überall aktuell sind. Mit anderen Worten, überall zwischen Menschen sind bewusste und unbewusste Gedanken- und Gefühlsenergien aktiv, die eine enorm gestaltende Funktion haben. Bei diesen Experimenten haben mehrere Personen entsprechend den Gedanken und Vorstellungen selber *Gefühle* oder *Körperreaktionen* erfahren: Negative Gedanken wirken auf sich selbst in gleichem Sinne. Zudem lässt sich aus den Beispielen schliessen, dass *Suggestionen* nicht einfach aufgrund des aufgenommenen Wortsinns *wirken,* sondern vielmehr *aufgrund der entsprechenden geistigen Energie.* Im Folgenden will ich zwei Experimente vorstellen, die die Bedeutung von *imperativen Gedanken* erfassen.

Experiment (GE 5): Die Gruppe sitzt mit geschlossenen Augen den Wänden eines grossen Raumes entlang. Eine Person soll mittels innerer Gedankenbefehle zu einem bestimmten Verhalten veranlasst werden: Sie soll sich in der Mitte des Raumes setzen. Das Ergebnis: Etwas zieht mich runter/ Ich habe etwas an den Füssen/ Setzt sich in die Mitte/ Setzt sich in eine Ecke/ Setzt sich und sucht einen Gegenstand unter den Sitzkissen/ Kniet nieder und wartet. In etwa 7 von 10 Versuchen mit unterschiedlichen Personen ist eine solche Reaktion zu erwarten.

Kommentar: Wünsche, Erwartungen und *imperative Vorstellungen,* was ein bestimmter Mensch tun soll, *wirken energetisch* auf diese Person. Im Alltag erfährt man immer wieder bestimmte *Leistungserwartungen* und ist solchen Vorstellungen und Wünschen anderer Menschen ausgesetzt. Man wird dadurch wesentlich *fremdbeeinflusst.* Ich werde nachfolgend auch aufzeigen, wie solche Gedanken selbst auf grosse Distanzen andere Menschen energetisch erreichen.

Gedanken, Gefühle und Vorstellungen aller Art haben auch auf das ICH und den eigenen Körper eine energetische Wirkung. Zorn, Wut, zweiflerisches Grübeln, Selbstunterschätzungen, überspannte Ideale und

Leistungsansprüche, Pessimismus und lebensunterdrückende Einstellungen schaffen innere Energieverhältnisse.

Diese wirken auf das gesamte psychische System. Die Literatur über das sogenannte positive Denken gibt hierzu eine Fülle von Beispielen. Im Folgenden seien drei *Experimente* aufgeführt, die körperlich-seelische Störungen und ihre Energieverhältnisse betreffen.

Beispiel GE 7): Eine Seminarteilnehmerin fühlt sich schlecht, hat Kopfweh und depressive Grundstimmung. Wir wollen uns als Gruppe in die Person einfühlen. Die Reaktionen: Bekomme Kopfweh/ Ich fühle starken Druck im Kopf/ Fühle mich so traurig/ Etwas zieht mich wie in einen Schlund/ Es erdrückt mich fast/ Alle Energien werden mir weggesogen.

Beispiel (GE 8): Ein Seminarteilnehmer erhofft sich den Beweis, dass Parapsychologie betrügerischer Unfug und Geschwätz ist. Er ist ganz kritisch und ziemlich nervös. Ich mache daraus gleich eine Übung. Wir fühlen und meditativ in diesen Menschen ein.

Die Ergebnisse: Der besagte Herr ist nachher völlig entspannt und ruhig. Er hat eine positive Grundstimmung. Einige Teilnehmer fühlen sich erschöpft und verstört/ Zwei frieren/ Einer hat einen Druck im Kopf/ Mehrere fühlen sich missmutig und unwohl.

Beispiel (GE 9): Frau K. hat Magen-Darm-Krebs. Sie ist bereits einmal operiert worden. Ihr Gesundheitszustand ist schlecht. Mehrere Leute erhalten die Aufgabe, sich in die Krankheit einzufühlen. Ergebnisse: Mehrere verspüren Druck im Bauch, Verspannungen und Unwohlsein/ Gefühle des Erbrechen-müssens stellen sich bei zwei Personen ein/ Diffuse Beklemmung in Brust, Herzgegend und Hals/ Zwei sagen, es sei wie in einer Hölle: schwarz, dämonisch, archaisch, dunkler Terror.

Kommentar: Mehrere *Gefühlsreaktionen* haben auch nach einigen Stunden noch nicht nachgelassen. Die Gefühle waren durchwegs eindrücklich und nachhaltig. Die Ergebnisse bedeuten generell: Wenn man sich in eine fremde Person *einfühlt*, so entsteht eine *energetische Übertragung*, wobei die energetischen Verhältnisse dieser Person aufgenommen werden. Psychische Störungen und organische Leiden beinhalten eine psychische Energie, die durch Einfühlen aufgenommen und erfahren werden kann. Diese Gegebenheit dürfte vielen Menschen als Alltagserfahrung im Beruf, in der Beziehung und in der Freizeit bekannt sein.

In den Kapiteln über Imagination und mediales Sehen habe ich aufgezeigt, dass psychische Störungen und psychosomatische Leiden durchwegs seelische Sinnthemen beinhalten. Hier ist nun zu präzisieren: ein *Komplex* ist immer gleichzeitig auch *psychische Energie*, die sinnentsprechend auf den Körper und die psychischen Funktionen wirkt. Damit ist der *Zusammenhang zwischen Körper und Seele* hergestellt.

Naturvölker, grenzpsychologische Theorien und esoterische Lehren behaupten unter anderem, dass der Mensch eine *Ausstrahlung* hat. Dies lässt sich experimentell leicht feststellen. Das folgende Beispiel zeigt, wie man dabei vorgehen kann:

Beispiel (GE 10): Person A steht mit geschlossenen Augen vor Person B. B versucht nun von verschiedenen Seiten her, mit offenen Händen etwa bis 40 cm an Person A heranzugehen und zu fühlen, bis sich in der Handinnenfläche eine Spannung oder ein leichter Druck ergibt. Im einen Fall verspürt man eine Reaktion bereits bei ca. 60 cm, in einem andern Fall erst bei einer Distanz von 10 cm. Nun kann Person B bis auf eine Distanz von 3 Meter gehen, die Hände immer noch offen auf A ausgerichtet. Dreht B die Hände im Kreis, so verspürt A im Körper eine energetische Bewegung. B hat mit A auf Distanz einen energetischen Kontakt.

Kommentar: Diese Übung verdeutlicht, dass zwischen Menschen ein *Energiefluss* besteht und dass der Mensch im Körper und um den Körper Energien hat, die man sich am besten wolkenartig vorstellt. Man kann diese Übung mit einer Reihe von verschiedenen Gedanken, Gefühlen und Vorstellungsbildern verbinden.

Die Wirkungen sind jeweils sinnentsprechend. Je nach den Verhältnissen ist die Energiewolke ruhig, gespannt, stechend, erdrückend, kalt, warm, wirr usw. Im Alltag erfährt man die *Wirkungen* der *menschlichen Ausstrahlung* als Atmosphäre, wie etwa: gespannt, kühl, freundlich, warm und fremdartig.

Betrachtet man die Beispiele in Übersicht, so zeigen sich zwei energieproduzierende Quellen. Einerseits schaffen die *Komplexe* sinnentsprechende Energieverhältnisse. Anderseits setzen *Gedanken* und *Vorstellungen* ebenfalls Energien frei, die je nach Bedeutung wirksam sind.

Beide *Quellen* fixieren die produzierte Energie im eigenen Körper. Gleichzeitig entsteht eine Energiewolke bzw. eine Energieausstrahlung, die die Menschen in der Umgebung erreicht und beeinflusst. Es entstehen *Wechselwirkungen* je nach der gegenseitigen energetischen Disposition. Diese Energie bezeichne ich als *psychische Energie*. Sie ist insofern persönlich, als sie von den individuellen Gegebenheiten geschaffen wird.

Positive und negative *Gedanken* (Gefühle und Vorstellungsbilder) *wirken* also *energetisch*. Werden sie verdrängt, so lagern sie als energetisch-operative Einheiten im seelischen Gedächtnis. Sie wirken von da weiterhin. Je negativer und widersprüchlicher Gedanken und Gefühle sowie das seelische Gedächtnismaterial sind, um so intensiver wirken die Energien. Sie wirken auf den eigenen Körper, auf die psychischen Funktionen, auf das Verhalten und auf das Lebensgefühl.

Die *psychische Energie* beeinflusst Organ- und Zellfunktionen. Sie ist die eigentliche *Grundlage* und *Ursache für psychosomatische Krankheiten*. Damit ist auch die Brücke zwischen Leib und Seele empirisch hergestellt. Die direkten Ursachen von vielen Krankheiten sind die *gestörten Energieverhältnisse*; die indirekten sind die produzierenden Quellen: negative Gedanken und Gefühle, destruktive Vorstellungsbilder und verdrängte Komplexe. Im folgenden Kapitel will ich diese These noch erweitern und durch andere Arten von Experimenten überprüfen.

6.3. Vom Umgang mit der kosmischen Energie

In parapsychologisch-esoterischen Zeitschriften sowie in diversen Tageszeitungen finden sich oft Anzeigen von Geistheilern und Magnetopathen. Verschiedene Vereinigungen laden Medien aus dem Ausland ein. Letztere sollen die Begabung zur geistigen Heilung haben. Für einen Positivisten, Empiriker und naturwissenschaftlich-materialistisch denkenden Menschen stellen die behaupteten Wirkungsmöglichkeiten eine Provokation dar.

Die Psychoanalyse hat sich schon Anfang Jahrhundert davon distanziert und die Sache mit der Bemerkung <hysterische Einbildung> beiseite geschoben. Andere wiederum bezeichnen diese Praktiken als Scharlatanerie und als Überbleibsel primitiver Völker. Im günstigen Falle wird von suggestiven Phänomenen gesprochen.

In den folgenden Beispielen will ich diese parapsychologischen Praktiken vorstellen und ihre *Wirkungsmöglichkeiten* darlegen. Dabei gehe ich durchwegs von eigenen Erfahrungen aus, die nicht von jedermann beliebig reproduzierbar sind. Dies hängt damit zusammen, dass die Fähigkeit zur Handhabung dieser Energie eine gewisse Begabung und meist auch viel Übung erfordert.

Die Wirkungsweisen dieser besonderen Art der *Energiehandhabung* erhellen die Tatsache der kosmischen Energie. Die gezielte Handhabung dieser geistigen Kraft ist eine *erlernbare Technik*. Ferner ist damit der Nachweis erbracht, dass man dadurch die vorhandenen psychischen Energien umgestalten kann und so eine Veränderung im Lebensgefühl und im körperlichen Wohlbefinden bewirkt.

6.3.1. Magnetopathie und die Handhabung der geistigen Energie

Die erste *Technik* ist die sogenannte (astrale) *Magnetopathie*. Sie wird wie folgt gehandhabt: Eine Person liegt auf einer Couch ruhig, positiv mit geschehen-lassender Haltung. Dann halte ich als Ausführender die rechte Hand über den Bauch, die linke über die Stirn, beide im Abstand von zirka einem halben Meter. Nach kurzer Zeit stellen sich ein Kribbeln und eine leichte Spannung in der Handinnenfläche ein.

Dann beginne ich systematisch mit bestimmten Handbewegungen wie Kreisen, Streichen über den ganzen Körper. Dabei kann man deutlich die vorhandenen *psychischen Energien im* und *um* den *Körper fühlen. Kranke Organe* strahlen stechend, anspannend und kalt aus. Die Energieverhältnisse sind beim einen diffus und bis auf gut einen Meter leicht als wirre Wolke fühlbar.

Bei einem andern sind die psychischen Energien tief im Körper wie ein Panzer gebunden. Sie sind anfangs fast nicht zu fühlen und erst durch verschiedenartige *Handbewegungen* zu *lösen*. Die Charakteristiken der psychischen Energieverhältnisse lassen sich am ehesten in Empfindungen und Bildern umschreiben: schwarz, dämonisch, destruktiv, stechend, giftig, penetrant, bedrückend, anspannend etc.

Diese Arbeit erfordert eine *geübte innere Abgrenzung*, sonst übernimmt man alle psychischen Energien und wird diese nur schwerlich wieder los (vergleiche die Beispiele beim medialen Sehen und bei den Gedankenexperimenten). Bei richtiger Handhabung fühlt man die fremden Energien bloss in den Händen. Die astrale *Magnetopathie* vermag die vorhandenen psychischen *Energieverhältnisse* auszugleichen und zu stärken. Der Ausführende ist dabei *an ausserhalb* von ihm *liegenden Energiefeldern angeschlossen*. Dies ermöglicht Aufnahme und Abgabe, ohne selber dadurch gestört zu werden. Ich bezeichne die ausserhalb des Menschen überall gegebenen Energiefelder als *kosmische Energie*. Sie ist insofern *unpersönlich*, als sie unabhängig vom Menschen immer vorhanden und vielseitig nutzbar ist.

Der Begriff <*Magnetismus*> bezieht sich auf diese Technik. Er bezeichnet die Kraft, die durch entsprechende innere Konzentration aktiviert und abgegeben werden kann. Diese besondere Art der praktischen Handhabung der kosmischen Energie bezeichne ich mit <*astrale Magnetopathie*> und synonym mit <*Astralbehandlung*>. Man kann diese Arbeit aber auch ganz einfach als <*psycho-energetische Behandlung*> bezeichnen.

Eine *Behandlung* dauert je nach den gegebenen Verhältnissen etwa fünf bis zehn Minuten, in schweren Fällen bis zu 15 Minuten. Die Ausführung bewirkt mehrheitlich etwa folgende Reaktionen:

a) Allgemeine Körpergefühle: tiefe Entspannung, Beruhigung, Wärmegefühl, Schwere oder Leichte, stellenweise Kälte, ein Kribbeln in Armen und Beinen, Frische und neue Kräfte, gelegentlich zuerst Müdigkeit.

b) Psychische Reaktionen: Man fühlt sich nachher frei und gelöst, erleichtert, wieder sich selber, lebensmutig, ausgeglichen, zufrieden, geborgen und angenehm; aggressive Gefühle lösen sich; hin und wieder wird zuerst Traurigkeit freigelegt.

c) Spezifische Körperverhältnisse: Kopfweh, Verspannungen, Herzstechen, Angstgefühle, Druck auf der Brust, Würgegefühle und vieles mehr lösen sich zunehmen.

d) Im Weiteren sind je nach Situation verschiedene Reaktionen zu erwarten: Wie wenn mir etwas weggenommen worden wäre; alle Lasten sind weg; die innere Anspannung hat sich gänzlich aufgelöst; wie feine Schwingungen im Körper; wie neugeboren; ich sitze wieder ganz im Körper.

Im Folgenden beschreibe ich den Verlauf während der ersten drei Monate der Behandlungsdauer. Alle 2-3 Tage ist eine Behandlung durchgeführt worden. Ein Beispiel sei hier ausführlich vorgestellt:

AM 1, Situation (S): Die energetischen Verhältnisse sind in höchstem Masse gestört (destruktiv, kalt, wirr, schwarz, giftig, dämonisch); *Reaktion (R):* Es ist, wie wenn ich operiert worden wäre/ Wie nach einer Narkose/ Wie wenn Sie mit der Hand im Bauch gearbeitet hätten.

AM 2, S: Wesentlich besser/ Erstmals wieder geschlafen/ Die innere Kälte ist weg/ Auch das chronische Kopfweh ist verschwunden; *R:* Es löst sich alles Grübeln und Zweifeln/ Ruhe und tiefe Entspannung/ Spannung in der Brust lösen sich.

AM 5, S: Wieder etwas bei Kräften/ Jetzt schaffe ich wieder einen

Spaziergang von einem halben Kilometer; R: Wie Kraft in den Körper geströmt/ Im Bauch lösen sich alle dumpfen Beschwerdegefühle.

AM 8, S: Ich kann wieder besser essen/ Auch die Verdauung funktioniert wieder besser/ Die psychischen Energien sind wesentlich ruhiger geworden; R: Wie wenn Sie in meinem Kopf gearbeitet hätten/ Alles wird leicht und frei.

AM 12, S: Es geht auf und ab/ Gestern sehr nervös, heute wieder ruhiger, R: Kribbeln im ganzen Körper/ Im Bauch ganz angenehm kühl/ In den Beinen fast heiss.

Am 18, S: Während drei von vier Nächten kann ich durchschlafen/ Auch essen kann ich viel besser/ Die Verdauung funktioniert viel besser/ Erstmals habe ich heute einen Spaziergang von vier Kilometern gemacht/ Verspüre Lebensfreude; R: Stark lösend im als und Bauch/ Wieder, wie wenn Sie im Bauch gearbeitet hätten/ Ich fühle mich wie neu geboren/ In den Armen verspüre ich neue Kraft.

AM 27, S: Letzte Woche wieder zweimal sehr schlecht gefühlt/ Schlaflose Nächte und kaum gegessen; R: Noch nie so stark gespürt/ Wie wenn Sie mir viel Kraft in den ganzen Körper gegeben hätten.

AM 34, S: Das Auf-Ab ist weniger extrem/ In mir ist alles viel ruhiger geworden/ Bereits kann ich täglich mehrmals einen kurzen Spaziergang machen; R: Aussergewöhnlich intensive Kräfte gespürt/ Wie an einen elektrischen Strom angeschlossen/ Wie wenn alle Destruktivität aus dem Körper genommen worden wäre.

Kommentar: Der weitere Verlauf ist hier unwesentlich. Magnetopathie und Geistheilung sind keine medizinischen Behandlungsmethoden. Sie dürfen zudem in vielen Ländern aus Gründen der Gesetze über das Gesundheitswesen auch nicht in der Absicht einer Heilung von psychischen und körperlichen Krankheiten angewendet werden. Von Bedeutung sind hier die einzelnen *psychisch-energetischen Reaktionen*.

Die destruktive Aktivität der psychischen Energie konnte weitgehend ausgeglichen werden. Die Arbeit war zudem mit einer tiefenpsychologischen Auseinandersetzung verbunden. Zorn auf den Vater, Sehnsucht nach der verstorbenen Mutter, täglich Spannungen mit dem Ehemann und einiges mehr konnten dadurch freigelegt werden. Durch Träume und Imaginationsübungen sind verschiedene innerseelische Themen aufgearbeitet worden, die mit dem Krebs in Verbindung stehen.

Die astrale Magnetopathie bewirkt für eine beschränkte Zeit meist völlige psychische Abgeschirmtheit gegenüber Ausseneinflüssen. Dies lässt sich auch experimentell feststellen.

Beispiel (AM 2): Im Kapitel über *Gedankenkräfte* habe ich das Beispiel <heisser Stuhl> (GE 2) aufgeführt. Ein ganz anderes Ergebnis ist mehrheitlich zu erwarten, wenn vorausgehend eine psychoenergetische Behandlung ausgeführt wird.

Frau R. war nach einer solchen Behandlung in der Kreismitte, und die Leute wirkten mit negativen Gedanken auf sie. Sie erlebte dann: Da sitzen überhaupt keine Menschen; ich fühle gar nichts; völlige Ruhe und Abgegrenztheit; ich fühle mich gut, stark und ausgeglichen.

Die astrale Magnetopathie verändert also die psychischen Energien, aber nicht die vorhandenen Denkstrukturen und Verhaltensmuster. Ebensowenig wird das gegebene Material im seelischen Gedächtnis verändert. Ausgeglichene Energien ermöglichen jedoch eine freie Bearbeitung der seelischen Themen. Gefühlsblockierungen und Affektzustände erschweren diese Entwicklungsarbeit.

Damit sind auch die *Grenzen* und *Möglichkeiten* der *Astralbehandlung* aufgezeigt. Der Gewinn ist gross, gibt es doch keine einzige Methode, die es ermöglicht, innert Minuten eine so grundlegende Wirkung zu erzielen.

Weder autogenes Training noch Joga, noch irgendeine Meditations- und Hypnosetechnik sind in der Lage, in einigen Minuten die psychischen Energien auszugleichen. Keine psychoanalytische und keine psychotherapeutische Technik vermögen in so kurzer Zeit, Gefühlsverhältnisse freizulegen, auszugleichen und Stärkung der psychischen Funktionen zu bewirken.

Auch psychosomatische Leiden erfahren durch die psychoenergetische Behandlung aufgrund der Entspannung und Kräfteerneuerung häufig Besserung. Magnetopathie heilt keine Krankheiten; sie kann jedoch *optimale Verhältnisse der Lebensenergien* schaffen, die für einen *Heilungsprozess* gewiss sehr förderlich sind.

Bei besonders schweren Krankheiten dürfte eine Langzeitbehandlung mit anfangs täglich mindestens einer Behandlung erforderlich sein. Zudem ist es bei manchen Krankheiten sinnvoll, in erster Linie Erleichterung zu schaffen. Imagination ermöglicht die Durcharbeitung des Lebens. Die innere Erfahrung kann Trost bringen. *Die Gesundung geschieht im Seelischen.*

Im Weiteren sind die *individuellen Reaktionsmuster* sehr verschiedenartig und im Rahmen eines Prozesses zu erfassen. Viele Menschen haben einen derart hartnäckigen Panzer, dass die Wirkungen erst nach einigen Stunden oder nach mehreren Behandlungen eintreten.

Zudem sind bei den psychosomatischen Störungen seelische Themen vorhanden, die dadurch vorerst einmal erlebbar und bewusst gemacht werden müssen. Deshalb werden oft zuerst Wut und Ohnmacht, Traurigkeit und Müdigkeit frei.

Sind die psychischen Energien einmal völlig ausgeglichen, so zeigen sich Echtheit und Menschlichkeit, die es zu integrieren gilt. Weiter ist zu berücksichtigen, dass das Denken und die Lebensführung einerseits sowie das vorhandene Gedächtnismaterial anderseits laufend im alten Sinne psychische Energieverhältnisse schaffen.

Die absolute seelische Intelligenz produziert als dritte Quelle ebenfalls geistige Energie. Sie wirkt in verschiedenster Weise energetisch durch Träume, durch Handlungsimpulse und durch Intuitionen.

Damit sind im Menschen drei Quellen der Energie gegeben. Hinzu kommen noch die vielseitigen Ausseneinflüsse, die ich nachfolgend erörtern werde. Dies allein zeigt, dass ein langfristiger Erfolg der Astralbehandlung gleichzeitig eine umfassende tiefenpsychologische Erwachsenenbildung erfordert. Lässt man diese Tatsache ausser acht, so wird Magnetopathie auf <Kopfwehpillen-Mentalität> reduziert. Dies tun einige Magnetopaten. Sie nehmen die Kopfschmerzen weg, und wenige Tage später ist alles wieder beim alten. Eine solche parapsychologische Therapiekonzeption kommt gewiss den meisten Menschen entgegen. Denn nur wenige wollen die *Mühe* einer *seelischen Entwicklungsarbeit* auf sich nehmen.

Das Material im seelischen Gedächtnis ist oft peinlich. Verändern von Denkgewohnheiten und Einstellungen ist anstrengend. Verzicht auf Rachegefühle, Wiedergutmachungsansprüche und Anerkennung stellt eine beachtliche menschliche Herausforderung dar. Eine *Neuorientierung* in der *Lebensgestaltung* verlangt Mut und ist oft eine moralische Anstrengung.

Die astrale Magnetopathie hat zudem eine besondere Eigenschaft. Es ist möglich, eine Astralbehandlung auch auf eine beliebig grosse Distanz auszuführen. Dies ist bekannt unter dem Begriff <Fernbehandlung>. Dazu zwei konkrete Varianten:

Person J. telefoniert mir, sie habe Migräne und fühle sich ausserordentlich schlecht. Man kann nun vereinbaren, nach dem Telefonanruf gleich eine Fernbehandlung auszuführen. Ebenso ist es möglich, im Laufe des Tages ohne Zeitpunktvereinbarung die Fernbehandlung auszuführen.

Eine weitere Variante ist: A. berichtet von einem Bekannten, der gerade mit Hexenschuss im Bett liegt. Ohne diese Person zu kennen oder zu wissen, wo sie sich aufhält, kann man auch hier problemlos eine Fernbehandlung ausführen. Die Wirkungen sind in allen Fällen gleich, wie wenn die betroffene Person anwesend wäre. Die geistige Energie ist in der Lage, aus sich selber die Person zu finden und in gleicher Weise intelligent zu wirken.

Eine weitere Variante ist die *Gruppenbehandlung*. Dazu ein *Beispiel* aus der experimentellen Seminararbeit: 15 Personen verteilen sich in verschiedenen Räumen. Dann führe ich die astrale Magnetopathie aus wie bei einer Fernbehandlung. Dadurch werden gleichzeitig alle Personen an die energetische Arbeit angeschlossen. Dies dauert etwa 10 Minuten.

Alle erfahren dabei die gleichen Wirkungen, wie wenn die Magnetopathie mit jedem einzelnen ausgeführt worden wäre. Die kosmische Energie kann gleichzeitig mehrere Personen erreichen und doch bei jedem seiner persönlichen Situation entsprechend wirken.

Ein besonderes *Experiment* ist die *Aussendung von kosmischer Energie im Gruppenverband*. Man geht wie folgt vor:

Beispiel (AM 3): Eine Seminarteilnehmerin fühlt sich verspannt und unruhig. Ich sage ihr, sie solle sich im Nebenraum hinlegen und einfach geschehen lassen. Wir wollen eine *Gruppenfernbehandlung* machen. Im Gruppenraum sitzen die andern Teilnehmer im Kreis. Wir halten die Hände offen gegen die Kreismitte. Dann sage ich: <Wir senden jetzt kosmische Energie zu Frau O. im Nebenraum aus. Diese Energie wirkt bei ihr lösend, entspannend und beruhigend.> In verschiedenen Wortvarianten wiederhole ich dies während etwa fünf Minuten. Ergebnis: Die Frau fühlt sich nachher völlig entspannt, voll Wärme, ruhig und ausgeglichen.

Kommentar: Auf diese Weise kann man ohne Mühe die verschiedensten *Verspannungen* bei einer Person auf jede beliebige Distanz *lösen*. Gestörte Verhältnisse verändern sich durchwegs ausgleichend und stärkend. Diese Variante der *Energiebehandlung* kann jeder als einzelner oder im Gruppenverband durchführen. Man kann sich neben eine liegende Person setzen und dieser im dargelegten Sinne kosmische Energie aussenden. Damit kann man innert Minuten psychisch und körperlich Ausgleich schaffen.

6.3.2. Methoden der Geistheilung

Schliesslich sei noch eine letzte Variante der Energieaktivierung beschrieben. Sie ist von besonderer Art, weshalb ich dafür den Begriff <Geistheilung> verwende. Man kann diese Arbeit auch als <mediales Gestalten> bezeichnen: In verschiedenen Abschnitten habe ich dargelegt, dass innere Bilder eine energetisch-operative Kraft haben.

Anstelle der blossen Energieaussendung kann man auch mittels medialen Bildergestaltens die Energien bei andern Menschen verändern. Dabei geht man wie folgt vor: Mittels medialen Sehens wird versucht, die seelischen Themen einer psychischen oder körperlichen Störung von Person X. zu erfassen. Dann kann man aktiv das erfahrene Bildergeschehen verändern, während die betroffene Person schweigend und passiv daliegt. Betrachten wir dazu zwei Beispiele:

Beispiel (GH 1): Herr K. hat einen <Klumpen> im Bauch und chronisch vegetative Störungen. Ich <sehe> in seinen Bauch, wobei ich die Idee einer Höhle benütze. Darin sind ein Drache, ein trotziges Kind und ein schwarzer Tyrann. Ich rede mit dem Kind und dem Tyrannen. Mit einem Schwert bekämpfe ich den Drachen, schicke den Tyrannen weg und nehme das Kind liebevoll in die Arme. Dann tritt Licht in die Höhle. Alles gestaltet sich um in eine wohnliche Stube. An die Wand schreibe ich das Wort <Friede>.

Die energetische Wirkung dieser Übung ist einmalig. Der Klumpen geht weg. Alle Wut hat sich gelöst, und fast entsetzt fragt K., was ich denn gemacht habe. Er hat ein ganz neues Lebensgefühl, fühlt sich geborgen wie noch nie und voll Friede.

Beispiel (GH 2): Frau Q. hat chronische Migräne. Eben erst musste sie erbrechen. Im Kopf ist alles verspannt. Wieder beginne ich mit medialem Sehen. Ich rufe dabei zwei imaginäre Figuren, sogenannte geistige Wesen, die in der Lage sind und die Kompetenz haben, hier zu wirken. Dann kommen zwei Lichtgestalten, öffnen den Kopf dieser Frau und nehmen allerlei Sachen raus: Puppen, Jauche, Stubenwagen, Nägel, Balken, rostige Eisenstücke. Aus dem Magen nehmen sie Würmer und Maden, uralte Gegenstände, Briefe und einiges mehr. Irgendwie scheint der Vater im Herzen zu wohnen. Sie bitten ihn, da wegzugehen. Dann füllen sie den Körper mit einer Art Flüssigkeit (geistiges Wasser).

Auch hier ist die Reaktion bemerkenswert: Die Verspannung ist völlig weg. Der Magen fühlt sich gut. Das Brechgefühl hat sich gelöst.

Das nachfolgende Gespräch zeigte, dass das Vaterthema sehr aktuell ist und dass die diversen Gegenstände für die Frau eine besondere Bedeutung haben.

Diese *Geistheilungsübungen* lassen sich auch im *Gruppenverband* durchführen, zum Beispiel nach folgenden Varianten:

Beispiel (GH 3): Eine Gruppe sitzt in meditativer Entspannung im Kreis. Alle haben abwartende Haltung, sind offen für ein inneres Bildergeschehen und lassen sich lenken. Im Bildergeschehen schicke ich jedem ein <Lichtwesen> und bitte diese, zu helfen und das zu tun, was gerade nötig ist.

Ergebnis: Alle sehen ein solches Lichtwesen, teils nur die Hände oder das Gesicht, teils einen vagen Eindruck von einer Figur. Alle fühlen sich nachher angenehm entspannt, lebensfreudig und gesammelt. Einer Person sind die Kopfschmerzen <weggenommen> worden. Eine andere Person mit Magenbeschwerden: >Ein Wesen hat in meinem Bauch gearbeitet; ich fühle Hitze, ein Kribbeln, ein Stechen, Anspannung und dann vollständige Lösung.> Eine depressive Person: <Erst habe ich einen Druck auf der Brust gefühlt, dann ein Würgen im Hals, und schliesslich bin ich von feinen Schwingungen erfasst worden, die alles aufgelöst haben. Jetzt fühle ich mich erleichtert und frei.>

Beispiel (GH 4): Im Sinne einer *Fernbehandlung* kann eine Gruppe auch gemeinsam mit einem geistigen Wesen in einer Meditation imaginär zu einer abwesenden Person gehen. Ein Bekannter von H. liegt im Krankenhaus mit multipler Sklerose. Ausser H. kennt keiner der Gruppe diese Person.

Wir versuchen dabei durch mediales Sehen die Ursachen zu erfahren. Das Ergebnis: Keine Liebe erhalten/ In schlechten Verhältnissen aufgewachsen/ Voller Wut und Zorn/ Versucht alle Probleme mit dem Kopf zu lösen/ Schwere seelische Belastungen nagen an ihm. Einige Personen haben gleichzeitig die Spitalzimmeranordnung mit den Möbeln gesehen, so, wie es dort real aussieht. Eine Stunde nach der Übung telefonierte H. seinem Bekannten in das Spital: Der Bekannte habe soeben an ihn gedacht. Seine Schmerzen seien gänzlich weg. Er fühle sich ruhig und so gut wie seit Monaten nicht mehr.

Ich habe nun einige Techniken der *Aktivierung von kosmischer Energie* beschrieben. Jeder kann diese Methode der Geistheilung anwenden. Sie sind einfach zu handhaben und wirken meist schon nach kurzer Zeit spürbar intensiv. Gewiss ist auch hier viel Übung erforderlich.

Man muss dabei ohne Umschweife auch auf die *negativen Möglichkeiten* hinweisen. So, wie man diese Energien zum Nutzen anderer Menschen anwenden kann, so ist es möglich, einen Menschen zu plagen. Destruktive Gedanken und negative Gefühlsvorstellungen wirken ebenso wie positive.

Damit ist dem Menschen ein *Machtinstrument* gegeben, das von aussergewöhnlicher Tragweite ist. Mediales Sehen ist die Macht durch Information. Astrale Magnetopathie, Aussendung der kosmischen Energie und Geistheilung sind die Macht durch geistige Energie.

Diese *geistigen Energien wirken* unabhängig davon, ob wir es wollen oder nicht. Denn auf dieser energetischen Ebene sind die Menschen miteinander verbunden. Viele Alltagsphänomene bestätigen diesen Sachverhalt. Ein Beispiel sei zur Illustration kurz vorgestellt: F. plagt sich zu Hause allein mit einem Wutaffekt über einen Bekannten ab und denkt mit aggressiven Vorstellungen an diese Person. Der betroffene Bekannte wird eine entsprechende energetische Wirkung erfahren, wenn er in der seelischen Disposition durch eigene Komplexverhältnisse empfänglich ist. Man stelle sich zum Vergleich vor:

Zwei Menschen sind zusammen und streiten fürchterlich. Es entsteht eine Eskalation und ein Handgemenge. Üble Vorwürfe und Verwünschungen werden ausgesprochen. Sie sind kaum mehr voneinander zu trennen. Die psychische Energie bindet sie gegenseitig. Dieselbe energetische Wirkung entsteht, wenn eine Person allein einen solchen Streit austrägt. Man sagt ja auch häufig: Wenn man böse Gedanken aussendet, dann kommen solche zurück. Dasselbe gilt für Wünsche, Bitten, Hoffnungen und Zielvorstellungen, die letztlich Gedanken und Vorstellungen sind.

In ähnlicher Weise verhält es sich mit dem *seelischen Gedächtnis*. Solange der Inhalt energetisch aktiv ist, ist man mit den betroffenen Personen energetisch verbunden. Dies zeigt sich in der seelischen Entwicklungsarbeit häufig etwa wie folgt: Eine uralte Geschichte mit einem Bekannten ist unversöhnt vorhanden, aber bis heute verdrängt und vergessen. Der Zufall will es, dass gerade zum Zeitpunkt der tiefenpsychologischen Bearbeitung dieser Geschichte der Bekannte wieder auftaucht. Oder es ist gerade die Loslösung von der Mutter aktuell. Und ausgerechnet in dieser Zeitspanne telefoniert sie alle Tage. Oder die Bearbeitung einer um Jahre zurückliegenden Scheidung wird durch das zufällige Auftauchen des Exmannes bereichert.

Allgemein gesagt, bedeuten diese Sachverhalte, dass die verdrängte und unbewusste psychische Energie von seelischen Sinnthemen und inneren Auseinandersetzungen einzelner Menschen die Angesprochenen energetisch erreicht. Sie bewirkt eine *gegenseitige Aktivierung* im Sinne der Eskalation und bindet sich zudem atmosphärisch. Dasselbe geschieht mit dem Kollektiv. Der Einzelne ist der kollektiv gebundenen psychischen Energie ausgeliefert.

In diesem Zusammenhang ist der Begriff des *kollektiven Unbewussten* aus der *Jungschen Psychologie* beizuziehen und thematisch zu erweitern. Dieses *energetische, sinnbezogene Verbundensein* ist die eigentliche Realität dieses kollektiven Unbewussten. Ich bezeichne diese Welt mit *Astralwelt.*

Damit kann auch das mediale Sehen erweitert gefasst werden; dies bedeutet, dass mittels inneren Sehens in die Sinnwelt dieser astralen Welt gesehen wird. Und in gleicher Weise bezieht sich das mediale Gestalten auf diese Welt. Man nimmt Einfluss auf die energetischen Verhältnisse der Astralwelt. Diese These hat gewiss noch hypothetischen Charakter und bedarf weiterer differenzierter Nachweise. Dies soll in den nachfolgenden Kapiteln geschehen.

6.4. Die kosmische Energie in der Materie

Einleitend zum Thema habe ich auf eine These hingewiesen, die besagt, dass Energie überall im Kosmos ist; dass diese sich durch Denken und Fühlen sinnentsprechend gestaltet und an Objekte bindet. Diese Gegebenheiten lassen sich im Alltag vielseitig erfahren. Dazu einige Beispiele:

- Ein Bekannter erzählt, dass er jeweils nach einem Besuch seiner Mutter einen halben Tag lang das Fenster offen halten müsse. Nach dem Besuch bestimmter Menschen habe er jedesmal das Gefühl, er müsse die Wohnung reinigen.
- Herr P. besucht einen Bekannten im Krankenhaus. Die Atmosphäre ist beklemmend. Das Atmen fällt ihm schwer. Es ist, als ob der Krebs dieses Menschen auch an den Wänden und in der Luft wäre. Oft spricht man in solchen Situationen von <dicker Luft>, <schlechtem Geist>, <unangenehmer Atmosphäre>. Man ist in einem Büro, wartet in einem Laden, geht durch Quartiere und Strassen und empfindet dabei solche Gefühle.
- Es gibt Menschen, die den Inhalt eines Briefes fühlen, bevor sie diesen öffnen.
- Auch bei Kleidern kann sich ein unangenehmes Gefühl einstellen. Man ist z.B. bei einem Bekannten auf Besuch, hat etwas kühl und erhält einen Pullover. Doch dieser will gar nicht warm geben. Man ist eigenartig berührt und meint, es sei die Wolle.

Zu den Beispielen lassen sich vier Annahmen formulieren:

a) Menschen imprägnieren jede Art von Gegenständen wie Möbel, Kleider, Gebrauchsutensilien und Produkte aller Art. Die psychische Energie dieser Menschen bleibt an diesen Gegenständen haften.

b) Die persönliche Umgebung, Wände, Räume, Häuser und ganze Quartiere werden durch die anwesenden Personengruppen energetisch imprägniert.

c) Die *Imprägnation (Od-Aufladung)* geschieht durch Anwesendsein, durch Berühren, durch Handeln, durch Verhalten sowie durch die Art des Gebrauches und durch den vorhandenen <Lebensgeist>. *Kosmische Energie* wird *durch psychische Energie* ausserhalb der Menschen *geformt*.

d) Die an Örtlichkeit und Gegenstände gebundene psychische Energie wirkt ihrem Sinn entsprechend auf die Menschen in der Umgebung. Die Wirkung geschieht auch ohne bewusstes Sich-darauf-Ausrichten.

Diese Thesen sind für den Menschen der technischen und industrialisierten Welt mehrheitlich schwer erfassbar. Bei den *Naturvölkern* von einst und heute sind solche Annahmen eine alltägliche Realerfahrung. Sie sind mehr als blosse Vorstellungen und alles andere als die Phantasie eines undifferenzierten Geistes.

Anhand einiger exemplarischer *Experimente* möchte ich im Folgenden diese Annahmen verifizieren. Die Beispiele zeigen den Zugang zu dieser energetischen Welt auf. Sie ermöglichen, viele Alltagsgegebenheiten besser zu verstehen.

6.4.1. Die energetischen Wirkungen von Gegenständen und Räumen

Beispiel (KI 1): Mehrere Leute sitzen im Kreis. Eine Person ist draussen und weiss nicht, um was es bei diesem Experiment geht. Mit den Leuten im Kreis wird jetzt eine neue Papierserviette mit einem bestimmten Thema gedanklich imprägniert. Eine Person (und dann andere dazu) nimmt die Serviette in die Hand und denkt, fühlt, spricht innerlich:

Wer immer diese Serviette auf seinen Körper legt, der wird sofort Wärme empfinden. Die Wärme breitet sich auf den ganzen Körper dieser Person aus. Ich gebe dieser Serviette den Befehl, in jedem Menschen, der diese berührt, tiefe Wärme auszulösen. – Im Anschluss daran legt eine andere Person sich die Serviette auf den Bauch (auf Arme und Beine) und wartet, was körperlich geschieht. Ergebnis: Im Allgemeinen beginnt die Wirkung schon nach ein bis zwei Minuten. Das Wärmegefühl kann sehr stark werden und breitet sich häufig auf den ganzen Körper aus.

Beispiel (KI 2): Alle Personen im Kreis schütteln ihre Hände über eine neue Papierserviette aus und leeren so ihren Körper, ihre Seele, ihre Gedanken und Gefühle, vor allem alles Negative und Bedrückende. Dann wird die Serviette einer Person auf den Bauch oder auf die Beine gelegt. Ergebnis: Schwarz/ ich kann fast nicht mehr atmen/ Druck in den Beinen, sehr schmerzhaft/ Mein Herz schlägt fürchterlich; mir wird schwindlig/ Ich halte das nicht aus; mir wird eiskalt/ Ich habe Angst/ Als ob Tonnen auf mir lasten würden.

Kommentar: Solche Experimente lassen sich auch mit weitern Themen durchführen. Man kann beliebige Gegenstände mit Schwere, Kälte, Anspannung, Unruhe, Harmonie, Frieden und anderem mehr imprägnieren. Die Wirkungen sind in der Mehrheit der Fälle sinnentsprechend spürbar. In ähnlicher Weise werden *Symbole* geschaffen, die dann als *Talisman* oder *Fetisch* gelten.

Man kann z. B. einen Kreis zeichnen und sich denken, dies sei die Sonne. Diese Sonne soll Wärme, Licht, Harmonie und Freiheit ausstrahlen. Gibt man dann diese Zeichnung einem Menschen, der von der Sache nichts weiss, dann kann dieser mittels Einfühlen genau diese Wirkungen erfahren. Man kann diese Zeichnung auch in einem Raum legen. Sie wirkt auf die energetischen Verhältnisse im Raum entsprechend dem Sinn dieses Symbols. Zwei weitere Experimente zeigen die Erfahrungsmöglichkeit:

Beispiel (KI 3): Ein Raum wird von mehreren Personen mittels Gedanken und Bildern imprägniert mit Kälte, Frost, Destruktivität, Hölle und ähnlichem mehr. Verschiedene Versuchspersonen, die darüber nicht informiert sind, begeben sich im Anschluss daran für einige Minuten in diesem Raum und versuchen die Atmosphäre zu fühlen. Ergebnis: Ganz heiss, dann Herzklopfen, dann Kälte/ Alles wie gefroren/ Dämonisch, schwarz/ Eine dunkle Masse in der Luft/ Wie schwarze Peitschen und Metallzacken/ Gefühl, in einer Folterkammer zu sein/ Zuerst Wallungen, dann eisige Kälte, sehr unangenehm.

Beispiel (KI 4): Etwa eine Stunde nach dem *Experiment KI 3* habe ich für fünf Minuten ein Symbol in den Raum gelegt, das imprägniert worden ist mit dem Thema Reinigung, Harmonie und Wärme. Ohne jemanden darüber zu informieren, bat ich etwas später zwei Personen, nochmals fühlend diesen Raum zu erfahren. Ergebnis: angenehme Wärme, Sonne, grüne Wiese, friedliche Atmosphäre.

Kommentar: Auch dieses Experiment lässt sich auf vielfältige Weise gestalten. So kann man Räume mit den verschiedensten Themen imprägnieren und wird eine sinnentsprechende Wirkung erfahren. Die *energetischen Verhältnisse* von Räumen und Gegenständen lassen sich auch *neutralisieren*. Diese wird mit dem Wort <Entoden> bezeichnet. Dabei ist <*Od*> gleichbedeutend mit <*geistiger Energie*>. Entoden ist eine besondere *Variante des medialen Gestaltens*. Die Technik lässt sich in entsprechender Weise leicht handhaben.

Schliesslich kann man eine Imprägnation von Räumen, Örtlichkeiten und Gegenständen auch auf Distanz erfahren. Dabei geht man in gleicher Weise vor wie beim medialen Sehen. Solche Experimente lassen sich über Wohnungen und Häuser, über Institutionen wie psychiatrische Kliniken, Krankenhäuser, Gefängnisse, Kirchen, Ausbildungsstätten, Kasernen, Waffenfabriken sowie über Quartiere und Orte aller Art machen. Ein Beispiel sei zur Illustration vorgestellt:

Beispiel (KI 5: Eine Gruppe versucht mittels medialen Sehens den Bezug zu einer bestimmten psychiatrischen Klinik zu finden. Gleichzeitig sollen die Teilnehmer auch die energetischen Verhältnisse aufnehmen und körperlich erfahren. Bilder und energetische Reaktionen gehen dabei meist einher. Einige Reaktionen: Kalt und herbstlich/ Sehe viele alte Leute/ Särge, Friedhofatmosphäre, düster und einengend/ Wie in einem mittelalterlichen Höllenbild, fürchterliche Atmosphäre/ Es erdrückt mich fast; alles ist kalt, hässlich, giftig und krank/ Bekomme Herzklopfen und Atemnot; Druck im Bauch und auf der Brust/ Sehe viele böse Gestalten und schwarze Wolken; da und dort ein kleines Licht/ Durcheinander, Tränen, Vulkanausbrüche und Angst.

Kommentar: Führen mehrere Personen gleichzeitig diese Übung durch, so zeigt sich durchwegs eine Bilderwelt, die einen gemeinsamen Nenner hat. Das erfahrene seelische Sinnthema entspricht der <geistigen Welt> der Institution. Denn die psychische Energie wird im Körper, in Gegenständen und in Räumlichkeiten aller Art automatisch gespeichert. Die dabei gebundene kosmische Energie beinhaltet auch eine energetische Ausstrahlung. Sie bindet sich an der Umwelt und schafft räumlich entsprechende energetische Wirkungsfelder.

Die bildhaften Erfahrungen von fremden Verhältnissen sind meist den eigenen psychischen Gegebenheiten angepasst. Erlebt man durch die innere Bilderwelt und durch die Gefühlsreaktionen einen Kontrast zu vorhandenen Einstellungen, so weckt dies häufig auch Widerstände; man ist dann geneigt, die Realität einer geistigen Energie abzulehnen.

Oftmals haben Menschen das Gefühl, sich in den eigenen Räumen nicht mehr wohl zu fühlen. Alles scheint kalt und bedrückend. Diese Erfahrung habe ich als Grundlage für ein weiteres *Experiment* genommen:

Beispiel (KI 6): Herr U. erzählt an einem Seminar, dass er sich zur Zeit sehr ungern zu Hause aufhalte. Er möchte heute gar nicht mehr heimgehen. – Mittels allgemeiner Entspannung wird das mediale Sehen eingeleitet. Alle Gruppenteilnehmer gehen innerlich in die Wohnung von Herrn U. Zuerst sollen alle sehen, was da für <Geister> in den Räumen und an Gegenständen verhaftet sind. Dann sollen alle die entsprechende geistige Atmosphäre auf sich wirken lassen. Schliesslich soll jeder mit dem Symbol der Sonne die Räume und Gegenstände entoden. Dies geschieht mit der Vorstellung, dass die Sonnenstrahlen reinigend wirken sollen.

Einige Ergebnisse: Viel Durcheinander, Schmutz, Schwarzes/ Kinderspielsachen liegen umher/ Schlangen, Würmer und Kriechtiere aller Art sind am Boden/ In den Räumen ist es dunkel; in der Küche sitzen mehrere dunkle Männergestalten und essen Vorräte weg/ Im Schlafzimmer ist eine Hexe; Frauenkleider liegen am Boden; in der Badewanne ist schmutziges Wasser/ Diverse Weinflaschen stehen auf einem Tisch. – Die erlebten Gefühle waren entsprechend den Bildern: Kälte, Leere, Trostlosigkeit, Unzufriedenheit, Frustration und Durcheinander.

Kommentar: Herr U. bestätigte, dass er täglich viel Wein trinke. Vor kurzer Zeit habe er eine Beziehung abgebrochen; er denke aber täglich an diese Frau. In letzter Zeit habe er viel Herrenbesuch gehabt. – Eine Woche nach dieser Übung berichtet U.: <Kaum nach Hause gekommen habe ich ein neues Lebensgefühl erfahren. Alles war wie leicht, hell, friedlich und war. Während einigen Tagen habe ich mich sehr wohl gefühlt. Jetzt, nach acht Tagen ist das Lebensgefühl in der Wohnung wie vor dem Seminar.>

Die Realität der psychischen Imprägnation von Räumen und Materie bietet einige *Ansatzpunkte* zum Beispiel zur *bewussten Gestaltung der eigenen Wohnräume.* Einerseits sind Einrichtungsgegenstände und Wärme durch das seelische Sinnthema der darin lebenden Menschen geistig imprägniert. Anderseits ist die wohnliche Atmosphäre geprägt durch die Ausstrahlung der Wandbilder und durch die Art der Einrichtungsgegenstände (Farbe, Formen, Motive etc.) Diese räumliche Umwelt aktiviert innerseelische Komplexe. Durch meditatives Einfühlen und Bildersehen ist es möglich, die wohnliche Atmosphäre auch auf das Seelische positive ausgerichtet zu gestalten.

6.4.2. Die Kraft von Symbolen und Ritualen

Im Zusammenhang mit der Psychometrie habe ich dargelegt, dass Gegenstände energetisch wirken, auch wenn man davon keine Ahnung hat. Betrachten wir diese Gegebenheit anhand eines Experimentes:

Beispiel (KI 7): In je eine Schachtel lege ich ein Buch eines bekannten Sektengründers sowie einen Gegenstand, der von anderen Personen mit Sonnenkraft imprägniert worden ist. Niemand weiss, was sich darin befindet. Durch meditative Haltung versucht jeder zuerst einen energetischen Kontakt aufzunehmen. Dann soll die Art der Energie gefühlt und anhand von Bildern inhaltlich identifiziert werden. Ergebnis *beim Buch*: Bin ganz verwirrt; alles dunkel, schwarze und klebrige Masse/ Eine Kraft, die mich runter zieht/ Ein Hai will mich packen; ganz gefährlich/ Ich werde gefangen und eingeschlossen/ Kein Licht, eisige Kälte und Trostlosigkeit/ Völlig leblos, Steine und Wüste, irgendwie tödlich/ Das kann und darf ich nicht berühren; es macht krank. – Demgegenüber bewirkte *das Symbol* durchwegs Wärme, Licht, Freiheit und positive Kraft.

Kommentar: Symbole beinhalten eine *geistige Kraft.* Sie können *psychische Energie umgestalten.* Dies ist eine ausserseelische, energetische Realität. Dasselbe gilt auch für rituelle Verhaltensweisen. Vollzieht man symbolisch eine Reinigung (eben ein Ritual), so hat dies eine entsprechende Wirkung auf die seelischen Verhältnisse. In der Kirche wird gebetet, Gott möge Gesundheit geben. In der esoterischen Praxis übt man positives Denken und Vorstellen. Man zündet Kerzen an und wünscht sich eine Versöhnung. Priester geben den Segen. Schamanen breiten ihre Arme über Landschaften, Häuser, Speisen und Utensilien aus. Wohnungen und Gegenstände können gesegnet werden.

Mit solchen symbolischen Ritualen wird kosmische Energie freigelegt und geformt. *Rituale aktivieren* und fixieren *geistige Energie an Menschen und Sachen.* Gegenstände werden *durch* die *Imprägnation* zu operativen *Wirkungsinstrumenten.* Die energetischen Einflüsse sind ähnlich wie bei diversen Meditationstechniken: Man sieht z.B. ein Mandala an und lässt dieses auf sich wirken. Damit wird die innerseelische Bilderwelt erweitert und entsprechend umgestaltet. Die psychische Energie wird aktiviert. *Symbole* und *Rituale* sind *Formen der Magie.*

Was hier mit einigen Hinweisen angedeutet wird, ist die Praxis der Schamanen, Mystiker, Priester und Geistheiler aus allen Kulturen und Religionen. Die energetischen Phänomene haben auch eine *gesellschaftspolitische Perspektive*: Symbole (z.B. das Hakenkreuz) oder Massenveranstaltungen sowie ein demonstrativer Vollzug bestimmter Handlungen vor dem Volk (z.B. eine Hinrichtung) binden die Menschen energetisch und erleichtern *Massenmanipulationen*. Was ein Kollektiv in gemeinsamen Gedanken, Gefühlen und Handlungen vollzieht, das bindet den Einzelnen in gleicher Weise.

Zudem werden alle betroffenen Personenkreise dadurch ebenfalls energetisch beeinflusst. Dies lässt sich u.a. auch auf Staaten und Parteien übertragen. Durch die geistige Sinnwelt ihrer ideologischen Programme, durch ihre Rituale und feierlichen Kundgebungen sowie durch die Produktion und Demonstration von Zerstörungspotentialen binden sie sich gegenseitig energetisch.

Die Hinwendung zu den eigentlichen Gegebenheiten der kosmischen Energie führt zur *Entmystifizierung* religiöser Handlungen und zur Rücknahme politisch-ideologischer Projektionen. Sie erhöht auch die *Verantwortlichkeit für alles eigene Denken, Fühlen und Handeln* über sich und andere. Rationalismus und Technologie haben die Magie verdrängt. Sie passt nicht in die Denk- und Erfahrungsweise des heutigen Menschen. Dennoch ist die kosmische Energie eine umgängliche Realität bei jedem Menschen, bei jeder Institution und bei allen Objekten. Die *Macht der Magie* – ob bewusst oder unbewusst – ist enorm.

6.5. Der Seelenkörper und die Seelenwelt

Das Thema der kosmischen Energie und Imprägnation führt zur Annahme einer *astralen Welt*, auch seelische Welt und Jenseits genannt. Gleichzeitig stellt sich die Frage nach dem *Seelenkörper*. Die Suche nach der Seele ist wohl so alt wie die Menschheit selber. Ein Chirurg sagt, er habe während der Operation noch nie eine Seele im Körper gesehen. Herr Erdenbürger redet unter Kollegen, es sei ja noch keiner zurückgekommen. Ein Psychoanalytiker meint, dies sei Sache der Theologie und Philosophie. Die analytische Sprachphilosophie spricht von metaphysischer Schwärmerei und von reinem Sprachspiel.

Die Psychologie, die Psychotherapie und die Psychiatrie befassen sich nicht mit dem Seelenkörper. Sie erforschen und lehren psychische Systeme. Mit der Verwissenschaftlichung der Psychologie im 20. Jahrhundert haben viele die Seele aus dem Blickfeld verloren. Krankheiten und Unfälle kosten jährlich Milliarden, und nur ein Randgebiet der Medizin befasst sich mit den dahinter liegenden seelischen Ursachen dieser Kosten.

Die christlichen Kirchen lehren, dass es eine Seele gibt, die nach dem Tode weiterlebt. Aber auch sie sind nicht darauf ausgerichtet, dem Menschen seine Seele erfahrbar zu machen. Einzig die Esoterik und die Mystik eröffnen einen Zugang zu diesen metaphysischen Erfahrungen. Doch die *Esoterik* selber ist so heterogen wie die Psychologie und die Psychotherapie. Und die *Mystik* ist eine Lebenserfahrung für den Einzelgänger. Sie ist für den <gewöhnlichen> Menschen schwer nachvollziehbar.

Einen systematischen Zugang zur Seele hat auch die *phänomenologische Sterbeforschung* erarbeitet. Knapp zusammengefasst sind die Ergebnisse: Es gibt Menschen, die nach dem klinischen Tode wieder zurückkommen und dann ganz bestimmte Arten von Erlebnissen (<an der Schwelle des Todes>) schildern können. Schockereignisse durch Unfälle und Krankheiten führen hin und wieder zu ähnlichen *transzendentalen Erfahrungen*. Sie alle berichten, dass sie aus dem Körper ausgetreten seine. Sie seien über dem Körper geschwebt und hätten eine Art feinstoffliche Körperfülle gehabt.

Die Schilderungen zeigen zudem, dass man in diesem Zustand alle Gegebenheiten der realen Umwelt wie physisch wahrnimmt. Weiter haben viele Menschen dabei auch Begegnungen mit *jenseitigen Wesen* gehabt. Sie haben in diesem Zustand bekannte Verstorbene und fremde Seelen getroffen.

Alle diesseitigen Belange scheinen in diesem Zustand weit unbedeutender zu sein, als es auf der Welt üblicherweise erfahren wird. Viele haben auch ihr eigenes Leben wie einen Film vor sich ablaufen sehen (sog. Lebenspanorama). Die Literatur berichtet weiter, dass viele Menschen vor dem Tode durch jenseitige Wesen gerufen und abgeholt werden. Sterbende sehen gelegentlich Lichtwesen und Geister (sog. Sterbebettvisionen).

Die Technik des medialen Sehens ermöglicht, Verstorbene zu sehen und mit ihnen zu reden. Solche *Geisterbegegnungen* sind seit Jahrtausenden in vielen Varianten bekannt. Die Parapsychologen streiten sich dabei über animistische und spiritistische Thesen. Die einen behaupten, dass solche Geistererscheinungen nichts anderes als exteriorisierte Manifestationen der eigenen Psyche seien. Die anderen lehren eine eigentliche Geisterwelt, die mit der physischen Welt im Kontakt ist.

Eine Lösung dieses Problems dürfte auf naturwissenschaftlich-materialistischer Denk- und Erfahrungsgrundlage kaum möglich sein. Dasselbe Beweisproblem ergibt sich bei den *Körperaustritten*.

Exteriorisationserlebnisse und *grenzpsychische Erscheinungen* gibt es nicht nur in der *Sterbeforschung* und im *Okkultismus*. Es gibt Menschen, die solche Erfahrungen gemacht haben, ohne dass sie als klinisch tot oder psychisch krank diagnostiziert worden sind. Dazu seien einige Beispiele aufgeführt:

Beispiel (AK 1): Ein Klient hat eine Magenoperation gehabt. Er berichtet darauf: <Ich habe den Operationssaal gesehen, was die Ärzte gemacht haben und wer zugegen war. Es war, als ob ich an der Decke geschwebt wäre. Ich war Zuschauer der Operation.>

Beispiel (AK 2): Ein Bekannter berichtet: <Einmal ging ich mit einem Freund spazieren. Plötzlich sah ich mich neben mir gehen. Ich hatte das Gefühl, in einem andern Körper zu sein. Es war nur kurz."

Beispiel (AK 3): Ein Seminarteilnehmer erzählt: <Manchmal, wenn ich mich entspanne, gehe ich auf Reisen. Ich besuche Bekannte und Freunde. Ich rede mit ihnen und sehe, was sie gerade tun. Es ist jeweils, als ob ich in der Entspannung aus dem Körper fliessen würde. Es ist wie ein Traum und doch ganz real.>

Ähnliche Erlebnisse berichten gelegentlich Teilnehmer meiner Gruppenarbeit nach den Entspannungsübungen:

Beispiele (AK 4): a) Ich habe in der Entspannung häufig überhaupt kein Körpergefühl mehr. Es ist, als ob ich jeweils nur noch aus einem feinstofflichen Körper bestehen würde. B) Meine Arme und Beine waren wie weg. Ich habe das Gefühl gehabt, als ob meine Arme und Beine so schräg nach oben gewesen wären. C) Ich schwebte über meinem Körper. Ich war mindestens einen Meter über dem Boden. D) Ich war auf einmal ganz weg, und dann lag ich zu Hause auf meiner Couch. E) Plötzlich war ich ganz weg. Ich flog über die Stadt hinweg und sah die Dächer. F) Auf einmal sah ich alle Leute im Gruppenraum liegen. Ich schwebte an der Decke. Mein Körper war unten.

Kommentar: Diese Beispiele lassen einen feinstofflichen Körper annehmen, der sich gelegentlich vom physischen Körper lösen kann. Es handelt sich hier um Spontanerfahrungen. Solche Berichte drängen zur Suche nach experimentell nachvollziehbaren *Übungen.*

Ich habe in der Folge eine solche Übung entwickelt. Sie ist einfach und leicht nachvollziehbar. Man beginnt zuerst mit einer Tiefenentspannung. Dann kann man etwa mit folgenden Worten einen *Körperaustritt* auslösen: <Jetzt kann ich aus dem Körper austreten. Ich habe einen feinstofflichen Körper, den ich jetzt vom physischen Körper lösen kann. Es gelingt mir ganz leicht. Jetzt trete ich aus dem Körper und schwebe. Ich kann meinen Körper sehen.>

An verschiedenen parapsychologisch-esoterischen Seminaren habe ich solche Übungen durchgeführt. Dazu seien im Folgenden einige Ergebnisse vorgestellt. Gleichzeitig muss ich aber davor warnen, solche Übungen in unkontrollierter und larger Weise durchzuführen.

Beispiele (AK 5):

a) Es ist schwer zu sagen. Ich habe den Körper lange wie ein Gefängnis empfunden. Dann war ich wie erhöht. Ich empfand ein Gefühl der Grenzenlosigkeit. Ich schwebte im Raum. Durch eine Kette war ich mit dem Körper verbunden;

b) Ich habe den Raum und die Decke gesehen. Alles war fliessend. Ich war wie im Körper und doch gleichzeitig ausserhalb;

c) Erst war ich verkrampft und hatte Angst. Dann konnte ich mich aufsetzen;

d) Ich fühlte mich wohl und ganz leicht, wie schwebend knapp oberhalb des Körpers;
e) Irgendwie war ich hellwach, und doch habe ich geschlafen. Ich konnte mich ausdehnen und dann wieder zurückziehen;

f) Es war wie ein Fliessen aus dem Körper. Dann konnte ich verschiedene Orte aufsuchen. Ich habe gar kein Distanzgefühl gehabt.

Kommentar. Alle Teilnehmer haben den Gruppenraum real und gleichzeitig als geistigen Raum wahrgenommen: Kuppel, Kirche, schützende Säulen, die Wände als kronenartig umhüllende Form. Einige konnten gleichzeitig geistige Wesen sehen: Lichtgestalten, engelartige Wesen, einen König und ähnliche mehr. Diese Figuren haben schützende Funktion gehabt.

Ein Skeptiker wird nun sagen, dass diese Erlebnisse nichts anderes als Halluzinationen, suggerierte Vorstellungen und Körpersensationen seien. Weil man diese Dinge nicht für möglich hält und weil sie nicht ins positivistische Weltbild passen, werden sie häufig für unmöglich gehalten und negiert.

Doch mit solchen Argumenten kann man diese erfahrenen Erlebnisse nicht einfach beiseiteschieben. Möglicherweise würde ein kritischer Rationalist solche Körperaustritte mit einer transzendenzoffenen Haltung beurteilen, wenn er solche Übungen einmal selber durchführen würde.

Im Gesamtzusammenhang mit den Rückführungen, mit dem medialen Sehen und mit der kosmischen Energie ist ein komplexer Erklärungszusammenhang gegeben. Es können in diesem Kontext folgende *Annahmen* über den *Seelenkörper* und die *Astralwelt* formuliert werden:

a) Der physische Körper hat in sich einen weiteren Körper, der feinstofflicher Art ist. Der Begriff <Seelenkörper> (oder Astralkörper) bezeichnet eine seelische Erfahrung.

b) Dieser Astralkörper kann von der Physis gelöst werden. Man kann damit auf Reisen gehen und im Sinne des medialen Sehens die diesseitige Welt erfahren.

c) Der Astralkörper ist in der Dimensionierung variabel. Er ist wolkenartig und kann grösser oder kleiner werden.

d) Der feinstoffliche Körper hat die gleichen psychischen Funktionen wie der physische Körper. ICH-Bewusstsein, Denken, Fühlen, Wahrnehmen, Urteilen und Empfinden. Das seelische Gedächtnis ist ebenfalls Teil davon. Die absolute seelische Intelligenz lässt sich hier einfügen.

e) Der Astralkörper ist von ähnlicher Beschaffenheit wie die kosmische Energie. Die kosmische Energie ist die <Materie> der Astralwelt. Die psychische Energie ist eine Gestaltungsform davon. Die Imprägnation von Raum und Materie ist eine andere Art der Gestaltung dieser geistigen Energie.

f) Die astrale Welt ist die Welt des Unbewussten und der Sinninhalte des Bewusstseins. Das kollektive Unbewusste ist die Summe und Wechselwirkung davon. Das Jenseits ist ein Teil dieser geistigen Welt.

Es drängen sich hier wiederum einige erkenntnistheoretische Überlegungen auf: Sind diese Annahmen reine Spekulation und Phantasie? Worin kann das Wahrheitskriterium bestehen, wenn schon keine empirische Beweisbarkeit möglich ist? Die Argumentation vieler wissenschaftlicher Parapsychologen flüchtet sich hier meist zu den Begriffen <aussersinnliche Wahrnehmung>, <Telepathie>, <Sinneshalluzination> und <innerpsychisch>.

Doch diese Worte etikettieren bloss ein konstatiertes Phänomen. Insofern haben sie bloss beschreibenden Charakter; sie erklären nichts. Wer empirische Beweiskriterien verlangt, geht davon aus, dass nur die *Empirie* das Sein des Menschen ausmacht. Dies ist allerdings eine enorm reduzierte Wahrnehmung und entsprechend auch eine sehr grosszügige Amputation am menschlichen Sein.

Anhand von vielen Beispielen und durch zahlreiche *Experimente* habe ich einen Zugang zur Erfahrung eröffnet. Insbesondere im Zusammenhang mit Traum, Imagination, medialem Sehen sowie mit der psychischen Energie zeigt sich, dass die *innere Erfahrung* mehr bedeutet als Experimentieren und Erkenntnisgewinnung. Diese Teile der geistigen Realität des Menschen fordern immer gleichzeitig auch zur Auseinandersetzung mit dem eigenen Unbewussten und den Sinninhalten des eigenen Bewusstseins heraus. Insofern ist der Anspruch dieser Methoden – und damit das *Wahrheitskriterium* – umfassender als in der Methodologie der Sozialwissenschaft.

6.6. Dynamisches Schicksal und seelische Freiheit

Die *Komplextheorie* und die *kosmische Energie* sind Grundlagen zur Erfassung und Erklärung einer energetischen Verbundenheit zwischen Menschen. Es gibt dazu viele Alltagsereignisse. Sie haben vordergründig den Charakter der Zufälligkeit. Es zeigt sich dabei aber oft, dass äussere Gegebenheiten gleichzeitig innerseelischen Verhältnissen entsprechen.

Es besteht bezüglich des Sinnthemas zwischen einem Ereignis in der

Aussenwelt und den seelischen Verhältnissen in der Innenwelt eine Analogie. Viele zufällige Ereignisse sind affin und resonant zu einem vorhandenen seelischen Sinnthema. Manche Tagesereignisse scheinen oft geradezu wie verhext. Alles geht schief. Oder alles erfolgt wie gewünscht. Erhoffte Gegebenheiten treten zum richtigen Zeitpunkt (Kairos) auf.

Diese These der *Synchronizität* beschreibt solche Phänomene insbesondere aus dem grenzpsychischen Bereich. Ein innerseelischer Zustand geht einher mit einem äusseren Ereignis das diesem Sinn entspricht. Synchronistische Erscheinungen zeigen das gleichzeitige Vorhandensein von Sinngleichheit in verschiedenen, durch nichts verbundenen und akausalen Vorgängen. Doch diese These ist keine Erklärung. Sie beschreibt auffallende Gegebenheiten bei okkulten Phänomenen (Geistererscheinungen) und bei <sonderbaren> Ereignissen im Alltag eines Menschen.

Im Zusammenhang mit der Konzeption der Astralwelt und der Theorie des Seelenkörpers sind erweiterte Erklärungsmöglichkeiten gegeben. Die Funktionsweise der Komplexe sowie der Gedanken- und Gefühlsenergie erhellt eine geistige Verbundenheit und Wechselwirkung zwischen Menschen. Zur weiteren Erläuterung dieser Sachverhalte seien zuerst einige Beispiele aufgeführt.

Beispiel (AG 1): Klientin X. quält sich mit Selbstmordgedanken. Halb entschlossen zu handeln, geht sie in die Stadt, um Medikamente zu kaufen. Dort trifft sie völlig unerwartet einen Onkel, der sonst 300 km entfernt wohnt. Ein Gespräch ermöglichte, die Situation der sehr schweren Depression zu entlasten.

Beispiel (AG 2): Herr K. hat einen Flug für eine Ferienreise gebucht. Am Vorabend hatte er einfach keine Lust zum Packen und liess den Flug um zwei Tage verschieben. Einen Tag später musste er erfahren, dass das Flugzeug, mit dem er ursprünglich fliegen wollte, abgestürzt war.

Beispiel (AG 3): Frau H. hat drei Kinder und viel Haushaltarbeit. Sie weigerte sich immer wieder, ihre Lebenssituation anzunehmen. Erst vor kurzem ist ihr so richtig bewusst geworden, dass sie sich eigentlich nach ihrer Mutter sehnte: <Komm doch, hilf mir; du kannst das alles viel besser.> In dieser Zeit der seelischen Auseinandersetzung hat sie mehrere Telefonanrufe von Bekannten und Verwandten erhalten, die alle <wie zufällig> fragten, ob sie ihr helfen könnten.

Beispiel (AG 4): Ein Klient will sich von seiner Freundin lösen, anstatt sich zu verloben. Kaum war er dazu entschlossen, telefonierten im alte Bekannte, die er damals vor drei Jahren im Interesse dieser Beziehung verlassen hat: ein Alkoholiker, ein Hochstapler, ein Homosexueller, ein <Alternativtyp> und ein ehemaliger Sportkamerad. Von allen hat er seit längerer Zeit nichts mehr gehört.

Beispiel (AG 5): Herr K. klagt, dass ihm eben erst sein Aktenkoffer mir Pass, Geld und Schlüssel entrissen worden sei. Das Ereignis liess sich wie ein Traum deuten: Er wollte seine Identität nicht leben, seine Lebensmöglichkeiten nicht wahrnehmen und lebte ohne Beachtung seiner seelischen Erfahrung.

Kommentar: Der tiefenpsychologische Erklärungsversuch mit der These der Synchronizität eröffnet einen Zugang zum Verständnis solcher Gegebenheiten. Das verbindende Element ist dabei ein Sinnthema. Das Phänomen der *Synchronizität* entspricht dem *Gesetz der Analogie* und *Resonanz:* Was im Leben eines Menschen an bedeutenden Gegebenheiten sich ereignet, hat eine innerseelische Entsprechung und ist aus diesen Gründen vorhanden (<*wie innen, so aussen*>).

Ein erster *Erklärungszusammenhang* ist die *Projektion.* Das Ereignis ist im Prinzip zufällig. Der Betroffene sieht und erfährt darin jedoch eine Widerspiegelung der eigenen Verhältnisse.

Die *Komplexenergie* ermöglicht eine erweiterte Erklärung. Viele Ereignisse im Leben eines Menschen werden durch seine psychische Energie telepathisch gelenkt. Eine solche auf Distanz wirkende Kraft (kosmische Energie) führt gelegentlich zu <zufälligen> Begegnungen von Menschen, die dann häufig als <wie gewünscht> erscheinen. Man könnte auch sagen, dass die Kraft des (unbewussten) Wunsches eine solche Begegnung arrangiert.

Die Komplexe sind eine eigenständig funktionierende energetische Welt. Dabei hat die Energie die Tendenz, das ihr Entsprechende, Analoge, Komplementäre und Polare zu suchen und zu fixieren. Es entstehen *Wechselwirkungen* zwischen Menschen, di e dann als telepatisch gelenkte Phänomene (oder zufällig) erfahren werden.

Weiter liegt bei vielen Ereignissen die Annahme nahe, dass ganz allgemein eine *bestimmende Kraft* bei der *Lebensgestaltung* mithilft und in diesem Sinne <zufällige> Ereignisse arrangiert. Die eine Kraft ist die *absolute seelische Intelligenz.* Andere Kräfte sind die sogenannten Seelenführer, die geistigen Lebensführer, die Schutzengel und ähnliche mehr, wie sie etwa in der christlichen Religion und in der Esoterik angenommen werden. Dies letztere verweist auf die *Astralwelt* und bedeutet, dass Verstorbene unter uns sind und das Geschehen der realen Welt mitgestalten.

Man könnte hier aber auch im Sinne einer Annahme formulieren: Die sogenannten geistigen Führer sind personifizierte Ausdrucksformen der seelischen Intelligenz. Allerdings ist es möglich, mittels medialen Sehens diese geistige Verbundenheit mit dem Jenseits zu erfahren. Die Beziehungen basieren ebenfalls auf dem Prinzip der Analogie und Resonanz.

Solche *Schicksalsgestaltenden Kräfte* lassen sich bei einer systematischen tiefenpsychologischen Entwicklungsarbeit regelmässig *erfahren*. In der Gesamtheit der Theorie und Aspekte über die astrale und innerseelische Welt erscheint das Prinzip der Analogie und Resonanz nicht mehr als blosse Vorstellung.

Die Grundlagen sind nicht mehr rein metaphysisch und spekulativ. Sie erhalten einen seelischen und erfahrbaren Hintergrund. Zweifelsohne ist bei der *Beurteilung* zufälliger Ereignisse auch höchste *Zurückhaltung* geboten. Denn es wäre verfehlt, wollte man jedes beliebige Ereignis im Alltag als analog und resonant zu seelischen Verhältnissen deuten.

Es geht bei dem Problem der seelischen Welt und den Wechselwirkungen mit der realen Welt nicht nur um ein empirisches Erfassen parapsychischer Phänomene und Gesetzmässigkeiten. Denn einerseits muss man sich dem seelischen Prozess hingeben, um solche Affinitäten und Resonanzen erkennen zu können.

Und anderseits stellt das *Prinzip der Analogie* auch eine *seelische Herausforderung* dar. Viele Menschen sind mit ihrem Leben nicht zufrieden. Krankheit, Krisen und Lebensverhältnisse aller Art stellen manchmal eine enorme Belastung dar.

Die Gründe werden meist in der Aussenwelt, im Zufall oder im unabwendbaren Schicksal gesucht. Man kann nichts dafür. Doch das Analogie- und Resonanzgesetz besagt demgegenüber, dass der Mensch für viele Gegebenheiten eben doch selber die Regie inne hat.

Denn die *innerseelischen Verhältnisse gestalten* energetisch den *Lebensraum* und das Spektrum vieler <zufälliger> Ereignisse. Komplex- und Gedankenenergie bewirken nicht nur Störungen in der Psyche und im Körper, sondern organisieren gar manche reale Gegebenheiten.

Die Kenntnis dieser *vielseitigen Zusammenhänge* ermöglicht dem Einzelnen, sein Schicksal dynamisch zu verstehen. Durch die Gestaltung der seelischen Innenwelt verändern sich in günstiger Weise gleichzeitig auch viele

<zufällige> Ereignisse.

Das *Gesetz der Resonanz* besagt weiter, dass auch psychische Störungen und psychosomatische Krankheiten eine Analogie zu gegebenen seelischen Verhältnissen repräsentieren. Und schliesslich bedeutet dieses Prinzip, dass viele Lebensumstände und Ereignisse analog und resonant zum Denken, Fühlen und Vorstellen sowie zum seelischen Gedächtnismaterial sind. Dies erhöht die Selbstverantwortung und fordert zur seelischen Arbeit auf, wenn man in den realen Lebensverhältnissen etwas anders haben will.

Nur wer bereit ist, die seelische Innenwelt als Realität anzuerkennen und zu erfahren, kann die lebensgestaltenden Kräfte im Menschen erfassen und handhaben. Wendet sich ein Mensch dem Prozess der Selbstfindung zu, so findet er am Ziel seiner Bemühungen nebst seiner eigenen Individualität auch ein hohes Ausmass an seelischer Freiheit. Er kann damit rechnen, durch seine eigene absolute Intelligenz zu einem bewussteren Leben geführt zu werden.

7. Zusammenfassung: Wege zur Erfahrung und Gestaltung der seelischen Innenwelt

Im ersten Kapitel werden zuerst einige Probleme der Psychologie dargelegt. Die Psychologie ist eine schwer überschaubare Summe von vielen verschiedenartigen Theorien. Die einzelnen Lehrgebiete befassen sich mit der äusseren psychischen Wirklichkeit des Menschen, insofern sie rationale Denk- und Erfahrungsweisen betreiben. Die Seele ist ein Thema der <anderen> Wirklichkeit. Viele Menschen sind auf der Suche nach geistiger Orientierung und seelischer Erkenntnis. Weisheit, Sinnfindung und Werte sind bedeutende psychologische Aspekte des Daseins.

Es gibt eine Reihe von Grundfragen, die die seelische Innenwelt betreffen: Hat der Mensch schon vorgeburtlich eine seelische Realität? Was ist das für eine Intelligenz, die die Träume schafft? Welchen Sinn haben die Bilder, die man mit geschlossenen Augen sehen kann? Wie geschieht es, dass Gedanken und Lebenserfahrungen sich auf das körperliche Wohlbefinden auswirken? Eine naturwissenschaftlich orientierte Psychologie kann diese Probleme nur beschränkt erfassen. Doch wo findet der Einzelne Antworten auf solche Fragen?

Das Angebot an *psychotherapeutischen Methoden* ist vielfältig. Über Richtigkeit und Effizienz bestehen bei den verschiedenen Schulen ganz unterschiedliche Vorstellungen.

In den meisten Konzeptionen geht es um seelische Entwicklung, um Identitätsfindung sowie um die Bewusstwerdung und Gestaltung der seelischen Innenwelt. Insofern ist *Psychotherapie* kein Gebiet der Medizin und der wissenschaftlichen Psychologie. Psychotherapie ist *psychologische Erwachsenenbildung* zur Entfaltung der *Persönlichkeit.*

Es gibt Menschen, die sich selbst besser kennenlernen wollen, ohne psychisch krank zu sein. Die Entwicklung der Persönlichkeit ist ein Anliegen vieler Menschen. Muss jeder, der solche Wege gehen will, eine Psychotherapie machen?

Die Erscheinungsbilder von *psychischen Störungen* werden in der Fachliteratur sehr unterschiedlich umschrieben. Der Krankheitsbegriff wird verschiedenartig gehandhabt. Psychische und psychosomatische Leiden stehen in engem Verhältnis zur seelischen Situation. Erfahrenes Leid,

Schicksalsschläge und unentwickelte Triebe bewirken nebst vielem solche Störungen.

Die meisten Menschen haben gelegentlich psychische oder psychosomatische Schwierigkeiten. Manche leiden an ihren Lebensverhältnissen. Ist der Mensch deswegen ein sogenannter Patient im Sinne der Psychotherapie? Solche Lebensthemen verlangen nach einer psychologischen Lebensschule. Doch welche Möglichkeiten hat der Einzelne im Alltag?

Entsprechend den vielen Psychologien und Psychotherapien gibt es zahlreiche Vereinigungen und Schulstätten. Jede vertritt eigene Lehrmeinungen und spezielle anthropologische Grundlagen. Diese Verhältnisse verdeutlichen, dass im Bereich der psychologischen Hilfeleistung viele Grundsätze bestehen. Es ist kaum möglich zu beurteilen, welche Schule die richtige Lehre anzubieten vermag.

Die *Suche nach* einer *geistigen Orientierung* ist nicht nur ein Lebensthema für den Einzelnen. Sie wird zum Problem der Psychologie und Psychotherapie, wenn Ideologie und rationale Wissenschaft die praktische psychologische Arbeit bestimmen. Wo kann diese geistige Orientierung gefunden werden?

Das Wissenschaftsverständnis in der Psychologie und Psychotherapie ist umstritten. Dies zeigt sich zum Beispiel anhand der *Erfolgskontrolle* in der psychologischen Hilfeleistung. Der Prozess der seelischen Arbeit hängt von vielen Faktoren ab, die mit den eigentlichen Methoden wenig zu tun haben. Die seelische Wirklichkeit erfordert deshalb eine Ergänzung zu rationalen Betrachtungsweisen.

Die eigentlichen Methoden der seelischen Erkenntnisgewinnung sind auf die Gegebenheiten des Lebens auszurichten: Innenschau, inneres Verstehen und Verinnerlichung. Dies sind spirituelle Denk- und Erfahrensweisen. Doch wie kann der Einzelne für sich selbst damit seine Innenwelt erschliessen?

Rückführungen, Träume, Imagination und mediales Sehen erhellen durch Seelenbilder die <andere> Wirklichkeit im Menschen. Die psychische und kosmische Energie sind die lebensgestaltenden Kräfte. Der Umgang damit ermöglicht jedem Einzelnen eine aufbauende psychologische Lebensschule.

Im zweiten Kapitel wird die allgemeine Grundlage erarbeitet: *Das Unbewusste* und *das seelische Gedächtnis*. Der Begriff <Unterbewusstsein> wird in der Psychologie sehr vielseitig umschrieben. Was damit gemeint ist, steht nicht eindeutig fest. Es gibt das *Unterbewusstsein* nicht. Der eigentliche Begriff heisst <unbewusst>.

Jeder Mensch erfährt täglich sein unbewusstes Innenleben. Leiderfahrungen, Peinlichkeiten, Enttäuschungen und unerfüllte Wünsche werden beiseite geschoben. Unbewusst ist das Insgesamt des *Verdrängten* und *Abgewehrten*. Viele eigene Einstellungen sind nicht vergegenwärtigt. Dennoch bleibt dies alles als *lebendige Kraft* erhalten. Dadurch entgehen dem Menschen viele Lebensmöglichkeiten.

Rückführungen in die eigene Vergangenheit ermöglichen, den Zugang zu allem Verdrängten zu finden. Durch eine einfache Methode, kann jeder seine ganze Vergangenheit wieder vergegenwärtigen. Wie ein Film kann das Leben nochmals angeschaut werden. Sogar die *vorgeburtlichen Lebenserfahrungen* können durch diese Methode wiedererlebt werden.

Die Ergebnisse der Rückführungen zeigen, dass der Mensch ein *seelisches Gedächtnis* hat, in dem Gegebenheiten von dem Zeitpunkt der Zeugung an gespeichert sind. Das Erinnern geschieht mit allen Sinnen. Die Erlebnisse bewirken Gefühle und Körperreaktionen wie damals. Das Wiedererleben setzt *psychische Energien* frei. Es ist naheliegend, anzunehmen, dass der Mensch bereits vorgeburtlich verschiedene innerseelische Funktionen hat: ICH-Bewusstsein, Wahrnehmung und Beurteilung.

Die Frage nach dem *Seelenkörper* drängt sich hier auf. Es genügt, sich eine bestimmte Zeit vergegenwärtigen zu wollen, und die entsprechende Vergangenheit wird im inneren Bildersehen lebendig. Die Einwirkungen der Umwelt auf das Unbewusste kann durch diese Gegebenheiten erweitert verstanden werden. Rückführungen erhellen zudem erste Daseinsthematiken des Menschen.

Systematische Rückführungen ermöglichen jedem Menschen eine fundamentale *Erkenntnis* über sich selbst. Das bildhafte Wiedererleben der eigenen Vergangenheit bewirkt eine *Befreiung* von belastenden seelischen Lebenserfahrungen. Der Einzelne kann im Allgemeinen ohne besondere Schwierigkeiten auf diese Weise alles Verdrängte durcharbeiten.

Die Ergebnisse aus *Rückführungen* haben einige Parallelen zur *Komplexlehre*. Komplexe sind thematische Einheiten im Unbewussten: Konflikte, Erschütterungen, Befürchtungen und Probleme aller Art. Sie behindern oft die Gestaltung des Lebens in unangenehmer Weise. Komplexe haben eine Eigendynamik, die mit Willensanstrengung kaum zu lenken sind.

Im Zusammenhang mit den Erfahrungen aus Rückführungen wird erkennbar, dass die eigene *Vergangenheit als lebensbestimmende Kraft* das Dasein gestaltet. Denn ein Thema im seelischen Gedächtnis hat eine *sich selber reproduzierende*

Entwicklungslinie. Dies zeigt sich in vielen Lebenserfahrungen: Man gerät immer wieder an ähnliche Partner; an jeder Arbeitsstelle wiederholen sich bestimmte Konfliktthemen; Jahr um Jahr erfährt man wiederholt dieselben Enttäuschungen und Ungerechtigkeiten, als ob man sie suchen würde.

Es zeigt sich, dass das Material im seelischen Gedächtnis auf die Lebensereignisse Einfluss nimmt. Demgegenüber besagt die Idee der Auslöserfunktion, dass jede Gegebenheit in der Umwelt und alle Gefühlserfahrungen die unbewussten Seelenthemen energetisch aktivieren.

Schliesslich verdeutlichen die Rückführungen in die früheste Kindheit, dass die *ersten Daseinserfahrungen* die eigentlichen *Grundlagen* für psychische und psychosomatische Leiden sowie für die Art der Gestaltung von Beziehungen zur Aussenwelt darstellen. Damit sind einige *Perspektiven* skizziert, die jedem Einzelnen ermöglichen, sein Leben besser zu verstehen und Ursachen von Schwierigkeiten gezielt umzugestalten.

Die *Wirkungsweisen der Traumwelt* wird im dritten Kapitel erforscht. Die Träume haben seit Jahrtausenden in allen Kulturen eine hohe Bedeutung. In einigen tiefenpsychologischen Konzeptionen gelten die Träume als elementare Möglichkeit, die Innenwelt zu erfahren.

Träume schaffen Ausgleich, indem Unbeachtetes und Blockiertes aufgezeigt wird. Träume weisen kompensierend auf Selbstüberschätzung und Einseitigkeiten in der Selbstwahrnehmung hin. Sie legen zukunftsgerichtet dar, was an Entwicklung im Leben des Träumenden möglich ist. Unbewusste Triebansprüche und Wunschvorstellungen werden verdeckt aufgezeigt. Vielseitige Verschiebungen erhellen, was man nicht sehen will.

Einstellungen, Denken und Verhalten werden in *Traumbildern* kritisch beleuchtet. Ereignisse vom Vortag tauchen auf. Viele Träume warnen. Manche verweisen auf Ursachen von psychischen und psychosomatischen Störungen. Die Träume erhellen Beziehungen zu anderen Menschen. Die Aussenwelt wird gezeigt, wie sie wirklich ist. Die Vergangenheit wird aufgearbeitet. Alles, was im Leben eines Menschen geschieht, kann sich in Träumen widerspiegeln.

Die *Welt der Träume* kann auf vielerlei Weise *erfasst* werden: Das freie Assoziieren stellt den Zusammenhang zum angesprochenen Lebens- und Sinnthema her: Material aus Märchen und Mythologie kann das Traumgeschehen ergänzen; man kann gezielt Fragen an das Bildmaterial stellen; Imagination und Rollenspiel lassen den Sinn eines Traumes erfahren.

Daraus ergeben sich einige neue *Betrachtungsweisen des Traumwesens*. Es zeigt sich, dass die *Träume* als *die Quelle der geistigen Orientierung im Dasein* gelten. Denn es gibt eine Kraft im Menschen, die in intelligenter Weise mit gezielten Absichten die Träume schafft. Dies führt zu einer integrativen Ordnung der verschiedenen *Traumlehren*.

Das *Traumgeschehen* widerspiegelt in vielfältiger Weise die Innen- und Aussenwelt des Träumenden. Ursachen, funktionale Zusammenhänge und Lösungsmöglichkeiten werden aufgezeigt. Durch Kontraste und Gleichnisse wird ein Thema erhellt. Viele Darstellungsweisen fordern nach Erweiterung und Korrektur des Blickwinkels.

Die *Träume bestehen aus* vielen verschiedenartigen *Bildelementen*. Gegebenheiten aus dem Alltag tauchen auf. Material aus der Vergangenheit gestaltet das Traumgeschehen. Der körperlich-seelische Zustand wird zum Traumerlebnis. Alles, was es auf der Welt gibt, kann das Bildergeschehen gestalten. Gelegentlich tauchen *mythologische Motive* und *abstrakte Symbole* auf. Die verschiedenen Quellen geben den einzelnen Bildelementen einen bestimmten Sinn.

Die *Träume informieren* über alle Aspekte des Lebens. Das seelische Innenleben und der Bezug zur Aussenwelt werden erhellt. Die Informationen beziehen sich auf Sinn, Werte und Qualitäten. Das Traumgeschehen ist auch wertend und urteilend: Falsches Denken wird aufgezeigt; Unentwickeltes wird angeboten; vor Gefahren wird gewarnt; die bewusste Wahrnehmung wird richtiggestellt.

Träume können auch Unruhe schaffen. Angst, Schuld und Peinlichkeit können ausgelöst werden. Die Körperfunktionen werden beeinflusst. Das *Traumerlebnis wirkt* dadurch *auf das Lebensgefühl*.

Es gibt im Menschen eine geistige Kraft, die durch Träume wahre Informationen vermittelt, nach einem eigenen Normensystem urteilt und zudem nach besonderen andragogischen Gesichtspunkten arbeitet. Diese <*absolute seelische Intelligenz*> vermag Verdrängtes, Unerkanntes und auch Dinge ausserhalb der Reichweite zu erfassen. Sie ordnet, selektioniert und kommentiert die Lebensweise. Damit werden die *Träume* zum weisen *Berater* und *Lebensführer*.

Ein jeder kann für sich selbst mit den eigenen Träumen arbeiten. Die *Techniken der Traumdeutung* sind vielfältig und lassen sich gegenseitig ergänzen. Dabei ist davon auszugehen, dass dem Traum eine Instanz zugrunde liegt, die den Menschen zu seinem inneren Sein hinführen will. Die seelische Innenwelt kann dadurch erfahren und umgestaltet werden. Die eigene Individualität kann so entfaltet werden.

Auf der *Grundlage der Traumpsychologie* und der *Rückführungen* wird im vierten Kapitel eine *Praxis der Imagination* entwickelt und begründet. *Imagination* ist die eigentliche *geistige Erkenntnisquelle* des Menschen über sich und sein Leben. Das innere Bildersehen ist die spiritualistische Methode der Selbstfindung und Verinnerlichung.

Mittels inneren Bildersehens kann man sich leicht entspannen und psychisch stärken. Psychische Blockierungen können aufgelöst werden. Innerseelische Verhältnisse lassen sich durch Imagination gestalten. Man kann Schwierigkeiten im Alltag durch Seelenbilder besser verstehen und lösen lernen. Psychische Störungen können nach Ursachen befragt werden. Psychosomatische Krankheiten beinhalten seelische Sinnthemen.

Die Imagination eröffnet den Zugang zu diesen Zusammenhängen. Die eigene Vergangenheit kann im inneren Bildersehen durchgearbeitet und umgestaltet werden. Träume lassen sich im bildhaften Wiedererleben besser verstehen und weiterentwickeln. Zahlreiche Anwendungsbereiche und Übungen werden dargelegt.

Die gestaltende Kraft in der Imagination ist die seelische (geistige) Intelligenz mit den verschiedenen Komponenten und Wirkungsweisen. Das gezielte Nach-innen-Schauen ermöglicht den direkten Zugang zu den seelischen Themen. *Imagination ist die Sprache der Seele.* Sie ergänzt in sinnvoller Weise die Arbeit mit den Träumen.

Das innere Bildersehen ermöglicht dabei verschiedene innerseelische Gestaltungen: Wiedererleben, Aufdecken und Umstrukturieren. Diese Methode lässt sich auf alle Probleme des Lebens anwenden. Erfahrung und Umgestaltung der Komplexe setzen psychische Energien frei. Das innere Geschehen richtet sich dabei auf den Gesamtzusammenhang der seelischen Entwicklung.

Die *Auseinandersetzung* mit den *Ergebnissen* bewirkt, dass gelegentliche Einstellungen, Verhaltensweisen und Denkgewohnheiten geändert werden müssen. Das Dasein kann neuen Sinn erhalten. Die *praktische Durchführung* ist einfach. Jeder kann für sich allein solche Bildmeditationen anwenden. Die Imagination erweist sich als ein *Grundinstrument zur Persönlichkeitsentfaltung* und zur *optimalen Lebensgestaltung.*

Die Technik der Imagination wird im fünften Kapitel auf das sogenannte mediale Sehen erweitert. Diese besondere Art des inneren Bildersehens ist für die Psychologie neu. Sie hat hingegen in der Esoterik und Magie seit Jahrtausenden eine besondere Stellung. Es gibt viele Alltagserfahrungen, die annehmen lassen, dass der Mensch eine innerseelische Wahrnehmungsfähigkeit hat: Vorahnung, Eingebung, Gedankenübertragung, Intuition und spontane Handlungsimpulse.

Aus Traum und Imagination lässt sich erkennen, dass Seelenbilder auch über Gegebenheiten von der Aussenwelt informieren. Die *aussersinnliche Wahrnehmung* ist in der Wissenschaft vielfältig nachgewiesen und erprobt worden. Ebenso zeigen *psychometrische Experimente*, dass man durch Einfühlen in einen fremden Gegenstand hellsehend Zugang zur Welt des Besitzers erhalten kann.

Aus diesen *Erfahrungsbereichen* kann man folgern, dass der Mensch eine innerseelische Wahrnehmungsfunktion hat, die ausserhalb der sinnlichen Reichweite liegende Verhältnisse erschliessen kann. Das mediale Sehen ist die gezielte Handhabung dieser Fähigkeit. Man kann mittels *gelenkter Imagination* in fremde seelische Sinnwelten Einblick nehmen.

Rückführungen in frühere Leben und Jenseitskontakte werden häufig als beratende psychologische Hilfeleistung angewendet (z.B. Reinkarnationstherapie). Diese Methoden sind besondere Varianten des medialen Sehens.

Der *Anwendungsbereich* des *medialen Sehens* ist vielseitig. Man kann damit die seelischen Verhältnisse eines anderen Menschen erkennen. Schwierigkeiten mit Bekannten können durch gelenkte Seelenbilder geklärt werden. Auch Institutionen können auf diese Weise sinnerhellt werden.

Bücher und Lehrprogramme lassen sich medial sehend befragen. Besonders nützlich ist die Anwendung dieser Technik zur Klärung von Lebensproblemen anderer Menschen. Alles kann auf Sinn, Echtheit, Ursachen, Absichten und Lösungsentwicklungen befragt werden.

Das *mediale Sehen* ist einfach und erfordert keine besonderen Begabungen. Der Einzelne kann damit jede Seelenwelt und die Sinnaspekte aller Gegebenheiten auf der Welt vielseitig nutzbringend erschliessen.

Im sechsten Kapitel wird die *Energie* untersucht, die durch Seelenbilder aktiviert wird. Rückführungen, Träume und inneres Bildersehen setzen Energien frei. Das Einfühlen in fremde Sinnwelten bewirkt innere *Gefühlsreaktionen*. Affekte, Triebe und psychische Störungen beinhalten psychische Energie.

Die *Lebensenergie* wird vom seelischen Innenleben gestaltet. Psychosomatische Leiden werden weitgehend von diesen Lebenskräften ausgelöst. Gleichzeitig gibt es auch in der Aussenwelt eine geistige Kraft, die alles Materielle und alles Leben umfasst. Diese *kosmische Energie* hat in vielfältiger Weise Einfluss auf den Menschen. Sie kann gezielt gehandhabt werden.

Auch Gedanken, Vorstellungen und körperlich-seelische Verhältnisse beinhalten *psychische Energie*. Durch verschiedene nachvollziehbare *Experimente* wird aufgezeigt, wie diese Kräfte auf einen selbst und auf andere Menschen wirken können. In gleicher Weise ist das *seelische Gedächtnismaterial* in bezug auf das eigene Leben und auf die Umwelt energetisch aktiv. Diese energetischen Kräfte im Innenleben gestalten die Beziehungen zwischen Menschen mehr als Rationalität und Wille.

Die *psychischen Energieverhältnisse* im Menschen können durch verschiedene *Techniken* sinnvoll *umgestaltet* werden. Die *astrale Magnetopathie* ist ein Verfahren, das auf allgemeine Körpergefühle, auf das psychische Wohlbefinden und auf die Körperfunktionen positiv wirkt. Die gezielte Handhabung der kosmischen Energie ermöglicht zum Beispiel, einen Menschen auf jede beliebige Distanz zu entspannen und auf den Körperzustand zu wirken.

Mittels inneren Bildersehens kann man energetische Kräfte aktivieren, die auf psychische Störungen und organische Leiden gesundend wirken können. Anhand einiger Experimente wird dargelegt, wie jeder diese *Methoden der Geistheilung* anwenden kann.

Besonderheiten sind die *psychische Imprägnation* sowie die *Symbol- und Ritualenergie*. Räume werden durch die psychische Energie der Menschen <aufgeladen>. Ausdrücke wie <dicke Luft> und <bedrückende Atmosphäre> beziehen sich auf solche Gegebenheiten. In gleicher Weise werden auch Gegenstände von Menschen *energetisch imprägniert*.

Manche Menschen erfahren zum Beispiel eigenartige Gefühle, wenn sie fremde Kleider berühren. Anhand einiger *Experimente* wird aufgezeigt, dass die Materie gezielt energetisch aufgeladen und dadurch nutzbar gemacht werden kann. Der meditative Umgang mit Symbolen sowie der Vollzug von Ritualen sind weitere praktische Anwendungsformen. Denn Symbole und symbolische Handlungen setzen kosmische Energie frei.

Aus den in diesem Buch dargelegten *Wirkungsweisen der psychischen und kosmischen Energie* kann gefolgert werden, dass überall, wo Menschen leben, eine *energetische Kraft* aktiv das Leben mitgestaltet. Diese energetische Welt des Seelischen ist Teil des *kollektiven Unbewussten*. In diesem Zusammenhang stellt sich die Frage nach der *Seele* und dem *Seelenkörper*.

Bei Entspannungsübungen kann man gelegentlich das Gefühl haben, aus dem Körper zu fliessen oder über dem Körper zu schweben. Schockergebnisse und Todesgrenzerfahrungen bewirken ähnliche Erlebnisse. Solche *Körperaustritte* lassen sich auch experimentell auslösen. Die innerseelischen Funktionen erhalten durch die Erfahrung eines Seelenkörpers und einer entsprechenden Seelenwelt ihre eigentlichen Grundlagen. Das seelische Sein des Menschen lässt sich dadurch erweitert verstehen.

Das lebendige *Vorhandensein einer geistigen Energie*, die das Leben mitgestaltet, führt zur Frage nach dem *Schicksal* und der *seelischen Freiheit*. Manche Ereignisse tauchen *analog* und *resonant* zu den innerseelischen Verhältnissen auf. Viele sonderbare Zufälle lassen sich durch die Wirkungsweisen der *Komplex-* und *Gedankenenergie* erklären. Auch die seelische Intelligenz kann, erfahrbar durch spontane Handlungsimpulse, den Menschen lenken.

Der Einzelne findet mit dieser energetischen Welt *Möglichkeiten*, seine *Lebensverhältnisse* ganzheitlich *zu erfassen*. Durch die Handhabung der verschiedenen Techniken zur *Gestaltung der seelischen Innenwelt* wird das Leben zum dynamischen *Schicksal*. Das Ziel ist letztlich innere Freiheit, Entfaltung aller psychischen Kräfte und Erfüllung des Lebens.

8. Literaturverzeichnis

Viele knapp gehaltene Zusammenfassungen und thematische Hinweise habe ich entnommen aus:

a) Hauptwerken von ADLER, BERNE, BINSWANGER, BOSS, DÜRCKHEIM, FREUD, FROMM, JUNG, MASLOW, PERLS, RANK, REICH, ROGERS, SZONDI;

b) Grundlagenwerken über Psychiatrie, Psychopathologie, Psychotherapie, Heilpädagogik, Erziehungspsychologie, Psychosomatik, Sozialpädagogik, Wissenschaftstheorie, Methodologie, Anthropologie, Spezialgebieten wie Motivation, Kognition, Lernen, Verhalten, Persönlichkeit, Übertragung u.a.m. Weiter stammen Grundlagenmaterial und Anregungen aus folgenden Sachgebieten und Einzelwerken:

c) Traumpsychologie

AEPPLI, E.: Der Traum und seine Deutung. Rentsch, Erlenbach 1977.
ARTEMIDOR VON DALDIS: Traumbuch. Schwabe, Basel 1965.
BOSS, M.: Der Traum und seine Auslegung. Huber, Bern 1958.
BOSS, M. Es träumte mir vergangene Nacht. Huber, Bern 1975.
BOSSARD, R.: Traumpsychologie. Walter, Olten 1979.
DIECKMANN, H.: Umgang mit Träumen. Kreuz, Stuttgart 1978.
DIECKMANN, H.: Träume als Sprache der Seele. Bonz, Fellbach 1978.
ELIADE, M.: Mythen, Träume und Mysterien. Müller, Salzburg 1961.
FREUD, S.: Die Traumdeutung. Exlibris, Zürich 1976.
GARFIELD, P.: Kreativ träumen. Ansata, Schwarzenburg 1980.
JUNG, C.G.: Über psychische Energetik und das Wesen der Träume. Walter, Olten 1971.
KÜRSTEINER, G.: Ahnenträume. Huber, Bern 1980.
KURTH, H.: Lexikon der Traumsymbole. Ariston, Genf 1978.
MEIER, C.A.: Die Bedeutung des Traumes. Walter, Olten 1972.
THOMAS, K.: Träume – selber verstehen. Thieme, Stuttgart 1976.

d) Entspannung, Hypnose, Imagination

AMMANN, A.N.: Aktive Imagination. Walter, Olten 1978.
BAUDOUIN, CH.: Suggestion und Autosuggestion. Sibyllen, Dresden 1924.
HAEBERLIN, P.: Die Suggestion, Kober, Basel 1927.
HOFFMANN, B.: Handbuch des autogenen Trainings, dtv. München 1979.

LANGEN, D.: Die gestufte Aktivhypnose. Thieme, Stuttgart 1972.

LANGEN, D.: Kompendium der medizinischen Hypnose, Karger, Basel 1972.

LEUNER, H./SCHROETER, E.: Indikationen und spezifische Applifikation der Hypnosebehandlung. Huber, Bern 1975.

LEUNER, H. et al: Katathymes Bildererleben mit Kindern und Jugendlichen. Reihhardt, München 1975.

MEINHOLD, J.W.: Spektrum der Hypnose. Das grosse Handbuch für Theorie und Praxis, Ariston, Genf 1980.

ROSA, K.R.: Das ist die Oberstufe des autogenen Trainings. Kindler, Zürich 1977.

SCHULTZ, J.H.: Hypnosetechnik. Fischer, Stuttgart 1976.

SCHULTZ, J.H.: Das autogene Training. Thieme, Stuttgart 1970.

STADLER, K.F.: Hypnosetechnik, Ariston, Genf 1980.

THOMAS, K.: Praxis der Selbsthypnose des autogenen Trainings. Thieme, Stuttgart 1976.

VÖLGYESI, F. A.: Menschen- und Tierhypnose. Orell-Füssli, Zürich 1963.

VÖLGYESI, F.A.: Die Seele ist alles. Orell-Füssli, Zürich 1967.

e)Esoterik, Theosophie, Magie, Geistheilung

AGRIPPA VON NETTESHEIM: Magische Werke, Von der geheimen Weisheit. Bände I/II. Ansata, Schwarzenburg 1979.

BAILEY, A.A.: Esoterisches Heilen, Lucis, Genf 1962

BENESCH, K.: Magie, Prisma, Gütersloh 1979.

BESANT, A.: Die uralte Weisheit. Adya, Graz 1957.

BIEDERMANN, H.: Handlexikon der magischen Künste. Akademische Druck- und Verlagsanstalt, Graz 1973.

CHALLONER, H.K.: Der Pfad der Heilung. Hirthammer, München 1980.

ECKARTSHAUSEN VON, K.: Über die wichtigsten Mysterien der Religion. Imago solis, Freiburg i.Br. 1978.

EDWARDS, H.: Praxis der Geistheilung. Bauer, Freiburg i.Br. 1978.

EDWARDS, H.: Geistheilung. Bauer, Freiburg i.Br. 1975.

FLEMMING, B.: Das theosophische Weltbild. Bände I/II/III. Hirthammer, München 1976.

FREEDOM-LONG, M.: Kahuna Magie. Bauer, Freiburg i.Br. 1966.

FREEDOM-LONG, M.: Geheimes Wissen hinter Wunder. Bauer, Freiburg i.Br. 1965.

GREGORIUS, A.G.: Magische Briefe. Schikowski, Berlin 1980.

GREGORIUS, A.G.: Aleister Growley's Magische Rituale. Schikowski, Berlin 1980.

HEINDEL, M.: Okkulte Prinzipien der Gesundheit und Heilung. Rosenkreuzer, Darmstadt o.J.

HORNEFFER, A.: Symbolik der Mysterienbünde. Ansata, Schwarzenburg 1979.

JUNG, C.G.: Psychologie und Alchemie. Studienausgabe, Walter, Olten 1975.

KESSLER, H.: Das offene Geheimnis. Aurum, Freiburg i.Br. 1977.

LEADBEATER, C.W.: Der sichtbare und der unsichtbare Mensch. Bauer, Freiburg i.Br. 1964.

LÉVI: Transzendentale Magie. Teile I/II. Sphinx, Basel 1975.

LÉVI, E.: Geschichte der Magie. Bände I/II. Sphinx, Basel 1978.

LURKER, M.: Wörterbuch biblischer Bilder und Symbole. Kösel, München 1978.

MAXWELL, W.: Drei Bücher der magnetischen Heilkunde. Aurum, Freiburg i.Br. 1978.

MEEK, G.W.: Heiler und der Heilprozess. Hirthammer, München 1980.

MONAHAN, E.: Das Wunder metaphysischen Heilens. Stem, Lindau o.J.

POEPPIG, F.: Ursymbole der Menschheit. Freiburg i.Br. 1972.

SCHMIDT, K.O.: So heilt der Geist. Wesen und Dynamik des geistigen Heilens. Drei Eichen, Engelberg 1978.

SCHÖLER, J.P.: Heilende Hände, Schwab, Gelnhausen 1964.

SPIESBERGER, K.: Das Mantra-Buch. Schikowski, Berlin 1977.

SPIESBERGER, K.: Magische Einweihung. Schikowski, Berlin 1976.

STEINER, R.: Die Geheimwissenschaft im Umriss. Steiner, Dornach 1976.

STEINER, R.: Wie erlangt man Erkenntnisse der höheren Welt? Steiner, Dornach 1977.

STELTER, A.: PSI-Heilung. Scherz, Bern 1973.

THETTER, R.: Magnetismus das Urheilmittel. Couvreur, Den Haag o.J.

f) Parapsychologie, grenzpsychologische Wissenschaft

BENDER, H.: Telepathie, Hellsehen und Psychokinese. Piper, München 1972.

BENDER, H.: Unser sechster Sinn. Hellsehen, Telepathie und Spuk. Rowohlt, Hamburg 1971.

BONVIN, W.R.: Lexikon der Parapsychologie und ihrer Grenzgebiete. Scherz, Bern 1976.

BOZZANO, E.: Die Spukphänomene. Müller, Bamberg 1930.

DEBAN, A.: Die Mysterien des Schlafes und Magnetismus. Aurum, Freiburg i.Br. 1978.

DESSOIR, M.: Vom Jenseits der Seele. Enke, Stuttgart 1979.

DETHLEFSEN, T.: Das Erlebnis der Wiedergeburt, Bertelsmann, München 1978.

EBON, M.: Erfahrungen mit dem Leben nach dem Tod. Heyne, München 1977.

FORD, A.: Bericht vom Leben nach dem Tode. Scherz, Bern o.J.

JAFFÉ, A.: Geistererscheinungen und Vorzeichen. Walter, Olten 1978.

KELLER, W.: Was gestern noch als Wunder galt. Droemer Knaur, Zürich 1979.

MOODY, R.A.: Leben nach dem Tod. Rowohlt, Hamburg 1979.

MULDOON, S.J.: Die Aussendung des Astralkörpers. Bauer, Freiburg i.Br. 1976.

MURPHY, J.: Energie aus dem Kosmos. Ariston, Genf 1979.

NILS-OLOF, J.: Leben nach dem Tod? Lübbe Bergisch-Gladbach 1979.

OSIS,/HAEALDSSON, E.: Der Tod – ein neuer Anfang. Bauer, Freiburg i.Br. 1979.

OSTRANDER, S./SCHROEDER, L.: PSI. Scherz, München 1974.

PASSIAN, R.: Abschied ohne Wiederkehr, Schroeder, Flensburg 1979.

RENSCH, A. (Herausgeber): Imago Mundi, Welt und Wissenschaft morgen. Schöningh, München 1972.

RESCH, A.: (Herausgeber): Der kosmische Mensch. Schöningh, München 1973.

RESCH, A.: (Herausgeber): Fortleben nach dem Tode. Schöningh, München 1981.

RYZL, M.: ASW-Training. Ariston, Genf 1976.

RYZL, M.: ASW-Experimente, die erfolgreich verlaufen. Ariston, Genf 1978.

STEVENSON, J.: Reinkarnation. Aurum, Freiburg i.Br. 1977.

TENHAEFF, W.H.C.: Kontakte mit dem Jenseits. Universitas, Berlin o.J.

WAMBACH, H.: Leben vor dem Leben. Heyne, München 1980.